KB254182

내 인생의 30년 부를 결정짓는

명품투자학

내 인생의 30년 부를 결정짓는

명품투자학

초판 1쇄 발행 2007년 5월 15일
초판 6쇄 발행 2008년 6월 16일

지은이 정영완, 김도현, 김성봉(삼성증권 투자전략센터)
펴낸이 김선식
편집인 장석회
PD 임영묵
다산북스 임영묵, 박경순
저작권팀 이정순, 김미영
마케팅본부 곽유찬, 이도은, 신현숙, 박고운
커뮤니케이션팀 우재오, 서선행, 한보라, 강선애, 정미진, 김태수
디자인본부 강찬규, 최부돈, 김희림, 손지영, 이인희
경영지원팀 방영배, 허미희, 김미현, 이경진, 고지훈
외부스태프 기획진행 부크(www.booque.co.kr), 교정교열 책밥, 본문조판 노승회

펴낸곳 다산북스
주소 서울시 마포구 염리동 161-7 한청빌딩 6층
전화 02-702-1724(편집) 02-703-1723(마케팅)
팩스 02-703-2219
이메일 dasanbooks@hanmail.net
홈페이지 www.dasanbooks.com
출판등록 2005년 12월 23일 제313-2005-00277호

필름 출력 엔터
종이 한서지업(주)
인쇄·제본 주식회사 현문

ISBN 978-89-92555-11-1 (03320)

- 책값은 표지 뒤쪽에 있습니다.
- 파본은 본사나 구입하신 서점에서 교환해드립니다.
- 이 책은 저작권법에 의하여 보호를 받는 저작물이므로 무단 전재와 복제를 금합니다.

내 인생의 30년 부를 결정짓는

명품투자학

정영완, 김도현, 김성봉 지음

다산북스

추천사

미래를 준비하는 직장인들의 필독서!

점차 서구화되는 고용구조와 나날이 증가하는 가계비용 지출, 그리고 급격하게 자기중심적으로 변하는 사회구조 사이에 끼어 있는 우리나라의 직장인들에게 이제 '노후대비'라는 단어는 단순한 선택 그 이상의 의미로 다가오고 있다. 그러나 막상 두려워했던 '은퇴의 시기'가 닥쳐 왔을 때, 자신 있게 미래를 장담할 수 있는 사람은 손가락으로 꼽을 만큼 매우 적다. 이는 많은 직장인이 노후대비의 필요성은 느끼면서도 구체적으로 어떻게 노후생활을 대비해야 하는지 아직 해답을 찾지 못했기 때문이다.

이 책은 막대한 사교육비와 내집마련의 부담에 눌려 무엇보다 중요한 자기 자신과 가족의 미래를 대비하지 못하는 우리나라 대부분의 근로자들을 위한 책이다. 이 책을 읽다 보면 지금 당장은 큰 문제가 없어 보이는 우리 가족에게도 10년 혹은 20년 뒤 닥쳐올 수 있는 재정적 위기가 있음을 인식하게 되고, 동시에 이 위기를 피할 수 있는 방안이 무엇인지도 이해하게 될 것이다. 또한, 그간 우리나라의 개인투자자들이 저질러온 오류를 지적하고, 이와 반대로 외국인 및 기관투자자들은 어떻게 금융시장을 장악하고, 지속적인 수익을 올릴 수 있었는가에 대해서도 이 책의 저자들은 명쾌하게 설명하고 있다.

2004년 이후 우리나라의 금융시장에는 저금리 현상의 지속에도 불구하고 주식시장을 외면해 왔던 부동자금(浮動資金)들이 급격하게 주식시장으로 밀려들면서, 그동안 경험하지 못한 거대한 변화의 흐름이 진행되고 있다. 그러나 아직까지 우리나라의 많은 근로자들은 이러한 변화의 흐름을 제대로 읽지 못하거나, 혹은 알더라도 애써 외면하고 있는 것이 현실이다. 이러한 분들은 부디 이 책을 통해 수십 년 만에 한 번 찾아올까 말까 한 자산증식의 기회를 놓치지 않기를 바란다.

이제껏 단편적인 금융지식이나 초단기 주식매매 전략이 주류를 이루던 우리나라의 재테크 관련 도서시장에 늦게나마 종합자산관리의 필요성에 대한 이해를 돕는 서적이 출판되어 금융인의 한 사람으로서 반가울 따름이다. 이 책은 지난 15년간 자산관리 시장의 영업현장에서 쌓아온 저자의 경험과 지식을 생생하게 느낄 수 있는 가계자산운용의 지침서로서 손색이 없다. 바쁜 업무 중에도 이 책을 출판하기 위해 그간 노력을 아끼지 않아 온 정영완 투자전략 담당과 그 외, 삼성증권 투자전략센터 직원들에게 진심으로 찬사를 보낸다.

2007년 4월
삼성증권 대표이사 **배호원**

머리말

제대로 투자해 오랫동안 사랑해라!

미디어 매체에서 강조하는 '제대로 투자해 오랫동안 사랑하자!'라는 구호는 분야를 막론하고 모든 전문가들이 부르짖는 투자의 정석이다. 하지만, 이를 접하는 독자의 입장에서는 도대체 어떻게 해야 된다는 말인지 몰라 답답하기만 할 뿐이다. '제대로 투자한다.'라는 속뜻에는 모르긴 몰라도 초보자들이 알아야 할 수백 가지 경제원리가 숨겨져 있을 테고, '오랫동안 사랑한다.'라는 말은 내가 투자한 상품의 수익률이 폭락하거나 말거나 기다려줄 만큼 심적·경제적 여유가 있어야 성공적 투자가 가능하다는 뜻이다. 그러니 투자의 정석을 부르짖는 전문가들의 말에 쉽게 동의하기가 어렵다. 이에 독자들이 그토록 궁금해하는 '어떻게 해야 성공적인 투자일까?'에 대하여 필자가 그동안 경험하고 분석해온 경험과 노하우를 바탕으로 독자들의 답답했던 속을 풀어주고자 한다.

필자들은 증권기관에 몸담으면서 개인투자자들의 투자패턴에 대하여 꾸준히 연구해왔다. 그리고 개인투자자들이 충분히 수익을 낼 수 있는 상황임에도, 왜 손해를 보는지에 대하여 의문을 갖기 시작했다.

◆◆

비단 필자 혼자만의 궁금증은 아닐 것이다. 당장 노후설계를 해야 하
는 독자들도 목돈을 필요로 하는 부동산투자는 차지하고서라도 수익
성이 좋은 투자상품에 돈을 묻고자 할 것이다. 요즘처럼 상승랠리를
보이고 있는 주식시장에서 그 답을 찾고자 함은 물론이다.

'오늘'은 먹고 살 수 있어도 '내일의 먹이'까지는 보장해 주지
않는 지속적인 저금리 현상도 투자자들로 하여금 주식시장에 집중
하도록 만든 이유이다.

'초보자는 주식시장에 얼씬도 하지 마라.'라는 우스갯소리가 있다.
하지만, 이러한 편견으로 투자기회를 접어버리기에는 너무도 맛있고
영양가 좋은 투자상품들이 주식시장에 산재해 있다. 고수익 대비 적은
리스크를 안겨주는 꽤 괜찮은 간접투자 상품들도 많이 나와 있다. 단,
'돈 벌 자격을 가진 사람들만이 투자를 선택해야 한다.'라는 전제조건
이 붙는다. '돈을 버는 데 무슨 자격이 필요해?'라며 반감을 갖는 몇몇
독자들도 있을 것이다. 하지만, 자본주의 사회에서는 그것이 정답이
고, 그것을 인정해야만 올바른 투자를 선택할 수 있다.

돈을 벌어 부자가 되고 싶은가? 그렇다면, 부자들이 어떻게 돈을
버는지부터 살펴라. 그러나 대부분의 사람은, 부자들은 돈이 많아서,

◆◆◆◆◆◆◆◆◆◆◆◆◆◆◆◆◆◆◆◆◆◆◆◆◆◆◆◆◆◆◆◆◆◆◆◆◆

혹은 고급정보를 접할 기회가 많아서 '부자가 된다.'라고 성급하게 결론지어버린다. '돈이 돈을 번다.'라는 식의 생각이 팽배해져 있는 것이다. 그러나 그것은 잘못된 생각이다. 돈이 돈을 벌도록 하기 위해서는 '시간'이라는 지렛대가 필요하다. 그리고 '시간'은 일반인들도 갖고 있는 투자자산이다.

> 부자는 한 손에는 많은 양의 돈을, 다른 한 손에는 투자기간을 쥐고 있다.
> 반면, 일반인들은 한 손에는 적은 양의 돈을, 다른 한 손은 텅 비워둔 채로 놔두고 있다.
> 부는 첫 번째 조건보다 두 번째 조건에 더 직접적인 영향을 받는 데도 말이다.

지난 겨울 속초로 출장을 간 적이 있었는데 갑자기 폭설이 내려 강릉에서만 7시간 동안 발이 묶인 적이 있었다. 창밖에서는 모처럼만에 내린 눈 덕분에 동네 아이들이 언 손을 녹여가며 서툰 솜씨로 눈사람을 만들고 있었다. 그 모습을 한참 동안 바라보는데 일정한 시간이 흐르자 아이들은 금세 제풀에 꺾여 눈사람 만들기를 포기하고 마는 것이었다.

◆◆

눈사람을 만들기 위해서는 '한 뭉치의 눈'을 오랜 시간 굴리고 또 굴려야 연탄 한 장만한 몸체가 만들어진다. 아이들은 쉽게 눈사람이 만들어질 것을 기대했다가 생각보다 오랜 시간이 걸리자 중단하고 바삐 걸음을 옮긴 것이다. 필자는 그런 아이들이 못내 아쉬워 '저기만 잘 참으면 쉬워지는데….'라며 되뇌었던 기억이 있다.

비단 눈사람 만드는 일만이 아니다. 인생에서 성공, 부, 명예, 사람 등 자신이 원하는 달란트(talent)를 얻기 위해서는 차가운 손을 녹여가며, 굴리고 또 굴리기를 여러 번 반복해야 한다. '이제는 어느 정도 형체가 만들어졌겠지.'라며 큰 결과를 기대해보지만, 고작해야 연탄 한 장만한 몸체만 덩그러니 보일 뿐이다. 사실 거기에 함정이 숨어 있다. 이 고비만 잘 넘기면 그때부터 가속도가 붙어 생각지도 못한 어마어마한 결과가 만들어진다. 필자를 비롯한 대다수의 전문가들이 장기투자 전략을 재차 강조하는 이유도 여기에 있다.

투자수익률이 하락함으로써 마음고생을 여러 번 했을지라도 그 고비만 참고 견뎌낸다면 결과적으로 성공적인 투자를 할 수 있다(물론 장기투자를 통해 수익이 결정되는 종목에 투자했을 경우에 한해서다.). 아마도 장기투자에 성공해본 경험을 지닌 독자라면 돈이 불어나는 속도에 탄성을 질러본 경험이 있을 것이다.

이처럼 돈이 불어나는 가속도를 느껴보기 위해서는 올바른 장기투자 전략을 습득해야 한다. 비록 고사리 손에 움켜쥔 눈덩이일지라도

‘완성된 눈사람’은 반드시 그 한 뭉치의 눈에서 시작되었음을 명심해야 한다. 물론 ‘시간’과 ‘인내심’이라는 두 전제가 필요하다는 사실 또한 인지해야 한다.

이 한 권의 책을 통하여 ‘백만장자 되기’라는 무모한 미션을 던져주고 싶지는 않다. 어떠한 정보든 자신의 것으로 만들기 위해서는 독자들 스스로 문제의식을 갖고 답을 찾고자 하는 실천과정이 필요하다. 이 책이 독자들로 하여금 문제의식을 갖고, 실천할 수 있도록 동기부여를 해 줄 수만 있다면 필자는 그것만으로도 만족할 뿐이다.

따뜻한 노후,
능동적인 자산관리로 준비해라

명품투자학 1

월동준비를 하지 못하는 사람들

: 잘못된 재테크 이분법, '자녀교육과 내집마련'

- 월 소득 _ 320만 원
- 평균 지출액 _ 250만 원
- 평균 부양가족 수 _ 3~4명
- 가장의 평균 연령 _ 40대 초반

현재 큰 걱정 없이 살고 있는 평범한 40대 초반 직장인의 프로필이다. 이들은 현재 경제활동뿐만 아니라 소비활동에 있어서도 우리나라 경제의 가장 핵심적인 역할을 담당하고 있는 허리세대다. 하지만 허리세대인 이들마저 서서히 재정적 위기상황으로 빠져들고 있다. 왜 그럴까? 이유인즉, 인생 전체를 바라보며 자산의 계획(plan)을 세우기보다는 자산의 대부분이 현재의 문제해결에 집중되어 있기 때문이다. 허리세대는 대부분 미래의 재정적 위기를 예측하고 있지만, 그 재정적인 위기의 핵심이 '노후자금 부족'이라는 사실을 알고 있는 사람은 드물다.

기사에서 보듯이 우리나라 사람들이 보다 빨리 노후재테크를 준비하지 못하는 이유는 자녀교육과 내집마련에 자금이 집중 투여되기 때문이다. 현재의 허리세대 부모들은 당연히 무리를 해서라도 주택을 마련하고, 저축을 깨서라도 자녀교육을 시켜야 되는 것으로 알고 있다. 물론 지금 당장은 평균 지출액보다 평균 소득액이 많기 때문에 충분히 가능한 일이다. 하지만, 대출을 받아 사교육비를 늘리다 보면 자신의 노후생활 대비는 고사하고, 퇴직 후 단기적인 생활마저 퇴직금에 의존하는 일이 발생하게 된다.

우리나라 경제의 변곡점은 IMF였다. 하루아침에 대한민국 경제 구조를 송두리째 바꿔놓은 IMF는 서민경제에 더 큰 타격을 입혔다. 대부분의 일터에서는 '정년'이라는 단어가 사라졌고, 연봉제로 일하는 직장인들은 매년 스스로를 검증하기 위해 발로 뛰어다녀야 했다.

물론 해가 거듭할수록 직장 내 경쟁체계는 확고해지고, 직장인들은 여전히 자신의 능력을 평가받는 실험무대에서 땀을 뻘뻘 흘리고 있다. 아니 어쩌면 그런 기회를 잡은 사람은 행운아인지도 모른다. 직장을 잡지 못해 나날이 한숨만 쏟고 있는 젊은이들에 비해 분명 허리세대는 행운의 세대이다.

직장이라는 무대에서 경주를 하고 있는 당신은 진정 행복한 세대일까? 그러나 현실을 깊숙이 들여다보면 그 행복은 장밋빛 실루엣에 지나지 않는다는 것을 금방 알 수 있다. 우리는 좀 더 냉철하게 원인을 분석하고 그 대책을 세워나가야 한다.

그렇다면, 우리나라의 평범한 직장인들이 당면하고 있는 재정적 위기상황에 빠져 들게 된 원인은 무엇일까? 외환위기 이후 급격하게 진행된 과도기에서 동시다발로 발생한 다음과 같은 3가지 변수들 때문이다.

첫째 외환위기 이후 기업들이 구조조정과 조직 슬림화에 본격적으로 나서기 시작했다. 따라서 안정적인 고용보다는 노동시장의 유연성이 중요하게 되었다.

둘째 우리나라 경제 잠재성장률이 하락하고 시중의 잉여자금이 채권시장으로 몰리면서 실질 금리가 급락했다. 실질 금리가 하락하면 노후재테크처럼 소액이 장기간에 걸쳐 적립되는 투자방식의 경우, 복리의 원리상 수익률은 하락하게 된다. 이는 만기 시 수령금액이 감소되어 가계 살림에 큰 보탬을 주지 못한다.

셋째 우리나라 가계의 지출구조상 교육비와 주택마련 비용이 상당한 비중을 차지하고 있다. 이런 현상은 큰 문제로 지적되고 있지만, 현재 사회적인 분위기에서는 이 비중이 줄어들 가능성은 희박하다. 교육비 및 주택마련

비용의 증가는 이전처럼 절약을 통해 저축액을 늘릴 수 있는 여지를 갈수록
좁히고 있다.

그럼에도 불구하고 대부분의 직장인은 현 상황이 그리 나쁘지 않
아 이런 상황이 계속된다면 은퇴 후에도 돈 걱정 없이 살 수 있다는 착
각을 하고 있다. 그래서 은퇴 후 뚜렷한 대비책을 마련하지 않고 있으
며 은퇴 후 자금설계에 투입시킬 잉여자금을 주택마련과 자녀교육비
로 쏟아 붓고 있다.

만약 그런 당신이 40대 후반에 갑자기 조기퇴직을 하고 수입이 중
단된다면 현재 자산으로 얼마 동안 생활할 수 있을까? 얼마 되지 않는
금융자산 혹은 퇴직금이 당신의 미래를 책임질 수 있을까?

제법 큰돈을 모아놓은 사람이 아니고서는 땅이 꺼지고, 하늘이 노
래지는 기분을 느끼게 될 것이다. 이제 막 성장하는 자녀와 아직 갚지
못한 주택담보 대출금이 눈앞에 직면해 있기 때문이다. 이처럼 현실은
냉혹하고 때론 지독하기까지 하다. 특히 아무런 월동준비를 하지 못한
사람에겐 칼바람처럼 느껴질 것이다. 유비무환(有備無患)이라고 했다.
한파를 준비하는 자만이 따뜻한 겨울을 날 수 있고, 더불어 내 가족도
지킬 수 있는 것이다.

미로의 방에 갇힌 토끼가 되다

: '열심히'보다 '잘'하는 노후설계가 필요하다

현재 30대 중후반 정도 나이라면 대략 10년 동안 사회생활을 열심히 해온 사람들이다. 이제 10여 년 동안 발바닥에 땀이 나도록 달려온 자신에게 여유를 선물해도 될 듯싶다. 그러나 현실을 생각하면 그럴 만한 여유는 더욱 없다. 점차 늘어나는 생활비와 교육비, 높아만 가는 부동산 가격, 여기에 아직까지 갚지 못한 부동산 담보대출까지 계산해 보면 삶에 대한 불안한 마음이 강하게 엄습해올 것이다. 직장인들이라면 누구나 풀기 힘든 과제 때문에 술잔을 기울이며 한숨을 쉬어본 경험이 있을 것이다.

동료들과 술자리를 갖는 날이면 재테크를 안주삼아 이야기를 풀어나간다. 뾰족한 수가 없다. 서로 주거니 받거니 고민만 하다가 결국 파장에 파이팅만 외치고 집으로 돌아오기가 일쑤다. 그때 드는 책임감 혹은 두려움을 뭐라고 표현하면 적절할까. 현실의 상황은 한 발자국도 나아지지 않는데 나이만 자꾸 늘어나는 심정을….

그런 동료들을 보면 거울의 방에 갇힌 토끼 같다는 생각이 든다. 거울로 가득한 미로 안에서 제 갈 길을 찾지 못하고 헤매는 토끼의 모습이 떠올려진다. 분명 거울 속에 비친 사람은 나인데, 막상 손을 뻗치면 잡히지 않는 것처럼 미래에 대한 불안도 그러하다. 비단 한 사람의 고민만은 아닐 것이다.

2살짜리 아들을 둔 전업주부 김모(30) 씨는 한의대 진학을 위해 2006년도 대입수
학능력시험을 치렀다. 아직은 중견기업에 다니는 남편 이모(34) 씨의 급여(월 450만
원 정도)로도 생활이 충분하지만 이른바 사오정(정년 45세) 시대에 서둘러 미래를
대비하기 위해서다. 남편과 상의해 아이는 친정에다 맡기고 지난해 하반기부터 고
시원에 살다시피 했다. 하지만 안타깝게 떨어져 재수할 생각이다. 남편 이 씨는 "입
시공부를 하는 아내나 주말마다 애를 봐야 하는 나나 힘들긴 하지만 나중에 둘째아
이를 비롯한 자녀교육비 등 경제적 부담을 생각해 내린 결정이니 견딜 수밖에 없다"
고 말했다.

〈세계일보. 2006년 2월 9일〉

　　비단 이런 고민은 가장만의 문제가 아니다. 위 기사는 평범한 한
부인이 노후에 대해 얼마나 걱정하고 있는지 잘 보여주고 있다. 현재
가장의 직장이 양호한 가정들마저도 고용불안과 경제적 부담에서 자
유로울 수 없는 상황이다.

요즘 맞벌이 부부들이 버는 소득은 부모세대의 소득보다 훨씬 많다. 그러나 씀씀
이가 커지면서 소득의 10% 이상을 저축하기가 힘든 상황이다. 아내는 백화점 사원
이고 본인은 보험사 과장인 성순현(40) 씨는 아내의 소득을 합해 월 710만 원을 번
다. 그는 지난해 경기도 용인에서 35평 아파트를 3억 9,000만 원에 분양받았다. 당시
돈이 부족하여 은행에서 2억 원을 20년간 장기대출 받았고, 현재 매월 144만 원씩 원
리금을 갚아나가고 있다. 이씨는 "주택대출 상환액에다 아이 학원비 80만 원, 승용
차 운행비 40만 원 등을 합치면 매월 지출해야 하는 고정비용이 560만 원에 달한다"
면서 "20년 동안 은행 대출금을 갚고 은퇴를 하면 겨우 집 한 채 남을 것 같다"고 말
했다.

〈조선일보. 2006년 5월 2일〉

'20년 동안 은행 대출금을 갚고 은퇴를 하면 겨우 집 한 채 남을 것 같다.'라고 말하는 맞벌이 부부의 한숨에 많은 사람이 공감할 것이다. 그러나 이 집 한 채도 장기적으로는 부동산 가격의 하향 안정화 추세로 인해 그 가치는 더욱 하락하게 될 전망이다. 그렇다면, 고령화 정도가 급속히 진행되고 있는 현재의 연령구조를 감안할 때, 은퇴 후 30년 동안 삶을 영위하기 위해 필요한 최소 자산(현재가치를 기준으로)은 얼마일까?

많으면 많을수록 좋겠지만 현재 평균 생활수준과 수명을 고려할 때, 최소한 3~4억 원 이상의 순 금융자산이 필요하다. 그러나 현재 3억 원 이상의 금융자산을 보유하고 있는 사람은 거의 없다. 또한, 더 큰 문제는 우리나라 가계의 자산구조 대부분이 부동산에 집중되어 있다는 사실이다. 더불어 지속되는 저금리 기조도 노후자금 마련에 상당한 걸림돌로 작용한다. 특히 우리나라 가계의 평균적인 소득수준, 지출구조, 부동산 가격, 불안정한 고용구조 등을 고려할 때 확정금리형 상품에만 집착한다면 20대 후반부터 열심히 저축을 하더라도 퇴직 시 보유할 수 있는 금융자산의 규모는 극히 제한적이다.

그렇다면, 어떻게 준비해야 할까? 지금부터 노후자산 플랜을 계획하면 어느 정도 준비가 가능한 것일까? 만약 가능하다면 1년 전체 소득 중 얼마를 저축해야 할까? 또 어떤 방식으로 투자를 하고 목표수익률은 얼마로 잡아야 은퇴 이후에 충분한 대책이 될까? 노후준비에 소홀했다면 당신이 지금 스스로에게 던져야 할 질문들이다.

물가와 복리는 재테크의 엔진이다

: 물가는 돈의 가치를 하락시키고, 복리는 돈의 가치를 곱해 준다

신문기사를 통해 잉여물자, 잉여농산물 등에 쓰인 '잉여'라는 단어를 본 적이 있을 것이다. 잉여(剩餘)라는 말은 '쓰고 남은 것' 또는 '나머지'라는 뜻이다. 특히 재테크에서는 잉여자금이라는 단어로 자주 거론되는데 '노후자금'을 일컫는 말이다. 그렇다면, 열심히 벌어 저축한 잉여자금, 즉 노후자금을 어떻게 운영해야 가장 효율적이라고 할 수 있을까?

인상률 16,666배. 우리나라 프로 기전(棋戰) 우승 상금이 지난 반세기 동안 엄청난 도약을 이루어온 것으로 밝혀졌다. 국내 타이틀전의 효시인 국수전의 1956년 출범 당시 우승 상금은 3만 환 정. 1962년의 화폐개혁을 감안하면 단돈 3,000원에 해당한다. 이는 꼭 50년 뒤인 2006년 현재 국내 최고 상금 타이틀전인 GS 칼텍스 배 우승 상금 5천만 원의 0.006%에 불과하다. 다른 품목과 비교해도 기전 우승 상금의 인상률은 꽤 높다. 같은 기준 연도를 비교할 때 쌀 한 가마(80kg)는 1,400환(140원)에서 15만 5천 원으로 1,107배, 금 한 돈은 425환(42.5원)에서 6만 9천 원선으로 1,642배 올랐을 뿐이다. 1956년 최고급 담배 파랑새 한 갑 값은 50환(5원). 요즘 '에쎄' 한 갑이 2,500원이니 엄청 오르긴 했지만 인상률은 500배에 불과하다. 연탄 값은 339배 오르는 데 그쳤다. 자장면 값에 대입하면 프로 기전 규모의 가파른 상향 커브가 더 실감난다. 1965년 자장면 166그릇 값에 불과하던 우승 상금은 1975년엔 5,700여 그릇, 1985년엔 2만 6천여 그릇의 구매력으로 커졌다.

〈조선일보. 2006년 2월 14일〉

답은 간단하다. 금리(복리)와 물가를 적용시켜야 한다. 금리와 물가는 노후자산을 구성하는 데 있어 기본 엔진이다. 명품 차에 좋은 엔진

이 달려 있듯이 금리와 물가라는 엔진을 활용하면 누구든지 자신의 노후인생을 명품으로 만들 수 있다. 그만큼 금리와 물가는 중요하다.

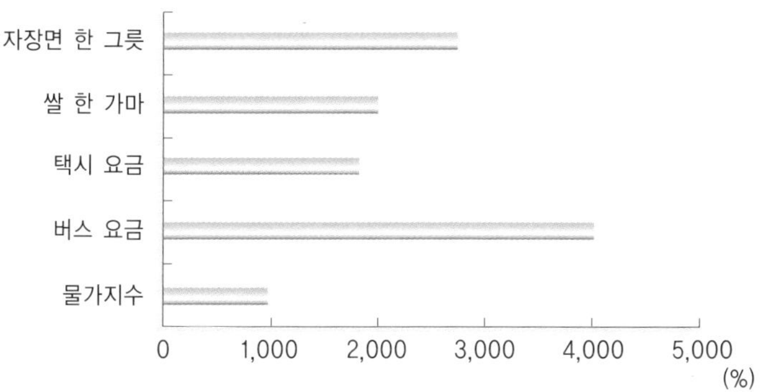

출처 : 서울시정개발연구원

지난 50년 전과 비교할 때 바둑대회 우승 상금은 1만 6천배, 쌀값은 1,100배, 담뱃값은 500배나 상승했다. 그야말로 물가 상승의 위력은 엄청나다. 50년 전 1만 원만 있었어도 바둑대회 우승자에게 상금을 주고, 점심도 같이 먹을 뿐만 아니라 남은 돈으로 담배 한 보루에 쌀 한 가마까지 살 수 있었다. 그러나 지금은 둘이서 자장면 한 그릇씩만 먹어도 끝이다. 그만큼 같은 액수의 돈이라도 구매력은 50년 전과 천양지차(天壤之差)인 것이다. 참고로 위의 도표는 1970년과 현재의 대표적인 가격상승률을 기술한 도표이다.

이제 노후설계에서 물가 상승이라는 변수를 고려해야 할 이유가 명확히 보일 것이다. 대체로 직장인들이 퇴직하는 시기를 20년 후라고 볼 때, 현재와 20년 후의 구매력 차이는 하늘과 땅 차이다. 그러나 대부분의 사람은 현재 구매력을 기준으로 해서 자산계획을 세우는 경우가 많다.

노후자산 플랜, 쉽게 말하면 '미래에 자신이 쓸 자금계획'을 뜻한다. 그런데 현재 물가를 기준으로 미래에 쓸 자금계획을 세우는 일은 참으로 어리석은 짓이다. 만약 20년 후에도 2억 원을 가지고 그럭저럭 지낼 수 있다는 생각을 하고 있다면, 여기에 물가상승률 3%를 해마다 차감하여, 20년 후의 가치가 얼마될지 계산해보자. 현재의 2억 원이 20년 후에는 약 1억 1천만 원 정도밖에 되지 않는다는 사실을 금방 알 수 있다. 즉, 노후자금이 반 토막이 나는 것이다.

따라서 '현재가치'라는 중요한 개념이 등장한다. 미래를 대비하려면 미래의 현재가치를 평가해야 한다. 미래의 현재가치는 물가상승률(매년 3% 가정)을 적용하므로 20년 후에도 현재 2억 원과 같은 가치를 가지려면 3억 6천만 원 정도를 최종목표 금액으로 세워야 한다.

그러나 실망하기에는 너무 이르다. 바로 재테크에는 복리의 마술이 존재하기 때문이다. 모든 재테크 책에서 절대로 빼놓지 않고 나오는 단골메뉴가 '복리'다. 복리는 그만큼 중요하고, 복리의 힘은 위대하다.

예를 들어 세후 연 4.5%와 연 5.0%의 저축상품이 장기적으로 어떤 결과를 가져올 것인가에 대해서 생각해보자. 물론 1백만 원을 1년 동안만 저금한다면 불과 0.5%의 금리 차이밖에 나지 않는다. 그러나 큰 금액을 오랫동안 운용하게 될 경우, 불과 0.5%의 금리 차이는 우리들

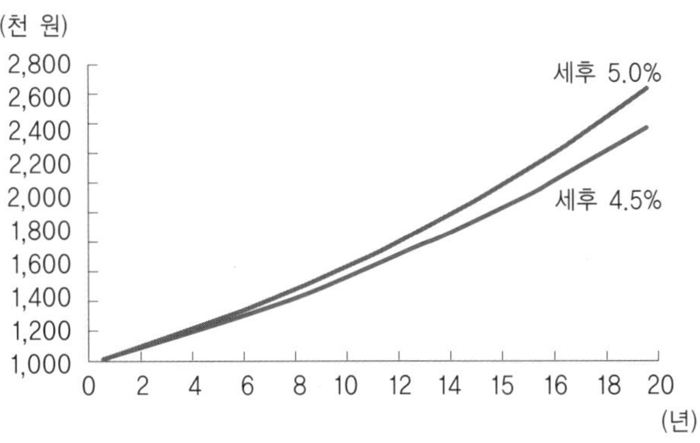

이 상상하는 이상의 결과를 가져온다.

앞의 그래프에서도 알 수 있듯이 불과 0.5%의 금리 차이지만 20년 후 수령하는 금액은 약 10%나 차이가 난다. 장기투자를 적용시키면, 아무리 적은 수익률 차이라 해도 쉽게 지나칠 문제가 아니다.

가령 매년 1천만 원씩 20년간 저축하는 연금형 상품이 있다고 해 보자.

A 상품 국고채 위주의 안정자산을 중심으로 운용하는 목표수익률이 4% 인 상품

B 상품 전환사채 및 회사채 등 다소 위험성이 높은 자산에 투자하여 목 표수익률이 6%인 상품

만일 양자 모두 목표수익률을 달성하였다면 20년 후 A와 B 상품의

수령액은 얼마나 차이가 날까? A 상품인 안정형 연금은 3억 2천만 원 정도의 수익이 발생한다. 반면, 위험자산을 편입한 B 상품의 수령액은 4억 원 정도가 된다.

이렇듯 처음 시작할 때는 이자율면에서 큰 차이를 보이지 않는다. 그러나 장기적으로 갈수록 둘의 자산차이는 크게 벌어진다. 이렇게 차이를 보이는 이유는 '복리의 마술' 혹은 '재투자의 마술'이 적용되기 때문이다.

투자 초기에는 상대적으로 재투자 금액이 적어 차이가 나지 않지만 시간이 지날수록 적립되는 돈 단위가 커지면서 재투자 금액 자체가 늘어난다. 복리의 힘은 장기투자와 맞물려 더 큰 수익을 만들어낸다. 따라서 하루라도 젊을 때 재테크에 뛰어들어야 할 이유가 바로 여기에 있다. 시간을 자기편으로 만들어야 복리의 힘이 더욱 커지기 때문이다.

행복한 김선재 씨, 노후기상대 '흐림'
: 현명한 자산관리는 '돈의 양'보다 '재무설계'로 판가름 난다

우리나라 직장인들이 20년 동안 직장생활을 하면 얼마를 모을 수 있을까?

통계청에 따르면 55~79세 고령자가 직장을 그만둘 때의 나이는 남성이 만 55세, 여성이 만 52세이며, 이들이 가장 오래 근무한 직장의 평균 근속기간은 20년 9개월이라고 한다. 2005년 우리나라 근로자들

의 평균 소득 및 지출구조를 살펴보면, 직장인들이 한 달 동안 저축 및 부채의 원리금 지급 등에 사용할 수 있는 자금은 월평균 약 72만 원 정도인 것으로 판단된다.

2005년 우리나라 근로자들의 평균 소득 및 지출

월평균 소득	3,251,647 원
월평균 소비지출	2,112,494 원
월평균 경상지출	422,387 원
저축 가능 금액	716,766 원

출처 : 통계청, 삼성증권

그렇다면, 월 72만 원씩을 저축하면 일생 동안 해결해야 할 재무문제를 해결할 수 있을까? 필자의 진단은 부정적이다. 내집마련, 자녀교육, 자녀의 결혼, 은퇴 후 생활비용 등을 해결할 수 있는지에 대한 질문에 필자는 '내집마련은 일정 부분 해결 가능하나 나머지 문제들을 해결하기에는 상당히 어렵고, 특히 은퇴 후 생활설계는 사실상 불가능하다.'라고 결론을 내릴 수 있다.

그러면 보통 직장인보다 보다 나은 경우는 어떨까?

김선재 씨는 28세에 대학을 졸업하고 바로 취직에 성공하였다. 25년 동안 근무가 보장되며, 초봉은 2천 5백만 원으로 임금은 연 5% 상승한다. 김선재 씨는 어떤 경우라도 1년에 8천만 원 이상은 지출하지 않기로 하였다. 전체 임금의 25% 이상은 저축이나 대출에 대한 원리금 상환으로 사용할 계획이다. 승진은 입사 후 5년, 10년, 15년, 20년차에 있으며 승진 시마다 15%의 임금 인상이 기대된다. 내집마련은

10년 후 4억 7천만 원 정도로 계획하고 있다. 현재의 주택가격 3억 5천만 원과 10년 동안 기대 인플레이션 3%를 가정하여 4억 7천만 원이라는 금액이 나왔다. 이러한 조건하에 김선재 씨가 25년 뒤에 가지게 될 금융자산을 계산해보자.

모범 근로자 김선재 씨의 수입구조 및 자산운용 계획

근무조건	28세 취업 이후 25년간 근무 보장
임금	초임 2천 5백만 원 : 연 5% 상승 보장
예상 퇴직금	2억 원 보장
자산운용 계획	
저축	최소한 임금의 25%를 무조건 저축이나 원리금 상환에 사용(연 8천만 원 이상은 소비하지 않을 계획)
금리	세후 연 4.5%
주택마련 계획	
매입 시기	10년 후
매입 금액	4억 7천만 원(10년 동안 모은 금액과 대출을 활용)
대출금리	6.00%

위에 제시한 김선재 씨는 매우 행복한 직장인에 속한다.

퇴직 시에는 연봉이 1억 7천만 원에 달하니 임금수준도 나쁘지 않고 저축조건도 상대적으로 괜찮다고 할 만한 세후 연 4.5%이다. 물론 스스로 내집마련을 해야 한다는 부담감은 있지만 고용이 안정적이라는 큰 장점을 가지고 있다. 때문에 장기적인 관점에서 돈을 모을 수 있으며, 퇴직금도 상당한 수준에 달해 김선재 씨는 이른바 '팔자를 잘 타고난' 직장인이라고 할 수 있다.

조건이 좋은 김선재 씨는 퇴직 후에도 충분한 노후자금을 저축할 수 있을까? 만일 이러한 호조건을 가지고도 자금 마련에 어려움이 생긴다면 큰 문제이다. 김선재 씨의 재테크 수준에도 미치지 못하는 다른 직장인들은 더 큰 문제를 안고 있다고 볼 수 있기 때문이다.

시뮬레이션을 통해 계산해낸 김선재 씨의 현금흐름표

	가장 근로자 김선재 씨의 현금흐름
A 주택마련 시까지 저축금액 (10년)	1억 2천 6백만 원
B 주택구입자금	4억 7천만 원
C 대출금 (A-B)	3억 4천만 원 (세율 6%, 연 이자 2천만 원)
D 주택구입 이후 퇴직 시까지 저축금액	3억 6천만 원
E 퇴직금	2억 원
F 퇴직 후 가용 금융자산	5억 6천만 원
G 주택담보 대출 상환액	3억 4천만 원
H 대출금 상환 후 재산	2억 1천만 원

혹자는 퇴직 후 2억 원이 넘는 자산을 수중에 가지고 있으니 노후 생활에 대한 대비가 되지 않겠느냐고도 할 수 있다. 하지만, 필자는 독자들에게 현금흐름표를 살펴보라고 권하고 싶다. 자세히 들여다보면 우리가 살아가면서 가장 크게 지출하는 항목이 빠져있음을 알 수 있다. 라이프사이클의 설계과정에서 목돈이 들어가는 항목, 바로 자녀의 결혼자금과 대학교육자금이다.

김선재 씨는 두 자녀를 키우고 있다. 대학교육자금으로 8천만 원(대학생 자녀 1인당 1년에 1천만 원씩 4년 소요 추정), 결혼자금으로 1억 원(자녀 1인당 결혼비용 5천만 원)을 지출한다고 가정해보자. 두 자녀를 출가시킨 이후 선재 씨에게 남는 금융자산은 4천만 원 남짓밖에 되지 않는다. 근로조건이 매우 유리했던 선재 씨도 20년을 넘도록 직장생활을 한 대가가 낡은 아파트 한 채뿐인 셈이다.

김선재 씨가 노후자금 마련에 실패한 이유

이유 1 장기적인 관점을 가지고 위험자산에 투자할 수 있는 여건이 가능했다. 하지만, 직장생활 초기에도 저금리 확정금리형 상품만을 고집하였다.

이유 2 큰 금액의 대출을 이용한 내집마련에는 성공했다. 이로 인해 향후 투자를 위한 종자돈(Seed Money)을 모두 투입하게 되었고 장기적으로 상당한 금액의 원리금 비용을 부담하게 되었다.

김선재 씨는 자산운용을 할 만한 최상의 조건을 가지고 있었다. 하지만, 이점을 활용하지 못하여 노후자금 마련에 실패하고 말았다. 보수적으로 가계자산을 운용하고자 했던 투자자세가 가장 큰 문제로 지적된다. 결국, 소극적인 투자자세는 다른 자산관리에도 악영향을 미치게 된다.

재무목표는 대출로 해결하면서 나중에는 '어떻게 되겠지.'라고 생각하고 내버려둔 꼴이 되고 만 것이다. 그렇게 되면 퇴직 이후 재무적 위험에 닥칠 가능성은 높아지고, 힘든 노후생활을 영위해나갈 수밖에 없게 된다.

자산운용 스타일에 따라 차이는 보이겠지만 김선재 씨의 사례는 우리나라 가장들에게 시사하는 바가 크다. 중장기적인 재무목표 달성과 장기투자 계획은 빠르면 빠를수록 좋다. 노년기에 접어들수록 시드머니를 모을 시간이 줄어들며, 위험자산에 대한 투자도 힘들어지기 때문이다.

흥부의 '절약' 대신 놀부의 '투자'를 택해라

: 장맛과 친구는 오래될수록 좋고, 돈은 굴릴수록 좋다

한번은 역삼동에 위치한 어느 기업 로비에서 거래처 사람을 기다린 적이 있었다. 로비에는 벽면의 1/3 정도의 크기를 차지하는 어항으로 채워져 있었는데 기다리는 사람에게는 눈요기 거리로 그만이었다. 한참을 들여다보며 금붕어들의 이동경로를 살펴보았다. 떼를 지어 자기들끼리 헤엄쳐 다니는 녀석들이 있는가 하면, 반 정도만 갔다 다시 턴을 하는 녀석들도 있었다. 또 한 곳에 가만히 자리를 잡고 잠만 자는 녀석도 있었다. 금붕어들은 어느새 어항 속 세상이 익숙해졌는지 장애물도 곧잘 피해갈 줄 알고, 어디쯤이면 쉴 자리가 있는지도 아는 눈치였다. 어항 속 지도를 꿰뚫고 있는 것처럼 어항 속 금붕어들은 자신들만의 세상에서 제법 편안하게 사는 법을 하나둘씩 찾아갔다. 한편으로는 '어항 속 세상'이 세상의 전부인 양 살아가는 그들의 모습이 안타깝기까지 하였다. 하지만, 현재 그들에게 주어진 환경이 변한다면 그들 역시 달라진 환경에 당황해 하면서도 나름대로 살 방도를 찾을 것이다. 이는 모든 생물의 본능이기 때문이다.

재테크도 마찬가지다. 습관이나 환경에 길들여지는 건 비단 금붕어뿐만이 아닐 것이다. 그동안 절약과 저축만을 재테크의 전부로 삼아온 사람들에게 갑자기 '투자', '노후설계'라는 낯선 미션들이 던져지기 시작했다. 금붕어처럼 숨 쉬고, 몸담고 살아온 환경 전체를 바꿀 정

도는 아니지만, 자산관리를 스스로 해야 한다는 사실을 인지시키는 일
또한 결코 쉬운 일이 아니다.

예전에 한 자동차 방송 광고 중에서 '아껴야 잘살죠.'라는 광고 카
피가 큰 인기를 끈 적 있다. 이처럼 '아끼고 저축하면 무슨 수가 생기
지 않을까?'라고 기대하는 독자들이 있을 것이다. 그러나 시대는 변했
고 투자패턴도 변했다. 이러한 변화에 대응하지 못하면 절대로 안정적
인 노후자금을 마련할 수 없다는 것이 필자가 내놓은 결론이다.

그 이유는 현재 소비구조상 삶의 질을 떨어뜨리지 않는 한, 저축액
을 늘리기도 어려울 뿐더러 삶의 질을 희생시키면서까지 저축을 늘린
다 하더라도 결과는 크게 달라지지 않기 때문이다.

왜, 그럴까? 절약을 통한 재테크로는 한계가 있다. 대부분의 직장
인들이 재테크에 적극적으로 나서고 싶어도 이를 실천하지 못하는 이
유는 씀씀이가 커서가 아니다. 가계소득 자체가 충분하지 않은 데다
생활비와 교육비의 비중이 크기 때문이다. 더불어 부동산 가격으로 인
한 원리금 상환 부담도 대부분의 직장인들이 재테크를 하지 못하도록
하는 걸림돌로 작용하고 있다. 또한, 지출 억제만으로는 자산 형성에
한계가 있다.

다음의 도표에서 알 수 있듯이 우리나라 근로자들의 전체 지출 중
의식주, 보건, 교육비 등 생활과 관련된 지출 비중이 65% 정도를 차지
하고 있다. 따라서 당장 생활의 질을 희생시키지 않으면 쉽게 지출을
줄이기는 어려울 것으로 보인다. 생활의 질을 대폭 낮추고 한번 돈을
모아보면 어떻게 될까?

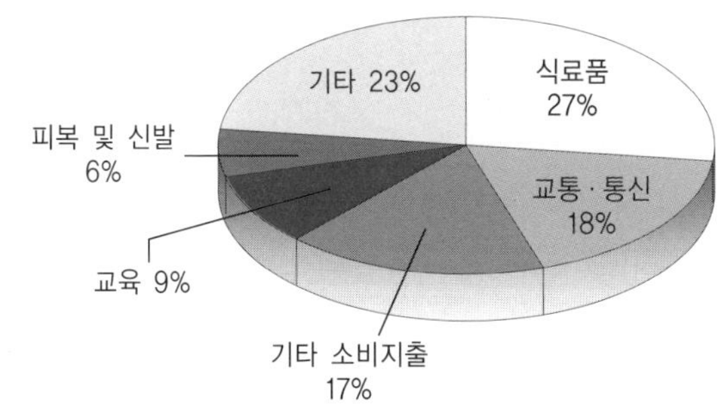

절대적인 비중을 차지하고 있는 음식료부터 줄여보자. 일체의 외식을 없애고 일인당 한 끼 식사비는 속칭 군대짬밥 수준인 1,000원으로 정했다. 아파트 평수도 줄여 주거비와 수도, 전기료 등을 40% 절약한다. 피복비는 50%로 줄이고, 출퇴근은 대중교통(1회 승차 900원)을 사용하며, 통신요금은 일인당 3만 원으로 제한한다. 담배 같은 기호품도 끊고 영화관람 및 서적 구입은 일체 중단한다. 기타 잡비와 용돈 등은 50%로 줄인다. 정말 고전에 나오는 흥부처럼 살아보는 것이다. 이런 식으로 생활하면 4인 가족 기준으로 한 달에 69만 원 정도를 절약할 수 있다.

4인 가족 흥부네 지출비용 비교표

소비지출 내역	2005년 4분기 근로자 평균(원)	가상 근로자 '흥부'(원)
식료품	560,856	360,000
주거	70,929	42,557
광열·수도	100,135	60,081
가구·집기·가사 용품	88,941	53,365
피복 및 신발	124,931	62,466
보건·의료	104,187	104,187
교육	184,996	184,996
교양·오락	93,679	–
교통·통신	356,967	300,000
기타 소비지출	344,020	172,010
총 소비지출	2,029,642	1,339,662

출처 : 통계청, 삼성증권

4인 가족인 흥부네의 재테크를 살펴보자. 15년 동안 흥부는 자린고비 정신으로 살아왔다. 이렇게 한 달에 약 69만 원씩을 월 복리 세후 4%의 금리로 15년 동안 모았다고 치자. 15년 후 예상했던 대로 가계 현금흐름의 위기가 찾아왔다. 그동안 아껴서 저축했던 돈을 쓰기로 결정하였을 때 그의 통장에는 1억 7천만 원 정도가 들어 있다. 그렇다면, 1억 7천만 원으로 퇴직 후 생활설계가 가능할까?

흥부는 15년 동안 재산증식을 위해 최선을 다했지만 중년 이후 생활보장이라는 문제에 대해서는 답을 찾지 못했다. 이런 결과가 나온 가장 큰 이유는 근검절약을 통한 재산증식 전략으로는 한계점이 있기 때문이다.

왜 이런 결론이 도출되는 걸까? '절약을 통해 돈을 모은다는 생각'

은 상대적으로 고금리 현상이 지속되고, 저축과 부동산 이외에는 투자
대상이 없었던 70, 80년대에나 가능했던 전략이다. 저금리 현상이 이
미 정착된 상태에서 같은 패턴으로 투자를 하고자 한다면, 흥부와 같
은 결과만 초래할 뿐이다. 목표수익률과 리스크 정도에 따라 다양한
투자가 가능해진 2000년대에는 보다 더 공격적인 재테크 전략이 필요
하다.

30세 가장, 30년 저축 때 노후자금 4억 부족

   '아껴 쓰고 저축하면 잘산다'는 믿음이 통하던 시절이 있었다. 하지만 요즘 이를
믿는 사람은 거의 없다. 수명은 늘어나고, 예금 이자율은 물가상승률을 약간 웃도는
수준으로 떨어져 저축만으로는 은퇴 이후 생활을 영위할 수 없다는 점을 체감하고
있기 때문이다. 많은 사람이 이에 대한 대책을 마련하지 못하고 있다. 자녀교육비나
빚 갚기에도 벅차 여유자금을 마련하기 어려운 데다 막연히 '어떻게 되겠지'라고 생
각하는 사람이 적지 않다. 한국의 표준 30~40세 가장을 대상으로 조사한 결과는 저
축만으로는 노후가 보장되지 않는다는 사실을 잘 보여준다.

〈동아일보. 2006년 6월 28일〉

보통 평균임금 대비 60%는 은퇴 전에 보유하고 있어야 편안한 노
후를 맞이할 수 있다. 임금수준은 개인마다 차이가 있지만 직장인들의
평균 임금수준을 월 4백만 원으로 정하고, 연봉을 약 4천 8백만 원이
라고 해보자. 간단히 계산해보면 은퇴 후 필요한 생활비는 연간 2천 8
백만 원 정도로 예상된다. 그러나 이 금액은 현재물가를 기준으로 측
정한 것이며 은퇴 시까지의 물가상승률을 고려한다면 훨씬 더 많은 금
액이 필요해진다.

　만일 20년 후 은퇴할 예정이라면 물가상승률 3%까지 가정하여 필요한 자금을 추정해야 한다. 은퇴 후 1년 동안 필요한 소득을 계산해 보면 연간 5천 2백만 원이라는 금액이 나온다. 만일 25년을 더 생존하게 되고, 세후수익률 4.5%로 자산운용이 가능하다면 은퇴 시 필요한 금액은 약 10억 원이 된다. 한동안 거세게 불었던 '10억 만들기' 열풍이 괜스레 일어난 것이 아니다. 샐러리맨들의 '드림플랜, 10억 원'은 꿈의 금액이자 현실에서 필요한 자금이기도 한 것이다. 그러나 10억 원은 20년 후의 금액이므로 이를 예상 투자수익률인 세후 4.5%의 할인율을 적용시키면 4억 3천만 원이라는 결과가 나오게 된다.

　정리해보면 행복한 노후를 위해서는 부채 정리, 자녀교육비, 자녀 결혼자금을 제외한 순자산으로 4억 3천만 원이 필요하다. 물론 현실가치를 기준으로 정한 금액이며, 이 정도 금액은 있어야 은퇴 후 생활이 가능해진다. 60세 이후에는 국민연금으로 생활에 도움을 받을 수는 있겠지만 현재 상황으로 보아 무조건 국민연금에 의존할 수만도 없다.

　그렇다면, 흥부는 어떠할까? 흥부는 평범한 도시근로자로 15년 동안 자린고비 정신으로 1억 7천만 원을 모았지만 노후자금 4억 3천만 원에는 2억 6천만 원이 부족하다. 즉, 은퇴 후 생활에 대한 답이 풀릴 만큼 충분한 자산을 모으지는 못했다. 바꿔 말하면 흥부는 15년 동안 재산증식을 위해 최선을 다했고 어느 정도 돈도 모았지만 '중년 이후 생활보장'이라는 근본적인 문제에 대해서는 거의 답을 찾지 못한 것이다. 현실에만 급급해 미래에 대한 대비가 거의 없었다. 성실하게 산 흥부는 무엇이 문제였을까?

이제는 '능동적인 자산관리'만이 살길이다

: 부자들은 '투자상품'보다 '투자기간'에 목숨 건다

현재가치를 기준으로 4억 3천만 원을 모으기 위해서는 얼마 만큼의 자금을 매년 저축해야 할까? 여기서 말하는 4억 3천만 원이란 자녀교육비, 결혼자금, 비상자금 등을 제외한 금액이다. 따라서 이러한 지출에 필요한 자금까지 합한다면 은퇴 후 필요한 자금은 현재가치 기준으로 약 6억 원 이상이 된다.

통계청에 따르면 도시근로자 가구의 월평균 소득은 340만 원 정도 된다. 퇴직 후 생활자금을 현 수입의 70%로 잡으면 월 238만 원 정도가 필요하다. 55세 퇴직 후 30년을 더 산다고 봤을 때, 총 5억 3,074만 원이 생활비로 들어간다. 이 돈을 35세부터 모으면 월 102만 원씩 모아야 한다. 반면 45세부터 시작하면 3배에 가까운 290만 원을 저축해야 한다. 10년 동안 발생하는 수익률 격차 때문에 이 같은 차이가 생긴다. 따라서 노후자금 준비는 빨리 시작하는 게 가장 중요하다.

〈조선일보. 2006년 6월 20일〉

기사에서 말하고 있듯이 노후설계에서 가장 중요한 핵심은 하루라도 빨리 시작해야 한다는 점이다. '이러다가 어떻게 되겠지.'라는 식으로 하루 이틀 미루다 보면 자신의 소득수준으로는 도저히 감당할 수 없는 노후생활을 할 수밖에 없다. '설마 그렇게까지 되겠느냐?'라고 생각하는 분들이 있다면 다음의 사례를 읽어보기 바란다.

임명운 씨는 현재 28세로, 25년 후로 은퇴 시기를 잡고 노후를 준비 중이다. 은퇴 후 필요한 자금으로는 6억 3천만 원이다. 여기에는 자녀 두 명의 대학교육비와 결혼자금까지 포함되어 있다. 물가상승률을 3%로 가정한다면 은퇴 시 임명운 씨에게 필요한 금액은 대략 13억 원이다. 임명운 씨는 장기적인 관점에서 주식과 채권에 분산투자를 하며 연평균 자산수익률은 세후 7%로 가정하고 있다. 이러한 조건 아래서 이 근로자는 연간 얼마를 저축해야 할까?

임명운 씨의 투자 시작 시기에 따른 연간 필요한 투자금액 변화 추이

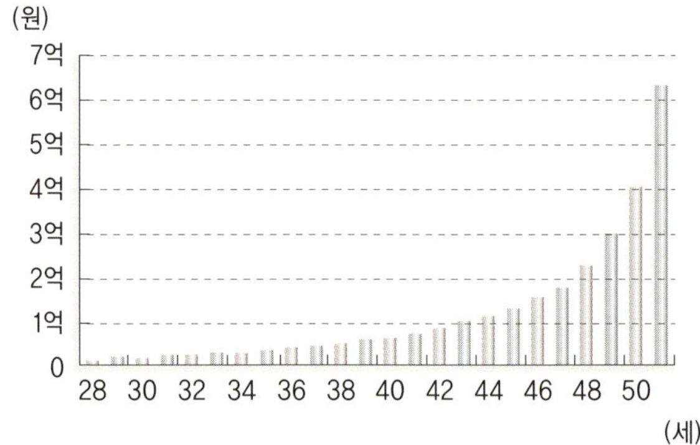

위 도표에서 나타나듯이 28세부터 장기투자를 시작하면 연평균 2천만 원(월평균 170만 원) 정도에서 노후생활 대비가 가능해진다. 그러나 40대를 넘어 시작하면 노후설계를 위해 필요한 투자금액은 6천만 원 선(월평균 500만 원)이 넘어간다. 말 그대로 연간 수입의 대부분을 저축한

다 하더라도 상당한 금액이 모자라는 상황이 되고 마는 것이다. 물론 마지막 방어선인 국민연금이 버티고 있으므로 생활이 비참한 수준까지 떨어지지는 않겠지만 여유 있는 생활과는 거리가 멀어 보인다.

사례 **2**

노후설계에서 중요한 부분을 차지하는 것이 운용자산 및 목표수익률이다. 만약 35세에 자산관리를 시작하여 20년 후 은퇴할 생각을 가지고 있다면, 다음의 도표를 살펴보자. 도표는 연간 투자해야 하는 금액이 투자수익률에 의해 어떻게 변화되는지를 잘 보여주고 있다.

투자수익률 변화에 따른 연간 필요한 투자자금 변화 추이

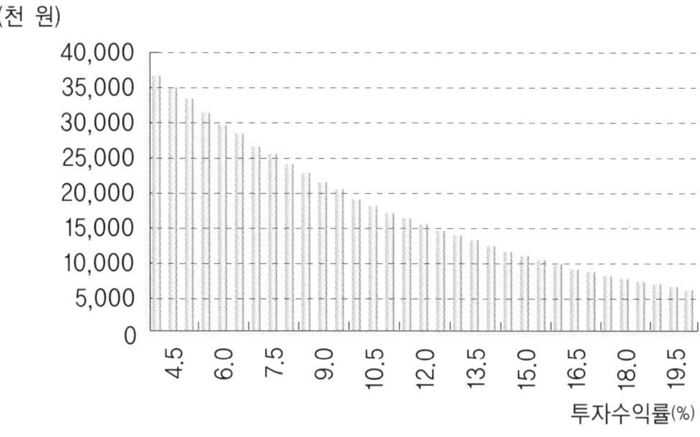

은퇴 후 필요한 금액은 앞의 사례 1과 동일한 기준에서 은퇴시기가 20년으로 다소 짧아졌기 때문에 대략 11억 4천만 원 정도가 나온다. 4.5%의 수익률로 20년 동안 11억 원을 모으기 위해서는 연간 3천 6백

만 원, 즉 월 기준으로 3백만 원 이상을 저축해야 한다. 그러나 평범한 가정에서 자식을 양육하고 교육하면서 3백만 원 이상을 20년 동안 저축할 수 있는 사람은 거의 없다. 합리적인 수준에서 저축금액을 생각해보면 월 70만 원에서 100만 원 정도^(도시 평균 저축금액 716,766원)가 현실적이다. 그러나 70만 원~100만 원을 보수적인 투자형태^(연 4~5%)로 운용할 경우 노후설계 자체가 불가능하다.

그렇다면, 평균적인 저축금액을 통해 노후자금을 만들 수 있는 방법은 없을까? 그 비밀은 수익률에 있다. 즉, 연수익률 10%를 달성하고 노후자금을 연 11억 원 수준에서 8억 원 정도로 낮춰잡으면 월 100만 원 정도의 저축으로도 노후설계가 가능해진다. 그러면 연수익률 10%를 올리기 위해서 평범한 직장인들은 어떻게 해야 될까?

예전부터 우리는 '돈을 불린다.'라는 개념보다는 '돈을 모은다.'라는 개념에 익숙해져 왔다. 한국전쟁 이후 정치·경제적 격변기를 거치면서 대기업들이 순식간에 부도위기에 휘말렸다. 1998년 IMF 외환위기 때는 국내 금융기관에 대한 해외투자자들의 신뢰가 땅에 떨어져 '국가부도 위기'라는 수모를 겪기도 했다. 지금이야 세후 4%의 저금리가 익숙하게 다가오지만, 불과 10년 전만 해도 우리나라에서 한자릿수의 금리는 생각할 수도 없었다. 이런 관점에서 우리나라 가계의 금융자산을 생각해보면 다음과 같은 결과가 어쩌면 당연한 일일 수도 있을 것이다.

우리나라는 소득수준 대비 주거용 부동산 가격이 높은 편이다. 내 집마련은 곧 가정의 보금자리라는 인식이 깊숙이 자리하고 있기 때문

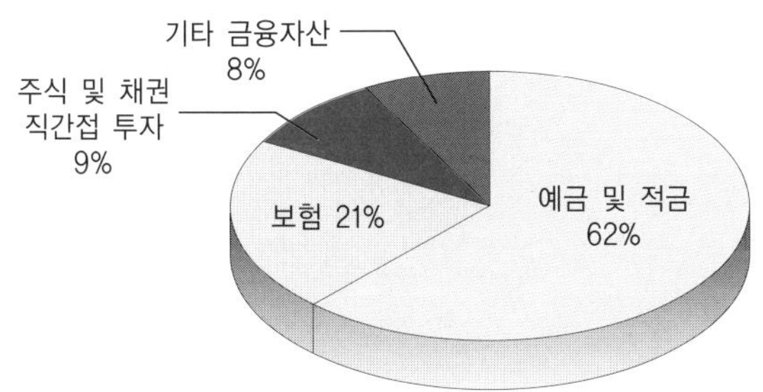

출처 : 대한상공회의소(2006.03)

이다. 이런 상황에서 전체 자산 중 부동산 비중이 금융자산에 비해 높은 것은 지극히 당연한 결과이다. 문제는 얼마 되지 않는 금융자산의 배분이다. 우리나라 가계 금융자산의 80% 이상이 예금, 적금, 보험 등 저수익 안정자산에 편중되어 있다. 반면에 금융자산의 60% 이상이 주식, 연금, 간접투자 상품 등 고수익 장기투자 상품으로 구성되어 있는 미국과는 많은 차이를 보이고 있다.

또한 가계 월수입 대비 재테크 비중도 2004년 28%에서 2005년에는 26%로 하락하고 있으며 2006년에도 크게 개선될 기미가 보이지 않고 있다. 특히 가계의 자산규모 및 재원 부분을 살펴보면 자산을 늘리기 위한 재원으로 급여 및 사업 수익이 대부분을 차지하고 있고 금융투자 수익은 매우 미미한 수준이다. 이런 자산구조하에서 현재의 금리수준으로 연수익률 10%를 올리는 것은 거의 불가능하다. 그렇다면, 어떻게 투자해야 연수익률 10%에 도전할 수 있을까?

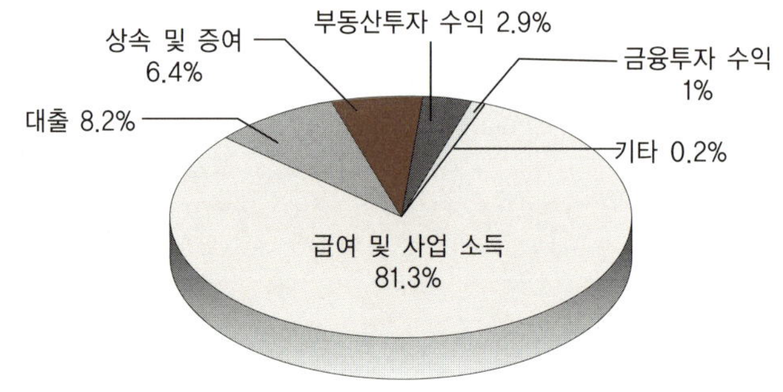

출처 : 대한상공회의소(2006.03)

투자의 메커니즘이 변하고 있다

: 은퇴대란 주의보에서 살아남는 4가지 발상전환법

지금까지 우리나라 직장인들이 처할 수 있는 상황과 실제 데이터들을 이용해 현재의 투자방식으로는 은퇴대란을 피할 수 없음을 알아보았다.

'안정적인 직장'에 대한 욕구는 재테크뿐만 아니라 개인의 삶에 있어서도 아주 중요하다. 안정적인 직장이야말로 개인의 재테크, 가족, 평온함, 노후 등 행복 요소를 보장해줄 수 있기 때문이다. 물론 교원, 공무원, 군인 등은 퇴직 후에도 연금이 지급되어 그야말로 유리한 노후설계를 할 수 있다.

그렇다면, 고용의 안정성 때문에 큰 인기를 누리고 있는 공무원이 아니라면, 일반 직장인들에게 남은 대안은 무엇일까?

　가장 먼저 고려되는 변수는 유럽처럼 공적연금을 통한 사회보장 제도가 확충되어 노후생활 대책을 국가차원에서 진행하는 일이다. 정부도 최근 저출산·고령화 문제가 심각한 사회문제로 떠오르자 2020년까지 5년마다 전략적으로 계획을 수립해나간다는 방침을 세웠다. 고용안정과 일자리 확충, 공교육 정상화, 양극화 해소, 주택시장 안정 대책 등을 추진함으로써 삶의 질을 향상시킨다는 목표로 '저출산·고령사회기본계획시안'을 발표하였다. 그러나 국민연금과 관련해서는 아직까지도 논란의 여지가 남아 있다. 정부가 내놓은 대책도 개인의 생활에 얼마나 도움이 될지 불확실한 상황이다. 따라서 사회보장 제도에 큰 기대를 걸기보다는 '기본적인 생활 영위를 위해 의존할 만한 제도'라는 인식으로 접근하면서 퇴직 후 생활은 스스로 계획하는 전략이 필요하다.

　다음으로 생각할 수 있는 대안은 퇴직연금을 비롯한 사적연금의 활용이다. 특히 1980년 이후 미국의 사례를 보면 베이비 붐(Baby Boom)으로 대변되는 1950년대생들이 대거 경제활동에 참여하기 시작하면서 사적연금이 크게 확대된 사례가 있다. 2010년을 전후하여 발생될 고령화 문제를 퇴직연금 같은 사적연금을 활용함으로써 실마리를 풀어나가는 점에 우리는 주목할 필요가 있다.

　사실 일부 유럽국가 등 공적연금이 사회보장 제도의 대부분을 담당하는 국가들을 제외한다면, 사적연금은 은퇴 후 재무설계를 위해 광범위하게 활용되는 수단이다. 규모 또한 해당 국가들의 경제규모와 대

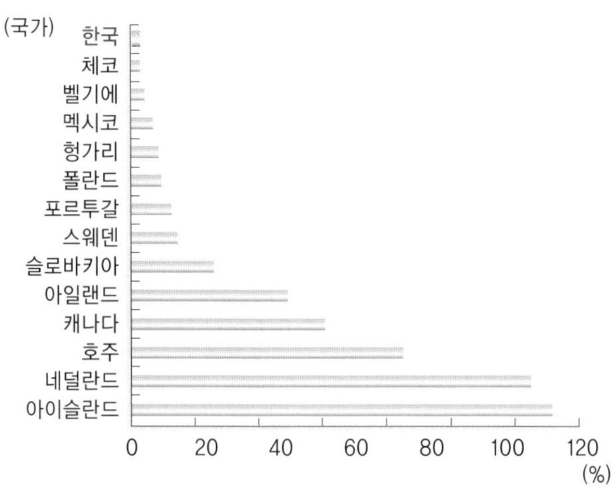

비할 때 큰 것도 사실이다. 2004년을 기준하여 OECD 국가들의 평균 GDP 대비 사적연금 비중은 84%에 달한다.

고령화는 선진국들이 공통적으로 안고 있는 문제이다. 기존 공적연금의 규모로는 충분한 사회보장을 실현하기 어려울 뿐만 아니라 젊은 층의 인구 또한 줄어들 것으로 보여 공적연금의 역할을 대신해줄 새로운 연금체계가 필요해진 것이다.

미국은 종업원이 재직 시 임금의 일정부분을 자동적으로 적립하도록 해 은퇴 후 재무설계를 상당부분 해결하도록 하고 있다. 고용주 입장에서는 연금계획을 통해 우수 인력을 유지할 수 있으며, 연방정부나 주정부의 입장에서는 공적자금의 부담을 상당부분 덜 수 있다.

무엇보다 연방정부는 연금을 시급하게 필요로 하는 계층을 지원할 여유까지 얻어 그야말로 종업원, 기업, 정부 모두에게 이로운 '윈윈전략'으로 활용된다. 이렇듯 긍정적인 인식이 확산되면서 1980년 이후 사적연금이 크게 성장하였다. 그럼, 우리나라 사적연금의 실정은 어떨까?

대표적인 사적연금인 기업(퇴직)연금이 도입된 지 1년이 조금 넘었다(2005년 말 도입). OECD의 발표에 따르면 2004년 현재 우리나라의 GDP 대비 사적연금 규모는 1.7%에 지나지 않는다.

장기적 관점에서는 분명 사적연금이 노후설계에서도 중요한 역할을 담당할 것으로 예상된다. 하지만, 현재는 규모가 적고, 사적연금의 필요성에 대한 사회적 공감대가 부족한 실정이다. 특히 연금수급의 주체인 고용주와 근로자, 상호 간의 공감대가 형성되지 않는 점이 가장 큰 문제로 지적되고 있다.

결국, '개인적으로 알아서 준비하는 것' 이외에는 다른 방안이 없다. 지금이라도 투자의 고정관념을 부수고 새로운 거시경제 환경과 자산구조 변화의 필요성에 발맞추어 미래를 준비해나가야 한다. '미래를 대비한 능동적 자산관리' 핵심으로 다음 4가지 발상의 전환이 필요하다.

'미래를 대비한 능동적 자산관리'를 위한 발상전환

1 자산을 모은다 ➡ 자산을 운용한다
2 확정금리를 추구한다 ➡ 높은 수익률을 추구한다
3 하나의 금융기관과 거래한다 ➡ 다양한 금융기관과 거래한다
4 리스크는 무조건 피한다 ➡ 리스크를 관리한다

우리나라 직장인들의 소득 및 지출구조, 막대한 사교육비에 대한 부담, 주택관련 지출규모 등을 감안할 때 단순히 절약을 통해 퇴직 후 생활을 대비하는 일은 불가능하다. 따라서 지금부터는 '어떻게 돈을 모을까?'라는 수동적인 질문보다는 '어디에 투자를 해야 하는가?'라는 능동적인 질문으로 투자의 발상을 전환해야 한다.

투자에 대한 전문적인 시각을 넓히고, 장기적인 관점에서 적정한 수준의 리스크를 감당하려는 자세가 중요하다. 주식투자뿐만 아니라 각종 ELS, 전환사채, 해외투자 등 상대적으로 높은 수익률을 낼 수 있는 투자상품에도 관심을 기울여 보자. 예전에는 국제원유 및 상품 가격이 상승한다고 해도 일반인들에게는 그림의 떡이었으나 최근에는 각종 펀드상품이 출시되면서 해외상품에까지 투자할 수 있는 문이 열려 있다.

그동안 은행예금은 원금 이외에도 일정 수준의 확정금리를 지급함으로써 투자자들의 금고역할을 담당하였다. 그러나 저금리 시대가 지속되고 금융기관 간의 업무영역이 허물어지기 시작하면서, 그야말로 가계금융의 토털솔루션(Total Solution)을 목표로 여러 금융기관들이 다양한 금융서비스를 제공하고 있다. 과거처럼 한 곳의 금융기관과의 거래만을 고집하기보다는 다양한 금융기관들과 접촉하면서 그들이 제공하는 정보를 이용해야 한다. 특히 금융기관의 선택에 있어 과거에는 큰 문제가 되지 않았던 투자정보의 적시 제공 및 종합적인 컨설팅 능력 등은 향후 매우 중요한 차별요인으로 작용하게 될 것이다.

발상의 전환 4 리스크 회피(원금 집착) → 리스크 관리(분산투자 및 장기투자)

리스크란 우리가 흔히 정의하는 원금손실만을 나타내는 것이 아니라 투자자산에 대한 가격변동성을 의미한다. 가격변동성은 동전과도 같다. 투자자금에 대한 손실이 나올 수도 있고, 반대로 높은 수준의 수익률을 올릴 가능성도 함께 지니고 있다.

지금부터는 리스크를 '회피하기'보다는 '관리한다.'라는 투자자세로 자산운용을 해야 한다. 여러 종류의 자산에 분산투자함으로써 하나의 자산과 연관된 '비체계적 위험'을 최소화시키는 시스템으로 간다면 리스크를 줄여나갈 수 있다. 더불어 적립식투자를 통해 특정 투자시점과 관련된 위험을 분산시키는 정액분할 투자효과(Cost Averaging)를 활용하는 것도 좋은 방법이다. 이러한 방법들은 가계자산의 차원에서도 충분한 리스크 관리가 가능하다.

정액분할 투자효과란 투자시점을 포착하기 어려운 상황에서 총 자금을 나누어 투자하는 것이다. 매달 일정액을 불입함으로써 변동성이 있는 주식시장의 영향을 덜 받는다는 장점이 있다. 가격이 상승할 때 적게 사고, 반대로 내려갈 때 많이 사게 됨으로써 평균단가가 하락하여 가격이 평준화되는 현상이다.

선진국도 1980년대부터 고령화 및 은퇴 후 생활 대책과 관련된 문제에 직면하기 시작하면서 여러 해결책을 마련해 왔다. 우리나라와 대비해 복지정책이 크게 발달한 선진국들도 오로지 공적연금만을 통해 고령화 문제를 해결하기는 매우 어려웠다. 선진국들도 보다 다양한 형태의 사적연금과 개인연금, 금융상품 등을 복합적으로 도입시켜 이러한 문제들을 해결하려 했다.

　　대한상공회의소가 우리나라 가계를 상대로 조사한 자료에 따르면 재산증식에서 가장 중요한 요소를 꼽은 답 중에 절약이 34%로 가장 많았고 교육비 경감이 29%로 그 뒤를 이었다. 우리나라 가계의 자산구조가 앞으로도 저금리 및 고용불안 현상이 이어진다면 퇴직 이후 생활설계는 커녕 한번에 목돈이 들어가는 지출비용에 대한 대비도 못하게 된다. 필자가 위와 같이 생각하는 이유를 정리해보면 다음과 같다.

　　❶ 우리나라의 높은 부동산 가격을 고려해볼 때 전체 자산의 상당부분이 부동산으로 구성됐다는 점은 어쩔 수 없는 현실이다. 그러나 부동산에 대한 지출은 장래 대출금 상환압박에 대비를 해야 한다는 부담감뿐만 아니라 전체 자산의 유동성을 떨어뜨리는 악영향을 가져온다.

　　❷ 금융자산의 대부분이 저수익 안정자산에 집중되어 있다. 이는 퇴직 후 안정적인 생활을 누리기 위해서는 매년 상당한 금액을 저축해야 한다는 뜻이다. 그럼에도 전체 자산 중 노후재테크에 투입되는 금액은 오히려 점점 줄어들고 있다.

　　❸ 자산플랜 중에서도 생활비와 교육비 등에 우선권을 주는 점도 노후자금 마련을 힘들게 만드는 요인이다.

　　❹ 자산형성에 있어서도 '절약'이라는 틀에서 벗어나지 못하고 있

우리나라도 고령화 사회의 문제를 해결하는 주체가 공공부분에서 '공공부분＋개인부분'으로 이동하는 것은 선택이 아니라 필연이다. 고령화는 국가만의 문제이기 이전에 개인의 문제이다. 이제 노후에 대한 답을 개인 스스로 찾아야만 한다.

다. 현재의 임금상승률이나 금리상황을 고려해볼 때 절약을 통한 노후자금 마련은 큰 한계성을 지니고 있다.

낮은 수익률이라도 열심히 저축하고, 그래도 부족하면 생활수준을 낮춰서라도 비용을 줄이고 자산증식을 위해 투자에 나서기보다는 임금상승을 기대하는 잘못된 투자관행은 우리나라 가계들이 공통적으로 지닌 특성이다.

우리나라 가계의 자산구조가 위태롭게 된 원인은 과거의 불안했던 투자환경도 큰 몫을 하고 있다. 외환위기나 급격한 정권교체와 같은 리스크들을 한꺼번에 경험했기 때문이다. 더욱이 부동산시장은 특수한 경우를 제외한다면 꾸준한 성장세를 보여 왔다.

하지만, 주식시장은 경기변동에 따라 변동성이 확대되었던 경험을 가지고 있다. 심지어는 '주식투자를 하면 망한다.'라던가 '부동산 불패신화' 등과 같은 다소 극단적인 표현까지 통용될 정도로 주식투자에 대한 회피심리가 강했다. 그러나 주식투자에 대한 막연한 두려움을 안고 현재의 가계자산구조만을 고집하는 사람들에게 '20~30년 이후 자산 대책이 있는가?'라는 질문을 던져보고 싶다. 지금은 그야말로 '투자발상의 대전환'이 필요한 시기이다.

베이비 붐 세대를 위한 자산운용 마인드

명품투자학 2

미국의 베이비 붐 세대는 어떻게
자산관리를 할까?
: 미국 경제발전의 중심세대, 그들의 노후설계를 살펴보자

'미국이 기침을 하면 한국은 감기에 걸린다.'라는 말이 있다. 자원도 인구도 많지 않은 우리나라가 기댈 곳이라고는 수출밖에 없는 상황에서 미국에 대한 의존도가 지나치게 높아 생겨난 말이다. 지금이야 미국보다 중국에 대한 의존도가 높아 다 옛말이 되어버렸다고 할 수도 있지만, 아직까지 미국은 세계의 경제를 움직이는 중심에 있는 나라임에 틀림없다. 특히 미국은 고령화 사회가 일찌감치 찾아온 나라다. 미국인들이 어떻게 노후를 준비하고, 국가는 또 어떻게 자국민의 노후문제애 대처하고 있는지 알아보는 일은 저출산·고령화 사회로 고속 진행하고 있는 우리나라에겐 꼭 필요한 일이다.

미국의 평균 인구증가율이 2%에 달하던 1946년부터 1960년 사이에 태어난 세대를 '베이비 붐 세대'이라고 한다. 베이비 붐 세대는 1970~1980년대에 본격적으로 경제활동에 참여하기 시작하였으며 현재는 50대~60대 초반으로 미국 기성세대의 중심을 형성하고 있다.

미국의 클린턴 전(前) 대통령도 1946년생으로 베이비 붐 세대의 대표적인 인물이다. 역사상 가장 혁신적인 기업이라고 평가받는 마이크로소프트사의 창설자 빌 게이츠도 1955년생이다. 이밖에도 미국의 상하원 및 경제계 주요 인사들도 서서히 베이비 붐 세대들로 교체되고 있는 등 1990년대 후반 이후 미국 경제와 정관계에서 핵심적인 위치를 차지하고 있는 세대가 바로 베이비 부머들이다.

미국의 평균 인구증가율 추이

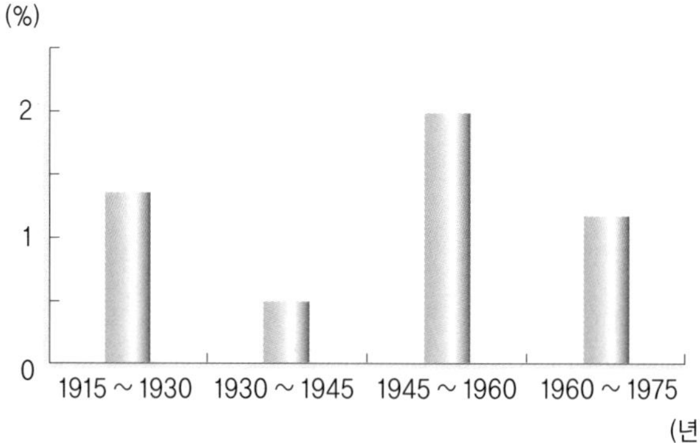

출처 : Bureau of census

　1940년대 후반부터 1960년에 걸쳐 인구증가율이 갑자기 높아진 시점은 2차 대전 이후부터다. 서유럽 재건과정에서 나타난 미국사회의 경제적 팽창이 결정적인 영향을 끼쳤다.

　1990년대 초반 큰 인기를 끌었던 톰 행크스 주연의 영화 '포레스트 검프'를 기억하는가? 영화를 보면 1960년대부터 1980년대에 걸친 미국사회의 급격한 변화와 변화를 주도해 나가는 베이비 부머들의 고민과 의식이 잘 드러나 있다. 이렇듯 이들의 의식과 행동은 1960년대 이후 미국사회의 변화를 주도해 왔으며 이들은 미국에서 가장 높은 소득을 올리는 연령층이기도 하다. 따라서 연금 등을 통해 막대한 금융자산을 축적하고 있는 베이비 붐 세대들은 바야흐로 미국 자본시장 발전의 중심이 될 전망이다.

　베이비 붐 세대의 본격적인 고령화 및 출산율 저하에 따른 인구 고령화는 이미 주요 선진국들이 경험했던 문제이다. 특히 미국은 베이비 붐 세대에 속하는 1950년대생들이 사회활동에 참여하기 시작한 1980년대부터, '2010년대 이후 고령화 문제를 어떻게 대비할 것인가?'를 최대 이슈로 삼아 논의하기 시작했다.

　우리보다 먼저 개인자산·노후관리 문제를 고민한 미국의 사례를 살펴봄으로써 독자들 스스로 자신의 노후설계를 어떻게 진행시켜야 할까를 생각해보고 현실적인 대안을 찾을 수 있기를 필자는 희망한다.

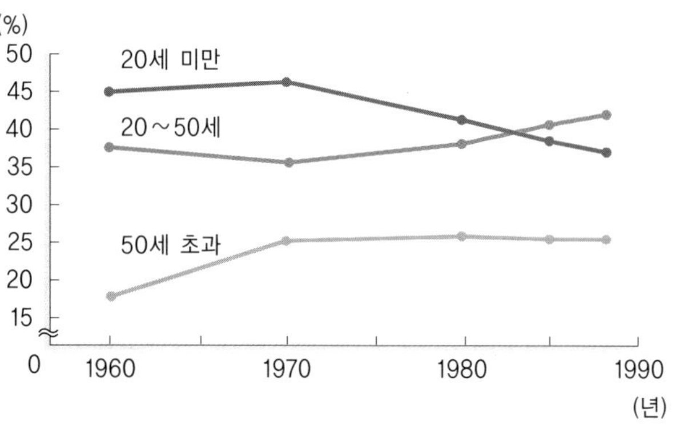

　도표에서 나타나듯이 1980년 이후 베이비 붐 세대들을 비롯 전후 세대들이 대거 경제활동에 참여하면서, 미국 내 20~50세 사이의 인구 비중이 20세 이하의 인구를 추월하였다. 당장은 경제활동에 참여하는 인구가 늘어나 소비가 촉진되고 생산성이 향상되는 등 긍정적인 측면으로 작용되지만 장기적으로는 고령화 문제가 발생할 수밖에 없는 구조이다. 특히 베이비 붐 세대들이 60세 이상이 되어 연금에 의존할 수밖에 없는 2010년 이후에는 노령층 인구가 급증하게 된다는 점이 큰 문제로 부각된다.

　그러나 이러한 문제점을 인식한 미국의 베이비 붐 세대들은 분산투자와 각종 연금을 통해 노후생활을 착실히 준비하고 있다. 자산관리의 중요성을 지금에서야 인식하기 시작하는 우리나라의 40대, 50대와는 상반된 모습이다.

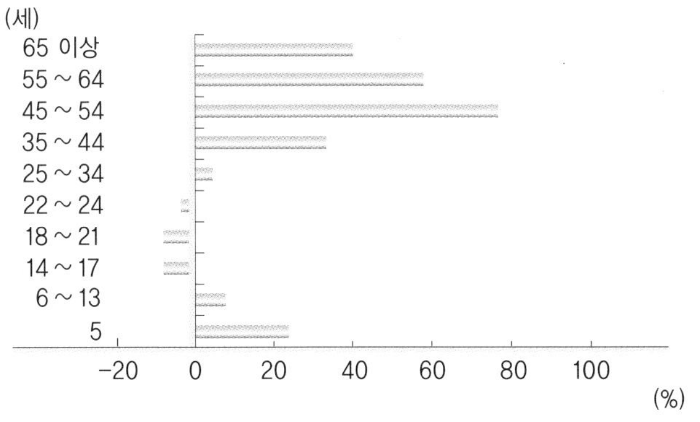

앞으로도 인구 변화는 경제 및 사회 전반에 중요한 기준점 역할을 하게 된다. 특히 경제 분야는 더욱 민감하다. 기본적으로 사람이 있어야 수요와 공급이 순환되어 경제가 발전되기 때문이다. 고령화 사회 및 젊은 층 감소라는 악재가 심화되는 현 시점에서 우리는 자문하지 않을 수 없다.

인구 변화에 따른 '개인의 삶, 노후의 삶'을 보장받을 수 있는 방법에는 무엇이 있을까? 언젠가부터 경제신문 섹션에 '노후재테크'라는 용어가 자주 등장하기 시작했다. 이는 우리 역시 '인구감소에 따른 노후설계가 중요하다.'라는 인식을 하고 있음을 보여주는 것이다. 따라서 어떠한 경제적 환경이 미국의 베이비 붐 세대들에게 자산관리의 중요성을 일깨웠으며, 그들은 어떤 식으로 노후생활을 준비했는지 살펴보는 것은 매우 중요한 작업이다.

실적형 투자자산의 비중을 높여라

: 확대된 미국 가계의 자산 항목, 사적연금&뮤추얼펀드

2004년 인구총조사(Census) 결과에 따르면 미국 가계의 전체 금융 중 연금 및 뮤추얼펀드 같은 장기 실적형 투자자산의 비중은 64%에 달한다. 은행예금 등 안정성이 높고 현금화가 쉬운 유동성 자산의 비중은 17%에 불과한 것으로 나타났다.

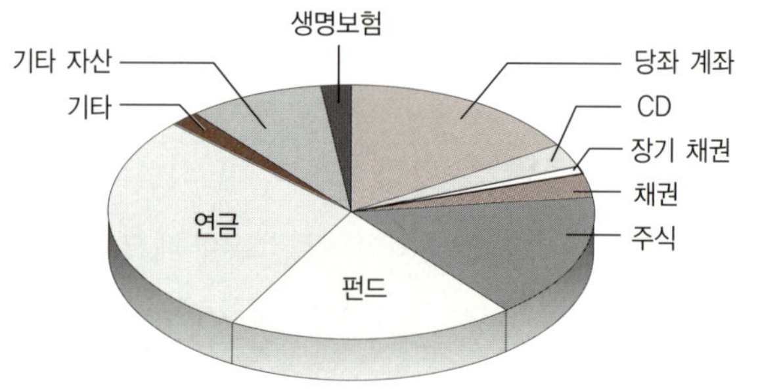

미국 가계자산의 구조(2004년)

출처 : Survey of consumer finance

그러나 15년 이전인 1989년 자료를 살펴보면 2004년에 비해 유동성 자산 및 확정금리형 상품의 비중이 상당히 높은 반면, 장기 실적형 상품의 비중은 낮았음을 알 수 있다. 또한, 전체 자산 중 금융자산이 차지하는 비중도 같은 기간에 비해 크게 증가했다는 점도 눈여겨볼 필요가 있다(우측 도표 참조).

특히 1989년과 2004년 미국 가계의 차이 중 가장 눈여겨볼 사항이

있다. 1989년에는 사적연금 자산과 뮤추얼펀드 자산이 각각 가계자산의 19%와 5%에 불과했지만 2004년에는 32%와 15%를 차지하여 명실상부한 미국 가계의 핵심자산으로 부상하였다. 1980년대 말과 비교해볼 때 현재 미국 가계자산의 변화는 눈에 띈다. 다음 3가지로 미국 가계자산의 변화를 정리해보면 다음과 같다.

1989년과 2004년 미국 금융자산 비중 비교

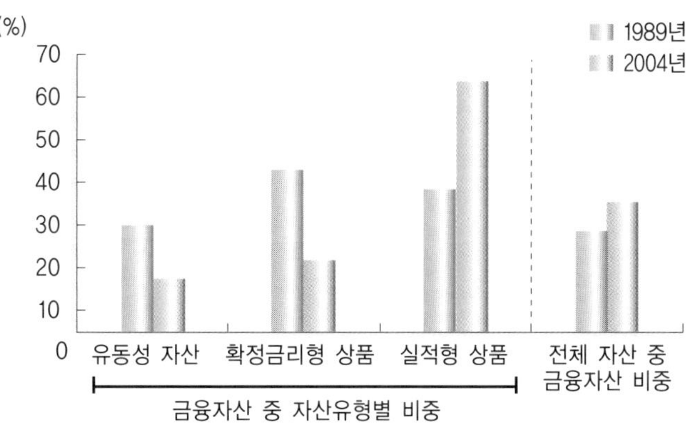

출처 : Survey of consumer finance

1 가계자산의 주력이 확정금리형 상품에서 연금 및 뮤추얼펀드 등 실적연동형 상품으로 이동했다.

2 실적연동형 상품의 비중은 크게 늘어났으나 주식투자의 비중은 큰 변화가 없어 미국 가계의 주식자산 비중 확대는 간접투자를 중심으로 이루어졌다.

3 주택, 자동차 등 부동산 비중이 줄어든 대신 금융자산의 비중이 크게 증가했다 (1989년 금융자산 비중 28% ➡ 2004년 36%).

대부분의 독자들은 사적연금, 뮤추얼펀드라는 용어 자체가 생소하게 들릴지도 모르겠다. 한번쯤 경제지면에서 접한 적은 있어도 관심 있게 관련 기사를 읽지 않았다면 고개를 갸우뚱거릴 수도 있겠다. 아직까지는 대중의 눈에 익을 만큼 보편화된 투자처가 아니기 때문이다. 하지만, '주식투자는 리스크라는 덫이 있기 때문에 개인투자자는 손도 되지 말아야 한다.'라는 두터운 방어벽이 허물어지고 있는 것처럼 이 같은 상품에 대해서도 서서히 투자의 문호가 열릴 것이다.

'공격형 재테크'로 자산관리 포지션을 변경해라
: 전쟁과 재테크의 공통점, 방어보다 공격이 유리하다

미국의 연금형 자산도 1990년대 이후 확정된 금액을 지급하는 DB형(Defined Benefit)에서 투자액은 일정하되 최종 지급액은 투자성과를 따

1990년 이후 미국 연금자산의 구성 추이

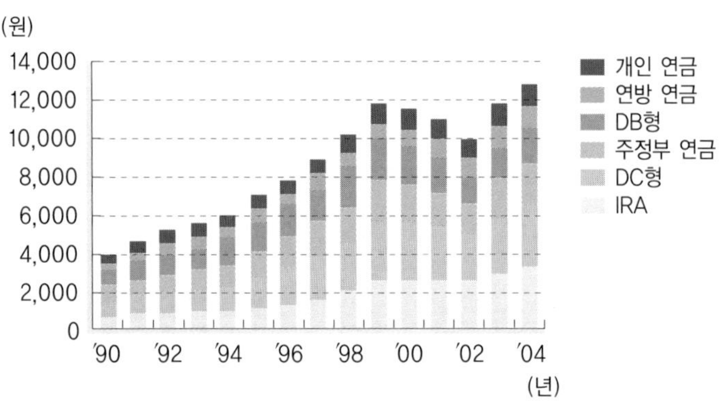

출처 : ICI

르는 DC형(Defined Contribution)으로 급격히 변화하고 있다. 또한, 각종 세제혜택을 통해 개인별로 퇴직자산을 관리하는 IRA(Individual Retirement Account)의 비중도 크게 증가하고 있다.

우리는 공격형 재테크를 선택했던 연령대가 당시 35세 전후라는 사실에 주목해야 한다. 35세는 라이프 사이클상 가장 활발하게 경제활동에 참여할 수 있는 나이다. 다음 그래프는 베이비 붐 세대의 자산구조 변화를 나타낸 것으로 베이비 붐 세대들은 다른 세대들과 비교하여 장기간 동안 안정적인 경제환경 안에서 생활하였다. 그럼에도 적극적인 투자설계를 할 수 있었던 변화과정을 보면, 향후 우리나라 가계의 자산구조 변화과정에 대해서도 시사하는 바가 크다.

1983년과 2004년 베이비 부머들의 자산구조(해당 자산을 보유하고 있다고 답변한 %)

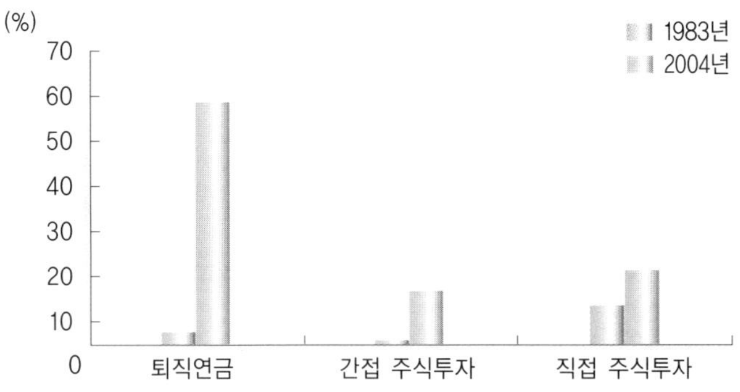

베이비 붐 세대들의 자산구조 변화는 전체 미국 가계의 자산구조 변화와 큰 차이를 보이지 않는다. 1983년 당시에는 35세 전후였던 베

이비 붐 세대 가계의 9%만이 퇴직연금을 가지고 있었다. 하지만 2004년, 60대를 눈앞에 둔 지금은 대략 60% 내외의 가계들이 각종 퇴직연금을 보유하고 있다. 또한, 간접 주식투자 비중이 크게 증가했다는 점도 전체 가계자산의 변화와 맥락을 같이한다. 잠시 이야기의 초점을 '베이비 붐 세대'에서 미국 가계자산의 변화를 주도했던 '금융자산'으로 돌려보자.

인터넷 신문기사를 보던 도중 '老는 있지만 後는 없다.'라는 기사 제목을 접한 적이 있다. 자신의 노후를 스스로 준비해야 한다는 인식에는 눈을 떴지만, 후속대책에는 손을 놓고 있는 개인투자자들을 꼬집는 내용이었다. 즉, 자신에게 필요한 노후자금부터 노후자산의 구체적인 포트폴리오 투자항목, 공격형 자산관리에 대한 비율까지 노후설계와 관련한 계획을 물어보면 다들 속수무책이라는 말이다. 이는 공격형 재테크로 미래를 준비하는 미국의 30대들과 비교되는 모습이기도 하다.

FIRST MONEY, 사적연금으로 노후를 대비하라
: 50세 넘어선 미국 베이비 붐 세대의 불입액 증가

사적연금의 핵심이라고 할 수 있는 기업 퇴직연금 시장이 우리나라에 본격적으로 도입된 지 벌써 1년이 지나가고 있다^(2005년 도입). 이 기간 동안 퇴직연금에 대한 많은 홍보를 통해 적립액이 4천억 원을 돌파하는 등 대중화를 위한 발판마련 측면에서는 나름대로 착실한 성과가 있었다고 할만하다. 그러나 '미래에셋 퇴직연금 연구소' 자료에 의하면 아직까지 퇴직연금에 대한 근로자와 기업주들의 이해도는 상당히 낮은 편으로, 전체 조사 대상자 중 퇴직연금 제도에 대해 알고 있다고 응답한 비율이 85%에 달했으나, 이 중 아는 정도가 '보통'이거나 '들어만 봤다.'라고 답변한 비율이 65%에 이르고 있다.

연금의 종류별로 보면 제도시행 초기에는 확정급여형(DB형) 비중이 가장 큰 것으로 나타났다. 금감원 자료에 의하면 2006년 8월 말 현재 적립된 2,176억 원 중 확정급여형(DB형)의 비율이 47%에 달한다고 한다.

2006년 8월 말 퇴직연금의 종류별 비중

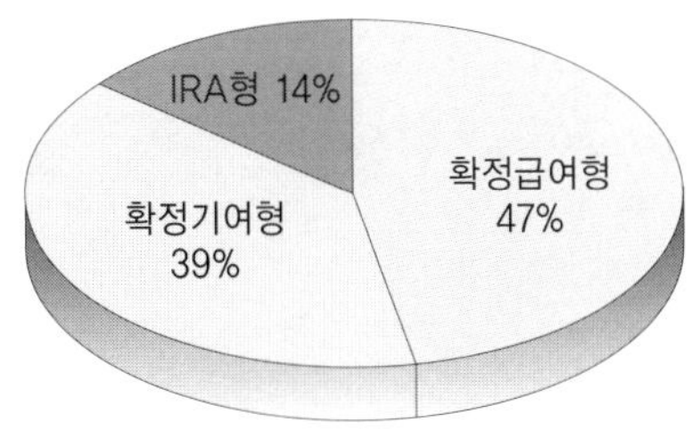

출처 : 금융감독원

이는 아직까지 우리나라 퇴직연금의 상당수가 '원금보장'을 중심으로 운용되고 있다는 뜻인데, '장기투자를 통한 노후자금 확보'라는 소기의 목적을 달성하기 위해서는 더욱 더 적극적인 자산운용이 필요하다.

미국 가계 금융자산의 핵심은 한마디로 사적연금과 뮤추얼펀드로 요약된다. 이 중 사적연금은 사실상 베이비 붐 세대들이 경제활동에 참여하던 시기부터 2010년 이후를 염두에 두고 시작되었다. 그야말로 20년 동안 60%에 가까운 미국의 가계들이 어떤 형식으로든 사적연금을 보유하게 된 셈이다.

미국의 사적연금 역사는 20년이나 됐지만 1990대 중반 이전까지는 미국 가계자산의 핵심으로 부각되지 못했다. 그러나 베이비 붐 세대들이 50세를 넘어서기 시작하면서 점점 불입액이 늘어나기 시작했다. 또한, 주식시장의 호황으로 순자산 가치마저 커지면서 1990년대 후반부터는 미국 가계의 핵심적인 노후 투자처로 자리 잡게 되었다. 미국 정부의 인구총조사에 따르면 2001~2004년 기간 중에도 미국 가계의 사적연금은 지속적으로 팽창하여 사적연금을 보유한 미국 가계는 11% 이상의 보유액 증가를 누렸다고 한다. 대체로 가장의 소득이나 가계의 자산구조가 건실할수록 사적연금을 보유하고 있는 비중이 증가하였

미국 사적연금 변화 추이

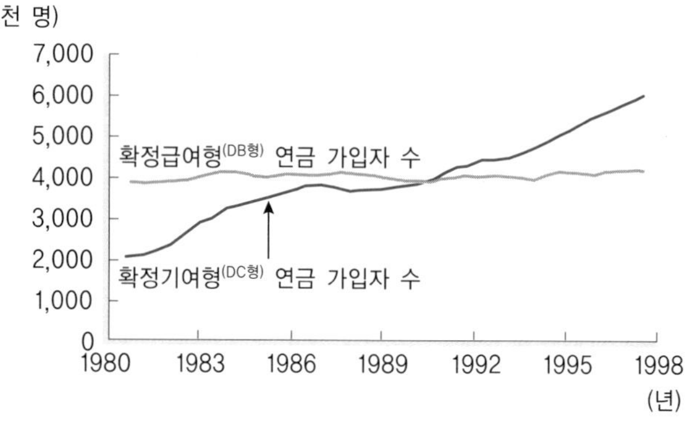

출처 : ICI

다. 이는 미국의 사적연금이 단순한 사회보장 제도의 성격을 넘어, 고소득층들도 적극적으로 참여하는 종합적인 은퇴설계의 개념으로 발전했음을 보여주는 것이다.

특히 1990년 이후 미국 주식시장이 비약적으로 발전하고 주식형 상품에 관심이 증가하면서 확정수익이 제공되는 DB형(Defined Benefit)보다는 DC형(Defined Contribution)의 비중이 커지고 있다는 점은 향후 우리나라 퇴직연금 시장의 방향에도 큰 의미를 던져준다.

이외에도 미국 가계들은 다양한 형태의 연금을 통해 노후생활에 대비하고 있다. 예를 들어 미국의 연방정부가 제공하는 OASI(Old Age Survivor's Insurance Program)는 미국 가계의 대표적인 공적연금 프로그램이다.

각종 사적연금에 대한 출연은 종업원 자신이나 고용주에 의해서 이뤄진다. 고용주에 의한 사적연금 출연이 이루어지면 종업원 입장에서는 또 다른 소득원을 의미하게 된다. 과거 일정부분 저축에 사용되던 금액을 소비생활에 이용할 수 있다는 장점이 있기 때문이다. 2004년을 기준으로 사적연금에 가입한 가계의 89%가 고용주에 의한 출연을 받고 있으며 이 중 89%는 자신도 출연에 참여하고 있다.

물론 사적연금을 가질 자격조건이 된다고 해서 모두 참여하는 것은 아니다. 2004년 조사에 의하면 사적연금에 가입할 자격이 있는 가장 중 85%만 사적연금 계획에 실제로 참여하고 있다. 개인이 사적연금에 가입하는 데는 소득수준에 영향을 받는다. 가령 소득수준이 하위 20% 이내에 있는 가장은 사적연금에 참여할 자격이 있더라도 실제 참여 비중은 50% 정도이나 소득수준이 상위 10% 이내일 경우에는 불과 5%만이 사적연금에 참여하기를 거부했다고 한다.

SECOND MONEY, 뮤추얼펀드 외 각종 펀드에 투자해라
: 주식시장의 퍼포먼스, 은퇴설계, 분산투자

2004년 이후 우리나라 주식형 수익증권 설정잔액 추이

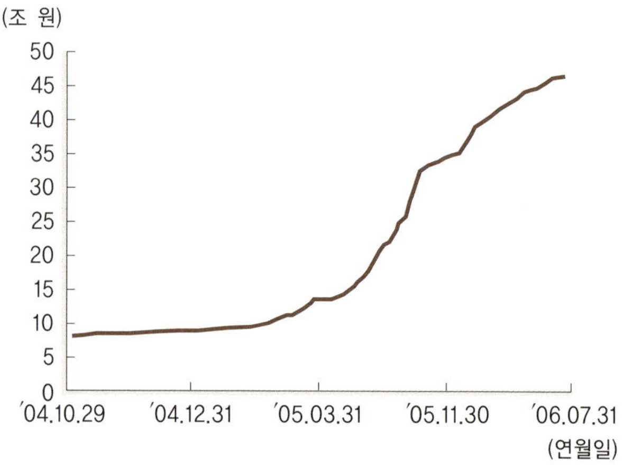

출처 : 자산운용협회

　　2005년 이후 우리나라의 주식형 간접투자 시장은 그야말로 질적 성장기를 맞았다. 이렇듯 2005년 이후부터 주식형 자산에 대한 우리나라의 간접투자 시장이 급팽창한 이유는 무엇일까? 필자는 여기에 대해 다음과 같이 내용을 정리한다.

첫째, 저금리 구조가 장기적으로 지속되고, 노후대비에 대한 수요가 커지면서 자동적으로 고정수익 자산 대비 상대적으로 고수익이 기대되는 자산에 대한 장기투자 수요가 크게 증가했다. 이러한 고수익 자산에 대한 수요의 증가가 적립식투자 등을 통해 주식형 상품에 대한 간접투자 붐으로 폭발한 것이다.

둘째, 수익성 위주의 경영과 구조조정을 통한 원가절감 노력의 효과로 우리나라 주요 기업들의 수익성은 매우 크게 강화됐다. 예를 들어 삼성증권 리서치센터가 관리하는 기업들을 기준으로 할 때, 1998년 5%에 불과하던 우리나라 주요 기업들의 ROE(자기자본이익률)는 2006년 현재 예상 실적기준이 15%까지 상승한 상황이다. 이러한 기업 수익성의 증가는 주식형 자산에 대한 투자매력 증가로 이어지게 된다.

셋째, 외환위기 이후 진행된 꾸준한 구조조정의 효과로 한국경제의 잠재적인 위험요인들이 크게 줄어들었다. 즉, 과거 우리나라 주식시장의 주요 투자위험으로 제기되던 기업의 부실화 가능성이 상당히 줄어들면서 우리나라 주식에 대한 투자매력이 크게 증가한 것이다.

넷째, 주가의 급상승에도 불구하고 기업가치의 측면에서 볼 때 우리나라 기업들의 주가는 아직까지 저평가된 상태이다.

예를 들어 2007년까지의 예상실적을 기준으로 한 우리나라 주요 기업들의 PER(주가수익비율)은 불과 10배 내외로 대만의 13배 내외는 물론 말레이지아, 싱가포르의 15배 내외에 비해서도 매우 저평가된 상황이다. 이러한 요인들로 판단할 때, 향후 우리나라 기업들의 주가가 크게 고평가되거나, 금리가 급상승하지 않는 한 주식형 간접투자에 대한 수요는 지속적으로 늘어날 전망이다.

미국의 뮤추얼펀드 산업이 비약적인 발전을 누린 시기는 주가가 폭주했던 1990년대부터다. 특히 1990년대는 주식형 뮤추얼펀드가 비약적인 발전을 보였던 시기로, 1990년 초반 장기주식형 뮤추얼펀드의 잔고는 2,400억 달러에 불과했으나 1990년대가 끝나던 시기에는 4조 달러까지 증가하였다.

미국 뮤추얼펀드 중 장기주식형 펀드의 순 유입액 추이

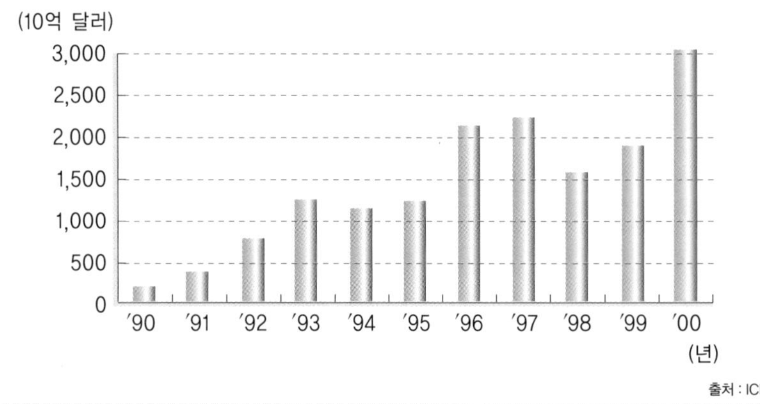

미국 뮤추얼펀드 산업이 1990년대 성장한 이유에 대해서는 다양한 해석이 가능하다. 다음의 3가지 이유로 요약해볼 수 있다.

1 경제 자체가 주식형 상품으로 자금이 유입될 수 있도록 호조건을 제공하였다. 1980년에 이어 1990년 경제성장의 특징을 보면 '안정적인 성장과 낮은 인플레이션'으로 요약된다. 안정적인 경제환경을 바탕으로 기술개발로 인한 새로운 산업의 창출, 국가 간 무역증가라는 호재까지 겹쳤다. 그야말

로 1990년대의 미국경제는 1950년대 이후 최대 전성기를 맞이하였다. 특히 당시의 안정적인 성장 구조는 고용창출로 바로 이어졌으며, 실업률은 1960년 이후 30년 만에 최저치로 하락하였다. 저축보다는 소비를 선택하는 베이비 붐 세대의 등장으로 미국 가계소비는 지속적으로 안정적인 성장세가 유지되었다. 결국, 1980년대 저금리, 저물가 환경이 정착된 이후 1990년부터 본격적인 질적 성장 구조로 진입하게 된 것이다. 이는 자연스럽게 기업 수익에 친화적인 환경이 만들어졌고, 이러한 환경이 뮤추얼펀드로의 자금유입을 불러온 것이다.

2 1990년대는 미국 가계자산의 재배분 과정이 가속화된 시기였다. 단순히 저금리 현상이 지속된다고 해서 가계자산의 본격적인 재배분이 일어나기를 기대할 수만은 없다. 가계자산의 재배분을 촉진시키기 위해서는 저금리 이외에도 '주식시장을 통해 돈을 벌 수 있다.'라는 확신을 투자자들에게 심어줄 수 있어야 한다.

미국의 가계들 역시 주식시장에 신뢰감을 가졌다. 여러 정황으로 볼 때 1990년 미국 가계자산의 재배분 중에서 가장 중요한 내용은 유형자산에서 금융자산으로의 배분이다. 1990년 초반 미국 가계는 전체 자산의 40%를 유형자산에 투자하고 있었으나 1990년 말에는 30%까지 줄어들었다.

아무리 수급상황이 양호하더라도 주가가 지속적으로 고평가 상태를 유지하면 언젠가는 버블 붕괴를 맞이하게 된다. 이러한 측면에서 볼 때 1980년대 이후 IT 버블 붕괴 전까지 미국 주요 기업들의 평균 주가수익률은 10~25배 정도를 유지하였다. 물론 기대 이상의 수익률 증가를 보였다고는 할 수 있지만, 그렇다고 고평가되었다고 결론짓기도 힘든 수준이다. 물론 원활한 수급상황이 주식시장의 상승을 주도한 원인이기도 하지만 그만큼 미국 기업들의 성장세가 주가상승을 떠받쳐주었다는 사실을 보여준 결과라고 하겠다.

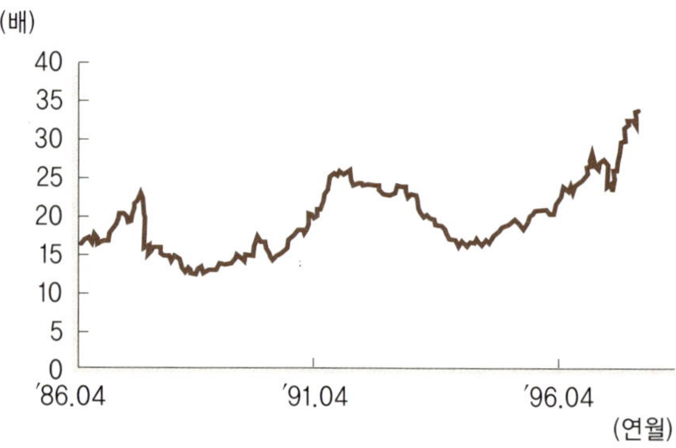

출처 : Bloomberg

이상의 결과를 종합해 보면 1990년 미국 뮤추얼펀드 산업이 비약적으로 발전한 이면에는 1980년대 이후 확인된 주식시장의 퍼포먼스와 은퇴 이후 재무설계를 의식한 가계자산의 분산투자 욕구, 기업수익에 매우 친화적이었던 미국의 거시환경들이 복합적으로 작용한 결과라고 할 수 있다.

THIRD MONEY, 간접투자를 통해서라도 주식시장에 접근하자

: 운용은 전문가에게 맡기고, 더불어 높은 이자도 챙기자

앞서 지적한 대로 주식형 간접투자 붐의 영향으로 우리나라 주식시장도 개장 이래 가장 큰 호황기를 맞이하고 있다. 2004~2005년의 상승기에는 20년이 넘는 세월 동안 좀처럼 돌파하지 못했던 500~

1,000포인트 사이의 박스권을 시원하게 돌파하였고 2006년에는 가격 부담 및 외국인들의 집중 매도세를 극복하고 상승추세를 유지하는 저력을 투자자들에게 보여주었다.

우리나라 종합주가지수 추이

출처 : 증권선물거래소

향후에도 단기적인 등락은 있을 수 있으나 시장의 중장기적인 상승기조는 지속될 것으로 전망하고 있다. 우선 주식시장의 매력적인 장기수익률이 이를 증명해준다. 지난 100년간 주요 선진국들의 금융자산별 수익률을 따져보면 주식형 자산이 채권형 자산에 비해 압도적으로 높은 수익률을 기록하고 있다.

우리나라의 경우도 잠재성장률 저하에 따른 만성적인 저금리 현상의 영향으로 주식형 자산의 장기투자 매력이 점차 증가하고 있다. 특히, 현재 부동산시장에 집중된 시중의 잉여자금들이 주식시장으로 방향을 전환한다면 주식시장의 또 한 차례 레벨업도 가능해질 전망이다.

높아진 안정성도 투자자들의 발길을 끌어 모으는 중요한 이유이다. 재무안정성 및 수익성의 비약적인 개선으로 인해 경기 사이클 변화에 대한 우리나라 기업들의 대응능력이 비약적으로 증가했다. 이러한 기업 펀더멘털(fundamental)의 개선은 곧 기업수익의 안정성으로 이어지고, 궁극적으로는 주식시장에 대한 투자매력을 증가시키는 요인으로 작용하게 된다.

장기투자 수요의 증가도 주식시장의 호재로 작용한다. 고령화 사회로의 진입과 만성적인 저금리 현상의 영향으로 인해 장기적인 관점에서 주식시장에 투자하려는 수요가 그 어느 때보다 늘어나고 있다. 우리나라의 '401K'라고 할 수 있는 직장인들의 '적립식펀드' 붐이 대표적인 예로, 국민연금도 주식투자 비중을 서서히 늘려나가고 있다. 이러한 장기투자 수요의 증가는 주식시장의 안정적인 상승을 견인하는 주요한 힘으로 작용할 전망이다.

또한 앞서 언급한 바와 같이 2007년 예상 실적을 기준으로 한 우리나라 주요 기업들의 PER은 10배 내외로서 일본, 대만은 물론 말레이지아와 대비해도 아직까지 저평가된 상황이다. 따라서 이러한 우리나라 기업들의 상대적 저평가는 그간 상승에 대한 기술적 부담을 완화시키면서 새로운 주식시장의 수요를 창출시키는 요인으로 작용할 수 있다. 구조적으로 진행돼온 잠재성장률 4% 내외의 저성장 시대 및 절대 저금리 상황의 지속은 원금보장의 틀 안에서 손쉽게 자산관리를 할 수 있는 시대가 지났음을 말하고 있다. 현명한 투자자들이 외환위기 속에서 더 큰 기회를 찾았던 것처럼 이제 우리나라의 가계들도 소극적인 자산관리의 자세를 버리고 20년 만에 찾아온 주식시장의 좋은 투자기회를 적극 활용하기를 필자는 강력히 권한다

1990년과 2002년을 기준으로 미국 가계자산 구조의 차이를 살펴보자. 간접투자를 통한 주식투자 비중은 비약적으로 증가된 반면, 직접투자비중은 큰 변동이 없음을 알 수 있다.

1990년과 2002년 미국 가계의 전체 자산 중 직·간접투자 비중 비교

미국 가계들이 직접투자보다는 간접투자를 선호했던 3가지 이유는 다음과 같다.

첫째 **연계성** : 미국 가계의 주식보유 중 상당부분은 사적연금을 통한 간접 보유이다. 자연스럽게 간접투자에 임할 수 있는 결정적 계기를 제공한 셈이다.

둘째 **성장성** : 1990년 뮤추얼펀드 산업의 발전으로 전문적인 자산운용과 투자정보의 용이성, 분산투자 극대화라는 간접투자의 장점이 미국 가계에

부각되었다.

 대중성 : 간접투자 시장의 성장으로 투자은행과 증권사들이 잇따라 신상품을 내놓았고 거래비용도 저렴해져 손쉽게 투자에 임할 수 있는 환경이 조성되었다.

미국 투자자들이 직접투자보다 간접투자를 선호하는 가장 큰 이유는 위험을 분산시키기 어려운 직접투자의 단점 때문이다. 직접 주식을 관리하는 미국 가계의 대부분은 일부 종목에 대해 집중투자 형태를 보인다. 가계 중 35%는 한 종목에만 투자하고 있으며, 60%는 3개 이하의 종목을 보유하고 있는 것으로 나타났다. 또한, 주식을 보유하고 있는 가계의 40%는 가계의 가장이나 구성원이 근무하고 있는 기업의 주식을 가지고 있다는 점도 흥미롭다. 기업수익에 친화적이었던 거시경제 환경과 긍정적인 수급기반에 힘입어 미국의 주식시장은 1990년대까지 비약적인 성장세를 보였다.

미국 다우존스지수와 주식형 뮤추얼 펀드 잔고 추이

출처 : Bloomberg

특히 눈여겨볼 사항은 기관투자자들의 보유 비중이 크게 증가했다는 점이다. 앞서 설명한 대로 주식투자의 흐름 자체가 직접투자에서 간접투자로 이동했기 때문이다.

간접투자든 직접투자든 주식투자 비중을 점차 높여나가는 일은 경제활동에 참여하는 일이다. 특히 주식투자는 젊은 시절 시도해볼 만한 가치가 있다. 눈 깜짝할 사이에 경제에 대한 감각이 트여 투자를 한다고 해서 100% 높은 수익을 낸다고 장담하기는 어렵지만 말이다. 많은 공부와 직접적인 경험을 통해서만 수익을 낼 수 있기 때문이다. 그러나 어떤 일이든 눈앞에 보여지는 '실리' 못지않게 중요한 것이 바로 '경험'이다. 경험을 통해 알게 된 가치야말로 가장 큰 재산이며, 결국 이러한 경험이 쌓여 시장을 보는 혜안을 갖게 되고 이것이 곧 돈을 벌어다주는 초석이 되는 것이다.

미국의 개인 및 기관투자자 주식 보유 비중

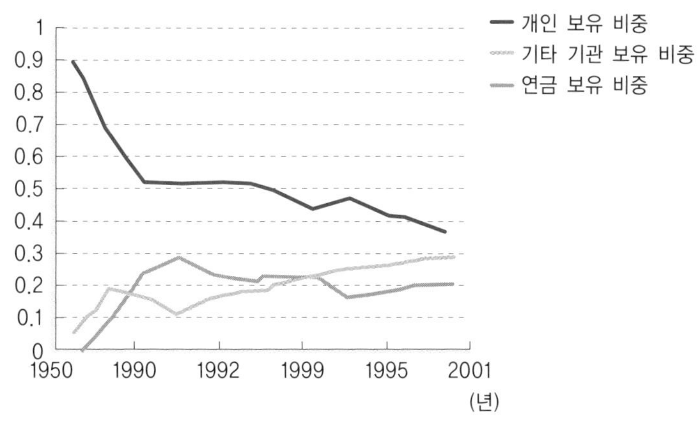

한국의 베이비 붐 세대는
어떻게 대처할 것인가?

: 한국의 베이비 붐 세대, 그들의 은퇴가 시작되었다

베이비 붐 세대의 출현과 미국 가계의 자산 재배분 과정, 즉 연금 시장과 뮤추얼펀드로 대표되는 미국 주식시장의 발전과정은 우리에게 시사하는 바가 크다. 저금리 현상이 지속된다고 해서 자산 재배분 과정이 스스로 일어나기를 기대하는 건 어리석은 짓이다. 물론 저금리 현상이 1980년대 이후 미국 가계의 자산 재배분이 활발하도록 촉매제 역할을 한 것은 사실이다. 하지만, 저금리 하나만으로 수천만 가구의 자산 재배분이 일어날 것으로 기대한다면 그것은 착각일 뿐이다.

사실 베이비 붐 세대의 출현이 없었다면 자산의 재배분 현상은 일어나지 않았을 것이다. 1990년 이후 뮤추얼펀드 시장이 급속도로 성장할 수 있었던 배경에는 베이비 붐 세대의 출현 및 이들의 적극적인 자산 재배분이 있기 때문이다. 경제를 움직이는 주체가 누구냐에 따라 경제 및 사회적인 배경 안에서도 결과는 얼마든지 달라질 수 있다. 미국 가계자산 재배분의 일등공신인 베이비 붐 세대의 특징은 다음과 같다.

첫째 가계자산 운용 면에서 베이비 붐 세대는 이전 세대와 차별되게 '은퇴를 대비한 재무설계' 개념을 도입했으며 수혜도 가장 크게 본 세대라는 점이다. 401K는 미국의 DC형 기업연금이 비약적으로 성장하게 된 계기를 만들었는데, 401K가 도입된 시기는 초기 베이비 붐 세대들이 30대 중반에 들어서던 1982년부터다. 미국의 뮤추얼펀드 산업이 성장을 보였던 시기 역시 이들이 40대에 진입하던 1980년대 후반부터 1990년대 초반 사이이다.

둘째 사실 베이비 붐 세대들이 자산관리의 필요성을 절실하게 느꼈고, 이에 대한 재테크 수단을 가지고 있었다 하더라도 경제여건이 불리했다면 미국 가계의 자산구조는 현재와는 크게 달랐을 것이다. 베이비 붐 세대들은 2차 대전 이후 노후대비를 시도했던 최초의 세대로 평가받는다. 하지만, 자본주의 사회 안에서 그들이 선택한 노후대비 방식은 장기적인 성과에 따라 그 정도가 달라질 수 있었기 때문에 리스크에 대한 부담을 안을 수 밖에 없었다.

과연 미국의 베이비 붐 세대처럼 기존 세대와 차별화를 이룰 수 있는 세대가 우리나라에도 존재할까? 사실 이것을 알아보기 위해 미국

386세대와 이전 세대와의 주요한 차이점

	386세대	이전 세대
출생년도	1960년대~1970년대 (경제 부흥기, 빈곤 탈출에 성공한 시기)	1940년대~1950년대 (일제강점기, 한국전쟁 이후 극도의 빈곤 시기)
경제활동 참여 연도	1990년대 말~2000년대 (안정적 저성장의 시기, 질적 성장을 강조)	1970년대 후반~1980년대 초반 (양적 성장의 시기, 질적 성장의 측면 소외)
주요 활동 시기	2000년대 이후	1980년대~2000년대
경제활동 참여 시기의 특징	저금리, 저물가 안정적인 저성장 유동적인 고용구조	고금리, 고물가 불안정한 고성장 비교적 안정적인 고용구조
사회·정치적 환경	1980년대 민주화운동 외환위기 민주화된 정부	남북 간의 대립 중앙 집중적 경제개발계획 권위주의적 정부

의 자산 재배분 과정을 오목조목 살펴본 것이다.

필자는 1960년 후반에서 1970년 초반 사이에 태어나 1980년 후반기에 대학시절을 보낸 386세대를 비교하고자 한다. 일정한 조건만 갖춘다면 그들 역시 자본시장의 새로운 흐름을 만들어내는 데 중요한 역할을 담당할 수 있다. 우리나라 386세대도 태어나서 교육을 받았던 시기부터 정치적 견해까지 기존 세대와는 분명한 차이를 보이고 있다.

우리나라 386세대와 미국의 베이비 붐 세대의 공통점을 살펴보면 기존 세대와는 달리 비교적 풍요로운 환경에서 태어나 높은 교육을 받아왔으며 기존 세대의 가치관을 답습하기보다는 자신의 이상에 맞게 경제, 사회, 정치적인 구조를 변화시키려고 노력해왔다. 그러나 이러한 정치·사회적 특징보다 미국의 베이비 붐 세대와 우리나라 386세대가 공유하고 있는 경제적 특징에 주목할 필요가 있다.

[1] 미국의 베이비 붐 세대와 우리나라의 386세대는 기존 세대에 비해 체계적인 노후생활의 필요성을 느끼도록 경제환경이 변화되었다. 지속적인 저금리 현상과 급속히 진행된 핵가족화로 인해 퇴직금 이외 새로운 노후자금의 필요성이 제시되었다.

[2] 미국의 베이비 붐 세대와 우리나라의 386세대는 저금리, 저물가 시대를 당연하게 받아들일 수 있는 세대였다. 386세대들이 경제활동에 참여하기 시작한 1990년대 말부터 저금리, 저물가 현상이 계속되고 있다.

실제로 우리나라의 저금리 기조가 굳어진 시점은 1999년부터지만 가계자산의 재배분이 본격화되기 시작한 시점은 2004년이라고 볼 수 있다. 저금리 기조가 가계의 의사결정에 영향을 미치는 중요한 요인임에는 틀림없는 사실이다. 하지만, 저금리 현상이 지속된다고 하여 꼭 위험자산에 투자가 몰려드는 것은 아니다.

흔히 '금리가 낮으면 높은 수익이 보장되는 투자처에 돈이 몰린다.'라고 생각하지만 이는 잘못된 판단이다. 높은 수익 그 이면에는 원금 손실이 도사리고 있기 때문이다. 투자자 개인의 투자성향에 따라 자산 배분구조는 달라지는 것이며, 특히 386세대에게는 선뜻 위험자산에 투자하지 못하도록 막는 2가지 변수가 있다.

첫 번째는 미국 자본시장과는 달리 우리나라 자본시장은 아직도 변동성이 큰 이머징마켓(Emerging Market)의 일부라는 점이다. 특히 잘못된 투자관행과 매매 위주의 종목선택 등으로 투자자들 간에는 주식시장에 대한 신뢰도가 낮은 편이다. 다만 최근의 주식시장은 기업이익의 질적 개선과 적립식펀드로 대표되는 국내 수급호전에 힘입어 투자자들로부터 좋은 반응을 얻고 있다.

선진국과 우리나라의 PIR 비교(PIR = 부동산 가격/가구의 연소득)

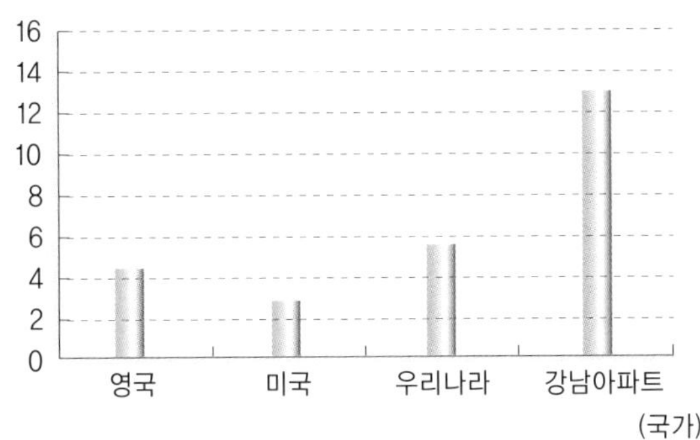

출처 : 금융감독원

　두 번째로는 미국의 베이비 붐 세대와 달리 우리나라의 386 세대들은 자기소득의 상당부분을 주택마련비용으로 지출해야 한다는 부담감을 안고 있다는 점이다.

　우리나라 주택가격은 연소득의 5.5배 수준으로, 대부분의 직장인들이 선호하는 강남아파트 가격은 연소득의 13배까지 가격을 형성하고 있다. 우리나라 386세대들은 선진국 대비 2배 이상의 주택마련 비용을 지불해야 한다. 당연히 노후설계에 투자하는 비용이 선진국에 비해 줄어들 수밖에 없다. 특히 우리나라 사람들은 어떻게 해서라도 내 집장만은 꼭 해야 한다는 의식을 가지고 있다. 한평생 남은 것은 집 한 채밖에 없는데 그 집값마저 하락한다면 386세대의 노후대비책은 그만큼 구멍이 날 수밖에 없다.

　하지만, 분명한 사실은 우리나라 386세대는 미국의 베이비 붐 세대와 마찬가지로 자본시장의 변화를 가져올 수 있는 충분한 잠재력을 가지고 있다는 점이다. 다만 소득수준에 비해 과도하게 높은 부동산 가격 같은 일부 변수들로 인해 잠재력을 발휘하기까지는 시간이 걸릴 것으로 보인다.

　그러나 '10억 만들기'를 시작으로 아파트투자, 땅투자, 판교 신도시, 적립식펀드, 상가투자 등 투자종목이 옮겨가면서 거세게 불었던 부자열풍에 주목할 필요가 있다. 왜냐하면 재테크 열풍의 중심에 386 세대가 존재하기 때문이다. 이러한 투자열풍이 시작된 2000년대 초반부터 다양한 금융상품이 출시되기 시작했고, 적립식펀드로 시중 자금

이 유입되는 등 우리나라 자본시장에도 386세대의 잠재적인 영향력을
엿볼 수 있다.

첫째, 1980년대 저물가, 저금리 구조가 정착되고 1990년대로 진입
하면서 안정적인 성장구조를 이뤘다. 기업수익에 우호적인 거시경제
환경이 조성된 셈이다.

둘째, 1990년 이후 정보통신 기술의 비약적인 발전과 함께 미국 국
민들의 소비성향이 높아지게 되면서 성장산업들의 발전 속도가 빨라
졌다. 새로운 성장산업의 출현은 기존 업체들에게는 위협적이지만,
증시 전체로 볼 때는 기업 성장성의 발전을 기대할 수 있다.

셋째, 1980년 이후 경제활동을 시작한 베이비 붐 세대들이 노후준
비에 들어가면서 사적연금 시장이 비약적으로 발전하였다. 또한 1990
년 이후에는 뮤추얼펀드 등 간접투자 시장이 크게 확대되면서 증권시
장의 수급상황이 좋아졌다. 이러한 요인들로 인해 1980년부터 장기박
스권을 돌파하기 시작하였다. 또한 1990년 이후에는 주가상승이 신규
자금 유입을 유도하고, 신규자금은 새로운 주가상승을 불러와 투자기
회가 많아지는 선순환 국면으로 진입하게 되었다.

수익률이 빠지는 썰물 투자법 &
수익률이 불어나는 밀물 투자법

명품투자학 3

 부동산투자의 일몰이
시작되었다
: '부동산 버블', 드디어 빠지기 시작했다

2000년 이후 상승세를 타기 시작한 부동산은 2005년 이후 전 국민의 이슈거리가 되었다. 참여정부의 온갖 대책을 비웃기라도 하듯 부동산 가격은 하늘 높은 줄 모르고 상승했기 때문이다. 많은 사람이 강남의 재건축 아파트를 사서 3~5년 만에 적게는 2배에서 많게는 5~6배까지 수익을 올렸다. 과거 부자들과 일부 소수계층의 전유물로만 여겨졌던 부동산투자가 저금리로 인해 투자의 대안으로 급부상한 것이다. 대출 여력의 증가로 대한민국은 부동산투자 공화국이 되고야 말았다. 일부 가격상승률이 높은 아파트 단지에서는 부녀회까지 나서서 가격 담합을 주도하며 부동산시장을 움직이는 주체로까지 입지를 굳히기도 했다. 어지간한 시민들도 이제는 강남을 비롯한 투기지역의 지리에 훤한 상태다. 어느 지역에 무슨 동이 있고 무슨 아파트가 있는지 알고 있으며, 언젠가는 그런 아파트를 사겠다는 생각을 가지고 있다. 앞으로도 버블 지역의 아파트는 더욱 상승할 것이라고 기대하기 때문이다.

많은 투자자의 기대처럼 과연 아파트로 돈을 벌 수 있을까?

국토가 좁은 한국의 여건상 과거 독재 시절부터 부동산은 자산 증식 수단으로써 '불패신화'를 이어온 것이 사실이다. 희소가치와 더불어 개발에 관한 고급 정보를 입수할 수 있었던 일부 사람들이 소위 대박 신화를 이뤄왔다. 지금은 과거 독재 시절보다는 정보 공유가 투명하게 이루어지고 있으며, 특히 인터넷의 발달로 부동산에 관한 정보나 경매 관련 정보가 실시간으로 검색이 가능해져 일반인들도 부동산투자에 큰 어려움을 느끼지 않고 있다. 역설적으로 말하자면 이제는 사람들의 너무 많은 관심이 오히려 부동산의 가장 큰 문제점이 되고 만 것이다. 이제 부동산은 누구나가 관심을 갖고 있는 투자처로 더 이상 과거의 화려한 수익을 기대하기 힘든 상품이 되어가고 있다.

부동산 투기를 억제하기 위해 참여정부에서는 2003년 5.23대책을 시작으로 갖가지 정책을 내놓았다. 최근 '07년 1.11 대책으로 부동산 시세는 주춤거리고 있으나 여전히 높은 몸값을 유지하고 있다. 오히려 날이 갈수록 상승세가 더해지고 있다. 마치 정부의 정책이 '양치기 소년'의 메아리처럼 들리는 모양이다.

하지만, 단기적으로 효과가 없다고 해서 대책 전반을 저평가하는 것은 매우 위험한 발상이다. 특히 다른 것은 몰라도 세금 부분을 우습게 생각한다면 양치기 소년의 외침을 우습게 여긴 대가를 톡톡히 치르게 될 것이다. 세금효과는 장기적·누적적으로 나타나기 때문이다. 독자들의 이해를 돕기 위해서라도 세금을 고려한 강남지역 아파트의 실제 수익률을 계산해볼 필요가 있다. 막연히 가격이 떨어질 것이라는 논리보다는 올라도 먹을 것이 없다는 것을 알아야 하기 때문이다.

세금폭탄을 맞은 부동산시장
: 어제의 골드 칩에서 오늘의 세금 지뢰밭으로

참여정부가 부동산시장의 안정화를 위해서 내놓은 대책 중 가장 무서운 것은 세금 부담이다. 그중에서도 가장 크게 변한 부분이 바로 보유세와 양도세이다. 부동산 보유에 따른 부담비용을 늘리고 양도세를 통해 시세차익에 대한 기대치를 낮춤으로써 투기수요 자체를 차단하기 위함이 주목적이다.

좀 더 구체적으로 부동산 구입에서 처분까지의 세금 종류와 세율을 따져 보자. 독자들이 이해하기 쉽도록 투기지역의 아파트를 대상으로 예를 들겠다.

우선 아파트 취득 시에 납부해야 하는 세금으로 취득세와 등록세가 있다. 보유세 부담을 늘리면서 거래세 부담을 줄이기 위해 세율을 기존보다 낮췄다. 취·등록세의 합계가 2.20~2.70%가 되도록 했지만 실거래가로 과세하기 때문에 오히려 세금 부담은 늘어나게 된 셈이다. 이외에도 매매금액에 따라 채권을 구입해야 하고, 거래금액의

0.3~0.5%에 달하는 중개수수료도 지불해야 한다. 기타 비용을 모두 합치면 대략 4%에 가까운 금액이 구입 초기 비용으로 나가게 된다.

다음은 보유에 따른 세금을 알아보자. 보유세에는 재산세와 종합부동산세(종부세)가 있다. 재산세는 6억 원까지는 과거와 동일한 방식으로 세금을 부과하지만 종부세의 경우 세대 합산으로 6억 원이 넘는다면 가격에 따라 차등세금을 매긴다. 0.6~4.0%까지 공시가격 구간에 따라 세금을 부과하게 되어 있다. 여기에서 중요한 점은 세금을 부과하기 위한 과세표준과 과표적용률이다.

과거에는 과세표준을 국세청이 고시하는 기준시가로 적용시켰으나 2006년부터는 건교부에서 공시하는 공시가격을 기준으로 하도록 했다. 실제 2006년에 발표된 공시가격은 연초를 기준으로 시가의 80% 수준으로 맞췄으나 향후 가격 불안 시에는 100%까지 반영하겠다고 건교부 장관이 밝힌 바 있다.

과표적용률 역시 2006년에는 전체 고시가격의 70%만 반영하지만 매년 10%씩 상승시켜 2009년에는 100%가 되도록 한다는 방침이다. 결국 6억 원 이상의 고가 주택은 가격이 오르지 않아도 매년 보유세가 증가하게 된다는 이야기로, 강남의 20억 아파트 총 보유세는 2009년을 기준으로 시가의 약 1%를 상회하게 된다.

마지막으로 양도소득세가 있다. 부동산으로 인해 발생하는 차익에 대한 과세인데, 2007년부터는 다주택자에 대한 중과세도 시행된다. 1세대 2주택의 경우 보유기간에 상관없이 무조건 50%^(주민세 포함 55%), 1세대 3주택 이상의 경우는 60%^(주민세 포함 66%)가 과세된다. 1세대 1주택의 경우에도 6억 원이 넘는 고가 주택에 대해서는 차익 금액에 따라 9~36%^(주민세 포함 10~40%)가 과세된다.

부동산 구입에서 처분까지 주요 세목

투자단계	세금유형	세율
취득 시	취득세/등록세	2.2~2.7% 지방교육세, 농어촌특별세 포함
보유 시	재산세	공시가격에 따라 0.15~0.5%, 지방교육세^(재산세의 20%)
	종합부동산세	6억 원 초과 금액에 따라 0.6~4%, 농어촌특별세^(종부세의 20%)
양도 시	양도세	1세대 1주택 : 6억 원 이상 고가 부동산에 대해 9~36% 1세대 2주택 : 양도차액의 50% 1세대 3주택 : 양도차액의 60% 주민세^(양도세의 10%), 예정신고 납부 시 양도세 10% 공제

현실적으로 세금을 고려한 강남지역 아파트의 투자수익률을 계산해보자. 현재시가 10억 원의 아파트가 있다고 가정하고 매입에 필요한 금액과 보유에 따른 보유세, 양도 시 양도세를 고려한다. 공시가격은 시가의 80%로 가정하고 아파트 상승률에 따른 5년간 연평균 투자수익률을 계산해보면 다음과 같은 결과가 나온다.

매입 후 처분까지 5년간 세금 부담(연평균 10% 상승률 가정, 무차입)

	2006년	2007년	2008년	2009년	2010년	2011년
집값	1,000	1,100	1,210	1,331	1,464	1,611
공시가격	800	880	968	1,065	1,171	1,288
재산세		1.94	2.38	2.88	3.47	4.15
종부세		1.54	2.61	4.08	5.21	6.42
보유세 합계 (지방교육세, 농특세 포함)		4.05	5.80	8.10	10.10	12.29
취득세·등록세와 기타 거래비용	40					
양도세 1세대 1주택						95
양도세 1세대 2주택						281

(단위 : 백만 원)

매입 후 처분까지 5년간 세금 부담(연평균 15% 상승률 가정, 무차입)

	2006년	2007년	2008년	2009년	2010년	2011년
집값	1,000	1,150	1,323	1,521	1,749	2,011
공시가격	800	920	1,058	1,217	1,399	1,609
재산세		2.04	2.62	3.34	4.21	5.27
종부세		1.76	3.57	5.90	7.89	10.10
보유세 합계 (지방교육세, 농특세 포함)		4.42	7.21	10.75	14.08	17.89
취득세·등록세와 기타 거래비용	40					
양도세 1세대 1주택						194
양도세 1세대 2주택						480

(단위 : 백만 원)

투자수익률(연평균 상승률 10%, 무차입)

	1세대 1주택	1세대 2주택
매입가	10.0	10.0
제반 경비	0.4	0.4
총 매입비용	10.4	10.4
매도가	16.1	16.1
매매 차익	5.7	5.7
보유세 합계	0.4	0.4
양도세	0.96	2.81
실제 매매 차익	4.34	2.49
연평균 수익률(%)	7.09	4.26

(단위 : 억 원)

투자수익률(연평균 상승률 15%, 무차입)

	1세대 1주택	1세대 2주택
매입가	10.0	10.0
제반 경비	0.4	0.4
총 매입비용	10.4	10.4
매도가	20.1	20.1
매매 차익	9.7	9.7
보유세 합계	0.54	0.54
양도세	1.94	4.80
실제 매매 차익	7.22	4.36
연평균 수익률(%)	10.96	7.12

(단위 : 억 원)

표에서 보듯이 1세대 2주택자의 경우, 시가 10억 원짜리 아파트를 사서 5년 동안 매년 10%씩 올라 아파트 가격이 16억 원이 되었을 때 매도한다고 해도 연평균 투자수익률은 4.26%밖에 되지 않는다. 매년

15%씩 올라서 20억 원에 매도한 경우에도 7.12%의 수익률밖에 나지 않는다.

1세대 1주택자인 경우에도 수익률이 가격상승률에 미치지 못하게 된다. 즉, 10%씩 올랐을 때 7% 수준의 수익률을 올릴 수 있으며, 15%씩 올랐을 때는 11% 수준의 수익률밖에 올릴 수 없게 된다. 반대로 아파트 가격이 제자리걸음이라면 양도세는 없더라도 취득세·등록세와 매매 시 제반 비용, 매년 가중되는 보유세까지 감안하면 투자수익률은 오히려 −1.22%로 손해를 보게 된다. 결국 아파트를 매입해 수익을 내기 위해서는 최소한 매년 2~3%씩은 올라야 손실을 내지 않으며, 금리 대비 만족스러운 수익률인 7%까지 달성하기 위해서는 최소 15%씩 올라야 된다는 계산이 나온다.

모든 가격이 그렇듯이 매년 부동산 가격이 꾸준히 상승하는 일은 거의 불가능하다. 강남지역의 30평 아파트가 2000년 3억 원에서 2006년 10억 원을 넘어서면서 전국이 난리가 난 마당에 5년 뒤에 다시 16억 원, 20억 원이 된다는 것은 어떻게 보면 환상일지 모른다.

결론적으로 현재의 세금구조하에서는 1세대 2주택자의 경우 '차 떼이고 포 떼이고' 나면 부동산투자로 '먹을 것이 없다.'라는 결론이 나온다. 즉, 은행적금 수익률 이상을 기대하기 어려운 상황이라는 점을 명심해야 한다. 과거처럼 부동산으로 떼돈을 벌던 좋은 시절은 지나갔다. 이제는 다른 투자자산에 비해 우월한 수익을 거두기가 힘들게 된 것이다.

부동산투자 비중, 지금은 다이어트할 시기다
: 지금은 부동산의 반대편에 설 때다

지금까지 언급한 것은 부동산 가격이 향후 하락한다는 것도 아니고 현재 부동산 가격에 버블이 끼어 있다는 것도 아니다. 단지 투자수익률이 기대만큼 크지 않다는 점을 강조했을 뿐이다. 부동산 전문가도 아닌 마당에 향후 가격이 오를지 내릴지에 대해서 언급하는 것도 우습다. 하지만, 분명한 것은 지금까지와는 전혀 다른 투자환경이 조성되고 있으며, 특히 세금과 관련된 부분은 아주 장기적으로 투자수익률에 영향을 미치는 요인이 될 것이라는 점이다. 어떤 자산이든 세금은 수익률에 민감하게 영향을 준다. 시장이 효율적이라면 당연히 높은 세금이 부과되는 자산에 대한 투자는 후순위가 될 수밖에 없다. 이를 무시한다면 매우 어려운 상황에 봉착하게 될 수 있음을 명심해야 한다.

1세대 1주택자의 경우 아파트 구입은 투자목적보다는 실수요적인 성격을 많이 가지고 있다. 내집마련에 대한 애착이 많은 한국 가정의 특성상 이를 부정할 수는 없다. 하지만, 실수요를 넘어선 투자수요, 즉 1가구 2주택자 이상의 경우 이제는 투자의 대상을 서서히 다른 곳으로 돌릴 필요가 있다. 지나치게 부동산의 비중이 높다면 과감하게 다른 대안을 찾아나서야 할 때이다.

일부 투자자들은 정권이 바뀌면 부동산에 관한 규제도 바뀔 수 있을 것이라고 생각한다. 물론 그럴 수도 있다. 하지만, 그러기 위해서는 한 가지 전제조건이 필요하다. 바로 부동산 가격의 폭락이다. 부동산 가격이 폭락해 나라 경제 전체가 위협받는 지경이 된다면 세금의 완화가 가능할 것이다. 그렇지 않다면 정권이 바뀌더라도 부동산 규제가 완화될 가능성은 거의 없다. 투기지역의 부동산을 보유한 사람들을 제외하고 정부가 부동산 규제를 완화시킨다고 했을 때 찬성할 사람이 어디에 있겠는가?

결국, 정권의 창출이나 유지가 목표인 정당의 특성상 여론의 형성이 뒷받침되거나 부동산 규제완화의 당위성이 생기지 않는 한 현재 대다수 국민이 가지고 있는 부동산 정서에 반하는 정책을 내놓기가 쉽지는 않다. 당위성은 아마도 부동산 가격의 폭락에서 올 것이다. 그때 가서 정부가 부동산 규제를 완화한들 무슨 소용이 있겠는가? 이미 가격은 하락했는데 말이다.

한국은 가계자산의 80%가 부동산으로 이루어진 기형적인 자산구조를 가지고 있다. 워낙 부동산에 의존하는 비중이 크기 때문에 부동산 가격이 하락할 경우 상대적으로 경제에 주는 충격이 클 수밖에 없다. 특히 일부 차입을 통해 부동산을 구입한 투자자의 경우 부동산 가격 하락으로 인한 위험부담은 그만큼 커진다는 사실을 명심해야 한다.

현 상황을 보면 버블 지역의 아파트 가격은 영원히 상승할 것만 같다. 또한, 온 국민이 부동산 전문가가 되어가고 있다. 슘페터의 창조적 파괴는 우리나라에서 재건축 아파트로 형상화되고 있는 듯하다. 그러나 현명한 투자자라면 가격이 올라도 이득이 별로 없다는 사실을 벌써 눈치 챘을 것이다. 장기적으로는 그런 자산의 가격이 계속 오르기 힘든 구조라는 것도 알 것이다. '성공에 이르는 길은 대중이 가는 길과

는 반대편에 있는 길'이라고 했던 장자크 루소의 격언을 현 시점에서
다시 한 번 떠올릴 필요가 있다.

밀물 투자처 1 시장의 흐름이 선택한
골드 칩, 주식투자
: 주식투자, 적어도 10년 동안은 대세다

한국증시의 재평가란 무엇인가?
: 경제흐름 안에서 주식투자를 관리하자

"경기가 나쁜데 주식시장이 어떻게 좋아져요?"

필자가 지난 2년간 주식시황 설명회를 다니면서 '주식시장이 앞으
로 좋아질 전망이니 투자를 많이 하라.'라고 권유하면 대개 많은 일반
투자자가 이와 비슷한 질문을 한다. 맞는 말이다. 우리가 느끼는 체감
경기는 상당히 좋지 않다. 청년실업 문제도 그렇고, 부진한 투자로 무
엇보다도 경제성장률이 많이 떨어졌기 때문이다. 그러한 질문을 받을
때마다 나는 이렇게 말한다.

"경기가 좋지 않을 때 주가가 제일 많이 올라요."

물론 경기가 좋지 않을 때 주가가 오른다는 것은 말이 안 된다. 이 것은 2가지 의미를 염두에 두고 하는 답변이다. 하나는 단기적인 측면 에서 접근한 것으로 주가의 선행성, 즉 주가는 경기에 영향을 받지만 대개 주식시장은 2분기 정도 경기에 비해 선행하는 흐름을 보인다. 따 라서 우리들이 느끼기에 경기가 가장 좋지 않을 때는 이미 바닥을 찍 고 오르는 시기일 가능성이 높으며, 실제로 이 시기의 주가상승률은 매우 높다.

또 다른 하나는 장기적인 관점에서 접근한 것으로 우리나라 경제 의 구조적인 변화를 염두에 둔 말이다. 외환위기 이후 고성장 국가에 서 저성장 국가로 체질이 변화되는 과정에서 우리는 경제성장률이 떨 어지는 것을 경기가 나빠지는 것으로 해석하기 때문이다. 당장 느끼기 에는 차이가 있을 수 있겠지만, 경제 그 자체를 놓고 보면 경기의 악화 와 안정적인 성장구조로의 진입은 구분해야 한다.

이제부터 우리 주식시장의 구조 변화에 관한 이야기를 좀 더 해보 자. 경기 악화가 아닌 저성장, 안정 성장의 구조적인 변화의 관점에서 살펴보는 것이 필요하다.

IMF는 한국경제의 방향을 바꿔 놓았다
: 저금리와 고용불안으로 '투자의 패턴'도 변하기 시작했다

1997년 외환위기 이후 한국의 경제는 여러 가지가 바뀌었다. 구조 조정이 일상화되고 경제성장률은 떨어지는 등 전반적으로 경제는 과

거에 비해 어려워졌다. 취업난이 심해지면서 교육에 대한 비용이 급증해 출산율 역시 큰 폭으로 떨어졌다. 좀 더 나은 직장을 구하기 위해 대학생들은 해외로 어학연수를 다녀오거나 대학원에 진학을 하는 통에 첫 직장을 구하는 연령 자체가 평균적으로 상승했다. 자연스레 결혼하는 나이도 늦춰지는 등 사회 전반적으로도 큰 변화를 몰고 왔다.

이렇듯 많은 변화가 있지만 국가 경제적으로 볼 때 가장 중요한 변화는 기업투자가 소극적으로 진행되면서 경제성장률이 떨어졌다는 점이다. 그러면서 금리가 급격하게 하락했는데, 떨어진 경제성장률과 금리는 한 국가의 경제구조가 바뀐다는 측면에서 주식시장에 큰 변화를 가져온다. 특히, 금리의 수준이 한 단계 떨어졌다는 데 주목해야 한다. 이를 한국경제의 '구조적 변화'로 흔히들 이야기하는데, 그로 인해 촉발되는 한국증시의 '재평가'는 아주 중요한 의미가 있기 때문이다.

낮은 금리는 자산 가격에 어떻게 영향을 미치나?

자산의 가격이라는 것은 화폐로 표시된다. 당연한 이야기 같지만 자산의 가치가 상승한다는 것은 화폐로 표시된 가격이 상승한다는 것과 같은 의미이다. 이는 중요한 개념이다.

결국, 자산의 가치가 상승한다는 것은 거꾸로 화폐의 입장에서 볼 때 화폐의 가치가 하락한다는 것과 같은 개념이기 때문이다. 화폐의 가치는 무엇으로 표시되는가? 바로 금리다. 금리가 낮다는 것은 그만큼 화폐의 가치가 떨어진다는 것을 의미하고, 금리가 높다는 것은 화폐의 가치가 높다는 것을 의미한다. 따라서 '금리 하락 → 화폐가치

하락 → 자산가격 상승'은 어떻게 보면 당연한 논리이다.

많은 기성세대는 아직도 과거 고금리 구조하에서 대표적인 자산증식 수단이었던 '정기예금'과 '정기적금'에 미련이 많다. 저금리 구조가 정착되고 있는 지금도 많은 국민들이 은행에 상당한 금액의 돈을 예금하는 것은 과거의 관습이나 고정관념이 자리를 잡고 있기 때문이다. 그런 사람들의 입장에서 자산가격의 상승을 논리적으로 생각해보자.

IMF 이전의 한국은 고금리 국가였다. 최소한 10% 이상의 이자를 챙길 수 있었으며, 비교적 장기 채권인 경우에는 15%까지 금리가 움직였다.

1990년대, 은행 이자가 12% 정도라고 가정했을 때 한 투자자가 매월 100만 원씩의 이자를 받고 싶다면 얼마를 은행에 예치해놓아야 할까? 월 1%씩 이자가 지급되니까 당연히 예금을 1억 원 정도 넣어두면 가능하다. 바꾸어 말하면 월 100만 원씩의 현금을 꾸준히 받기 위해서는 1억 원 정도의 투자자금이 필요하다는 말이다.

이제 IMF가 지나고 금리가 뚝 떨어져 은행의 정기예금 금리가 4% 정도가 됐다고 가정해보자. 그 투자자가 아직도 월 100만 원씩의 이자를 현금으로 받기를 원한다면 예금은 얼마나 넣어두어야 하겠는가? 어렵지 않은 계산이다. 1년 이자로 1,200만 원을 지급받아야 하기 때문에 당연히 3억 원의 예금을 넣어두어야 한다.

투자자의 입장에서는 월 100만 원씩의 이자를 받기 위해서 지불해야 하는 투자금이 1억 원에서 3억 원으로 늘어난 셈이다. 영구적으로 이자만 계속 주는 채권을 '영구채권'이라고 하는데, 이자 수입을 바라는 투자자의 입장에서 은행예금은 영구채권과 크게 다르지 않다. 어차피 원금은 안 쓰고 거기에서 나오는 이자에만 관심이 있다면 말이다. 결국, 같은 금액의 수익을 돌려받기 위해 지급해야 하는 원금이 금리의 하락으로 말미암아 3배로 늘어난 것이다.

주식시장에 이를 적용해보자. 주가에 영향을 미치는 요인에는 여러 가지가 있지만, 여기서는 다른 요인을 배제하고 단순히 금리만을 고려하자. IMF 이전의 금리가 12%였던 시절에 월 100만 원씩을 꼬박꼬박 버는(또는 배당을 주는) 회사가 있었다고 가정해보자. 당시 금리가 12%였으니까 매월 100만 원씩 버는 회사의 가치는 앞의 예금에서 알 수 있듯이 1억 원 정도가 적당했을 것이다.

하지만, 외환위기 이후 금리가 4%로 떨어진 지금 그 회사의 주가는 얼마가 적당할까? 지금도 매월 꼬박꼬박 100만 원씩을 번다면(배당을 준다면) 적정 주가는 당영히 3억 원이 돼야 한다. 돈에 무슨 꼬리표가 달려 있어 은행에서 나온 돈인지 주식에서 나온 돈인지 가리지 않고, 주가 산정에 있어서 다른 요인을 배제한다면 말이다.

이것이 우리가 흔히 이야기하는 주식시장의 재평가(re-rating)다. 같은 돈을 벌고 있음에도 불구하고 주가는 금리가 하락함에 따라 약 3배까지 상승할 수 있는 여력이 생긴 것이다.

실제로 삼성전자의 사례를 보면 이를 잘 알 수 있는데, 삼성전자의 경우 2002년 처음으로 연간 영업이익이 7조 원을 넘었다. 당시 주가는 20~30만 원을 오가는 수준에서 형성되었다. 2004년에는 12조 원을 넘기도 했지만, 그 이후 영업이익이 줄어들어 2005년에는 8조 원, 2006년 에는 7조 원까지 다시 줄어들었다. 여기서 중요한 것은 영업이익의 수준이 2000년의 그것과 비슷한 수준임에도 불구하고 주가는 현재 60만 원선에서 형성돼 있다는 점이다. 같은 금액의 돈을 벌고 있음에도 주가는 2배가 넘는 수준에서 거래되고 있다.

이제 재평가 논리가 무엇인지 분명해졌을 것이다. 우리가 인지를 했든 못했든 주식시장에서는 이미 재평가가 진행되었고, 향후에도 이러한 재평가는 계속 진행될 것이다. 앞으로 우리가 주식의 비중을 왜 늘려야 하는지에 대한 정답이 여기에 있다.

금리가 자산가격에 어떠한 영향을 주는지 좀 더 잘 이해하기 위해 금리 하락이 부동산 가격에는 어떻게 영향을 미치는지 살펴보자. 부동산도 투자자산의 일종으로써 금리 하락에 민감하게 반응하기 때문이다. 부동산은 아무래도 덩치가 크기 때문에 다른 방식의 접근이 필요하다.

대출의 관점에서 살펴보자. 앞의 예와 마찬가지로 외환위기 이전 금리가 12%에 달하는 시절이라고 할 때 어떤 가구가 매월 부담할 수 있는 이자의 한도가 100만 원 정도라고 하자. 당연히 이 가구가 최대한 대출받을 수 있는 금액은 1억 원 정도다.

다시 현재로 돌아와서 금리가 4%로 떨어졌다고 하면, 똑같이 100만 원 정도의 이자를 부담할 수 있는 가구의 최대 대출 한도는 3억 원으로 늘어난다. 부동산 가격의 상승은 바로 이것이 촉발시킨 것이다. 2005년 말을 기준으로 월 소득 500만 원이 넘는 가구가 무려 180만 가구라고 한다. 이들 가구가 1년에 1억 원씩만 대출을 늘려도 180조 원,

만약 2억 원으로 대출을 늘린다면 무려 360조 원의 추가 대출이 가능해진다. 그것도 매월 납입하는 이자 부담의 증가 없이 말이다. 우리나라 부동산 가격이 최근 급등한 가장 큰 원인은 바로 이러한 대출금의 증가 때문이다.

주식 이야기에서 일부 빗나가긴 했지만, 위 이야기는 금리 하락이 자산가격에 어떤 식으로 영향을 미치는지를 아는 데 도움이 될 것이다. 금리 하락은 이렇게 다양한 자산가격에 여러 가지 경로를 통해 영향을 미치기 때문이다.

금리만 하락했나? 실적도 좋아지고 있다

다시 주식으로 돌아가서 이야기를 해보자. 금리의 하락으로 인한 재평가는 단순히 실적이 제자리걸음을 한다는 가정하에서 2~3배 상승하면 충분하다. 그렇다면, 이후의 주가상승은 어떻게 설명할 수 있을까? 바로 실적이다.

주가를 설명하는 가장 기본적인 지표는 실적이다. 실적이 성장하지 못한다면 주가의 추가적인 상승은 담보하지 못할 것이다. 거래소 종합지수 구성 종목들의 매출액을 보면 2000년 543조 원에서 2005년에는 700조 원으로 늘어났다. 영업이익 역시 2000년 38조 원에서 2005년 62조 원으로 50%가 넘게 증가했다. 실적 역시 꾸준히 상승했음을 알 수 있다.

하지만, 대표 기업들만 놓고 보면 이야기는 또 달라진다. 우리나라를 대표하는 상위 10개 기업(금융 업종 제외)의 영업이익은 1999년 10조 원을 조금 웃도는 수준에서 2005년에는 24조 원에 육박하고 있다. 5년 동안 영업이익이 2배 이상 증가한 것이다. 이들 기업의 연평균 EPS(주당순이익) 상승률은 19%에 달한다. 전체 거래소 시가 총액의 약 30%를 점유하고 있는 이들 기업의 주가상승이야말로 우리나라 증시의 상승세를 이끌고 있는 원동력이라 할 수 있다.

우리나라 상위 10개 기업 영업이익 추이

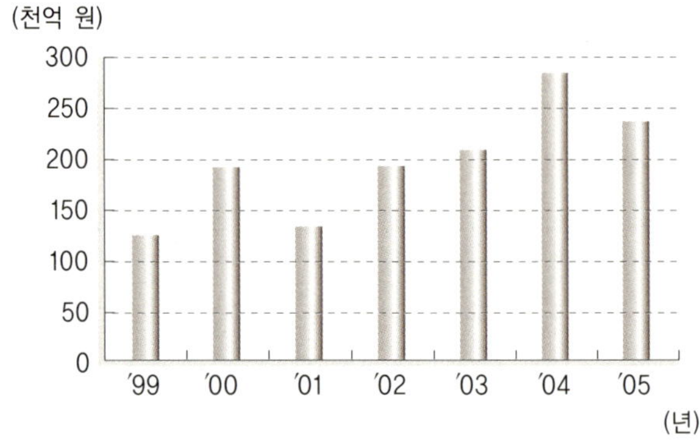

출처 : 삼성증권

결국, 우리나라의 증시는 금리 하락으로 인한 재평가와 더불어 적정주가 산정의 기준이 되는 실적이 꾸준히 증가하고 있기 때문에 추가 상승 여력은 충분한 상태이다. 또한, 세계 주요 증시와 비교할 때 우리나라 증시는 아직 낮은 수준의 평가를 받고 있기 때문에 저평가 국면이 해소되기까지 상승 여력은 얼마든지 남아 있다.

주가 재평가, 최소 10년은 간다

: 미국, 일본처럼 경기가 나빠져도 주가상승이 올 수 있다

중요한 것은 저금리 구조로 인해 상대적인 수혜를 받아 주가가 상승하는 국면이 단기간에 끝나지 않는다는 것이다. 여러 선진 증시에서 그 비슷한 사례를 찾아볼 수 있는데, 가장 대표적인 것이 일본과 미국이다.

먼저 일본을 살펴보자. 2차 대전 후 급속한 경제발전을 이룬 일본은 한때 전 세계에서 가장 성장률이 높은 국가였다. 지금의 중국 부럽지 않은 경제성장률을 보였는데, 1970년대 오일쇼크와 1980년대 플라자합의 이후 경제성장률이 뚝 떨어졌다. 그 과정에서 보여줬던 주식시장의 흐름은 우리에게 시사하는 바가 크다.

일본의 명목 GDP 성장률과 금리 그리고 주가

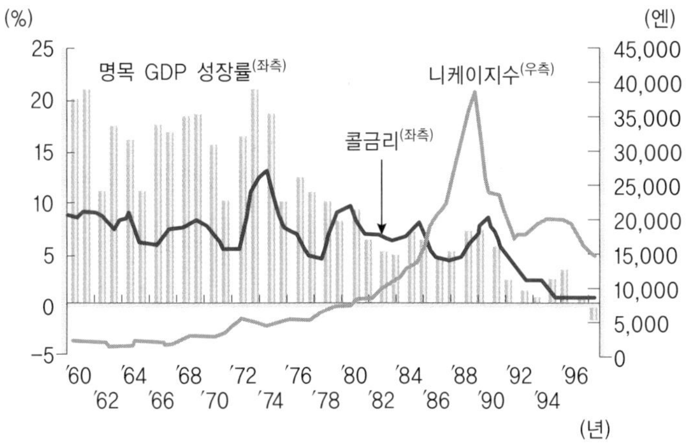

출처 : 일본은행 Bloomberg

일본의 경우 전후 고성장 국면이 유지되다가 오일쇼크 이후 경제 성장률이 하향 곡선을 그리게 된다. 1970년대 초반 20%에 가까울 정도의 높은 성장률을 보였던 경제가 1980년대 중후반에는 5%까지 떨어졌다. 우리가 흔히 말하는 것처럼 경기가 계속 나빠진 것이다. 그러면서 금리도 하향안정화되는 흐름을 보였다. 재미있는 사실은 그 기간 중의 주식시장 흐름인데, 경제성장률이 떨어지기 시작한 이후부터 추세적인 상승세를 이어가다가 경제성장률이 하락세를 멈추고 5% 내외에서 안정적인 국면을 보이는 1980년대 중반부터는 급등세를 보이기 시작했다. 1970년대 후반에서 1980년대 후반까지 약 10년간 진행된 주식시장의 상승은 니케이 주가지수를 무려 10배나 상승시켰다.

미국도 이와 비슷하다. 1980년을 전후해서 미국의 명목 경제성장

미국의 명목 GDP 성장률과 금리 그리고 주가

출처 : FRB, Bloomberg, IMF

률은 15%에 달할 정도로 높았으며 금리 역시 높았다. 이후 경제성장률은 꾸준히 하락하며 1990년대 들어서면서 5% 수준의 안정적인 흐름을 보였다. 여기에서도 흥미로운 것은 증시의 반응인데, 경제성장률이 높았던 시절에 주가흐름은 다우지수 기준으로 1,000포인트 내외에서 등락하는 정도로 별다른 영향이 없었다. 그런데 경제성장률이 떨어지고 금리가 하락하면서 서서히 주가는 상승세를 보였다. 본격적인 상승세는 일본과 마찬가지로 경제성장률 하락세가 멈추고 5%대에서 안정적인 흐름을 보이기 시작한 1990년대에 일어났다. 소위 신경제라고 불리는 이 기간 동안 미국 주가지수는 5배가 넘게 올랐다. 금리 하락과 변동성이 낮아진 경제의 안정적인 성장이 이 기간 주가의 상승을 이끌었다.

우리와 경제 여건이 다른 일본과 미국의 사례를 단순 비교하기는 쉽지 않은 일이다. 특히, 일본의 경우는 1990년대 들어 경제성장률이 안정된 것이 아니라 너무 나빠져서 심각한 후유증을 겪었기 때문이다.

하지만, 주가의 재평가라는 측면에서 본다면 두 국가 모두 매우 의미 있는 움직임을 보였다. 모두 단기간에 주가의 레벨을 한 단계 끌어올렸는데, '재평가'란 이 정도로 주가 레벨 자체가 달라지는 것이다. 중요한 것은 이러한 주가의 재평가가 결코 단기간에 끝나지 않았다는 점이다. 두 국가 모두 10년 이상의 기간에 걸쳐 이루어졌으며, 이 기간 동안 주가는 꾸준하게 상승했다. 물론, 일본의 경우는 90년대 들어 경제성장률이 다시 악화되기 시작하면서 주가가 급락했다. GDP 성장률이 안정 국면을 보이는 것이 아니라 다시 급락했기 때문이다. 따라서 마냥 경제성장률이 낮아지고 금리가 떨어진다고 해서 반드시 좋은 것만은 아니라는 점을 명심해야 하겠다.

이상의 사례를 통해 경제성장률이 높은 것, 즉 경기가 좋은 것이 주가에 반드시 긍정적이지만은 않다는 사실을 깨달을 수 있다. 경기가 나빠질 때, GDP 성장률이 떨어질 때 주가는 상승하기 시작하며 가장 급격한 상승을 보이는 구간은 안정적인 저성장 국면으로 접어들었을 때라는 점도 알 수 있다. 그리고 그러한 변화는 단기간에 걸쳐 진행되는 것이 아니라 장기적으로 진행된다는 것도 알게 되었다. 그렇다면, 이제 우리나라를 한 번 돌아보자.

우리나라 역시 1990년대 초반까지 명목 GDP 성장률로는 높은 성장세를 보였다. 마찬가지로 금리 역시 높은 수준에서 유지됐는데, 외환위기 이후로 모든 것이 바뀌었다. 경제성장률은 꾸준히 하락하고 금

한국의 명목 GDP 성장률과 금리 그리고 주가

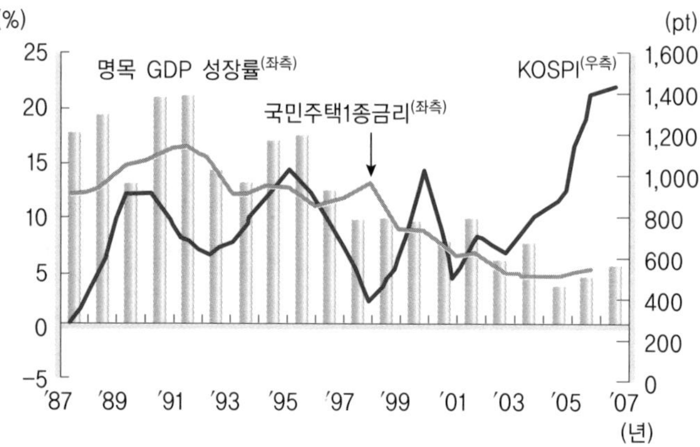

출처 : 한국은행, 증권선물거래소

리 역시 큰 폭으로 떨어졌다. 경제성장률이 높거나 꾸준히 하락하는 동안 주가는 1,000포인트를 돌파하지 못하는 모습을 보였으나, 경제성장률이 하락세를 멈추고 안정세를 보이기 시작하면서 주가는 1,000포인트를 돌파했다. 기간으로 본다면 이제 2~3년 동안 상승하기 시작한 것이다. 주가의 재평가가 10년 이상의 기간을 두고 진행된다는 점을 고려한다면 아직도 상승 여력은 상당히 많이 남아 있다.

주가상승을 담보하는 두 번째 이유, 수급
: 지속되는 저금리는 '적극적인 투자'를 촉진시킨다

72의 법칙

앞에서 이야기했지만 우리 국민들의 전통적인 자산증식 수단이었던 은행 정기예금은 이제 더 이상 매력적인 투자대상이 아니다. 금리가 너무 낮아졌기 때문이다. 흔히 '72의 법칙'이라고 알려져 있는 공식을 생각해보자. 72의 법칙은 72를 현재의 금리로 나누어서 원금이 2배가 되기까지 걸리는 기간을 알 수 있는 법칙이다.

만약 금리가 12%라면 '72/12=6'이 되어 은행 정기예금에 넣어둘 경우 원금이 2배가 되는 데 불과 6년밖에 걸리지 않는다. 하지만, 금리가 4%로 낮아지면 원금이 2배가 되는 데 걸리는 기간이 무려 18년으로 늘어난다. 과거 고금리에 익숙해져 있던 투자자에게는 도저히 성에 차지 않는 수익률일 수밖에 없다.

따라서 당연히 고수익을 올릴 수 있는 대안을 찾을 것이 분명한데, 부동산은 앞서 설명한 것과 같이 수익이 나봐야 세금 부담을 떼고 나면 남는 것이 별로 없다. 원자재를 포함한 상품은 막상 투자하기에 낯설다. 그러다 보니 자연스레 좀 더 친숙한 주식시장으로 눈을 돌리게 되는 것이다.

2004년 이후 한국증시의 활황 국면을 생각해보라. 당시 주식형 펀드 중에서 가장 수익률이 좋았고 인기가 좋았던 펀드는 배당주에 투자하는 펀드였다. 시중 금리가 4%에 불과한 당시 주식시장에는 연평균 7~8%씩 배당을 주는 종목이 꽤 있었는데, 낮은 금리에 불만족스러웠던 투자자 입장에서는 엄청나게 매력적인 자산으로 보일 수밖에 없었다. 고배당을 한다는 것 자체는 그 회사가 돈을 꾸준히 벌어들이고 있다는 반증이기도 하다. 따라서 안정성도 높다. 다만, 성장성이 떨어진다고 여겨지는 굴뚝주나 2차 산업에 가까운 제조업인 경우가 많아 주식시장에서는 별 인기가 없었을 뿐이다. 그러다 갑자기 인기가 몰리면서 주가마저 급등해 투자자들은 큰 수익을 올릴 수 있었다. 결국 투자의 필요성에 의해 투자자 스스로가 주가를 재평가하는 과정이 펼쳐지고 있는 것이다.

이런 변화가 단기간에 끝날 것이라고는 생각하지 않는다. 이제 우리는 본격적인 '투자'의 관점에서 모든 자산을 운용하기 시작한 초기 국면에 돌입했을 뿐이다. 갑자기 여러 상품에 투자하는 각종 펀드가 출시되면서 단기수익률에 따라 자금이 우왕좌왕하는 모습을 보이고는 있지만, 은행예금에 돈을 넣어놓고 자산을 운용하는 것이 구시대의 유물처럼 되어버렸다는 큰 변화의 흐름을 놓쳐서는 안 된다. 앞으로 저금리 구조가 정착되면서 투자자금은 고수익을 찾아 꾸준히 움직이게 될 것이기 때문이다. 이미 2004년 이후 국내 투자자금은 예금형 상품에서 투자형 상품으로 움직이기 시작했다.

다만 흐름의 속도가 문제일 뿐이다. 앞서 주가의 재평가가 비교적 오랜 기간에 걸쳐서 이루어졌다고 했는데, 가장 큰 이유는 부동산과 예금에 몰린 자금이 한꺼번에 이동하지 않았기 때문이다. 끊임없이 의심하고 주저하면서 결국은 고수익을 찾아 서서히 자금이 이동할 것이다. 그런 과정에 돌입하기 시작한 만큼 이제 의심은 버려야 한다. 고성장 고변동성 구조에서 저성장 안정 국면으로 접어든 변화의 기회를 놓치지 말아야 한다.

루스벨트는 이렇게 말했다.

"내일을 실현하는 데 유일한 장애는 오늘의 의심이다."

확신을 가지고 주식에 투자하는 것만이 장기적으로 자산을 불릴 수 있는 길이다. 주가가 오르는 것은 기본적인 생리이기 때문이다.

 # 펀드매니저들도 인정한 수익률, 해외펀드

: 투자의 글로벌화, 펀드도 지구본 위에서 탱고를 춘다

나는 나라 밖에도 투자를 한다

: 투자의 기회가 점점 평평해지고 있다

저금리 현상의 지속과 원화강세 현상을 배경으로 해외주식시장에 대한 투자의 바람이 불고 있다. 특히 2006년 2분기 이후 국내주식시장이 상대적인 조정기에 들어서면서 인도, 중국, 베트남 같은 상대적으로 높은 경제성장률이 부각되는 신흥시장에 고수익을 추구하는 막대한 국내 투자자금들이 몰리고 있다. 2006년 12월 24일에 발표된 펀드평가사 제로인의 자료에 따르면 12월 21일 현재 설정된 해외펀드 잔액은 12조 1천억 원으로 2006년 12월에만 7.84%가 증가한 것으로 나타났다. 반면 같은 기간 동안 국내 주식형 펀드의 설정잔액은 0.18% 증가하는 데 그쳤다. 수익률 측면에서도 신흥시장에 대한 투자펀드가 국내 주식형 펀드들을 크게 앞지르고 있는 것으로 나타났다. 2006년 2월 21일까지 중국 주식형 펀드의 수익률은 평균 65%에 달했으며, 인도 주식형 펀드도 34%의 수익을 올린 반면, 국내 성장형 펀드는 같은 기간 동안 0.08%의 손실을 기록했다.

해외투자, 특히 신흥 국가에 대한 투자는 '고수익'의 관점이 아닌 '위험분산'의 차원에서 접근하는 편이 유익하다. 즉, 해외투자의 관점

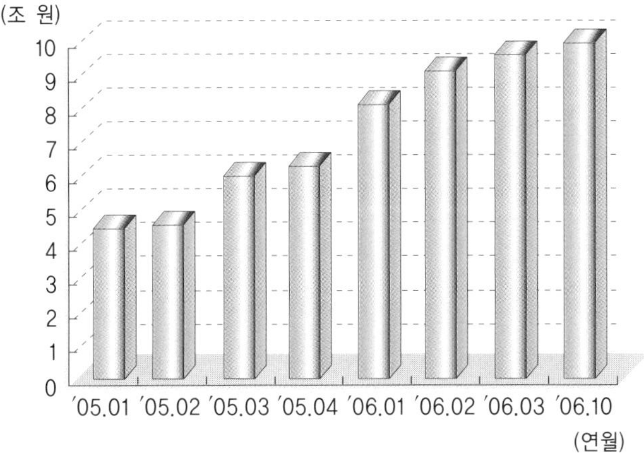

출처 : 제로인

은 고수익에 둘 것이 아니라 국내주식시장에 투자할 때 피할 수 없는 우리나라 고유의 위험(예를 들어 북핵문제라던가)을 분산시키는 차원에 두어야 한다는 뜻이다. 해외투자에 있어 리스크 관리가 고수익 추구보다 앞서는 이유는 신흥 국가의 주식시장들은 지금까지 수익이 높았던 만큼 변동성이 큰 데다 환율이라는 변수도 작용하기 때문이다. 따라서 이들 국가에 투자할 때는 개별 시장에 대한 직접투자보다는 국가별로 분산이 잘된 펀드에 간접투자하는 위험관리가 필수적이다.

투자의 첫 경험, 해외펀드로 시작하라

: 재테크라는 바탕화면에 새로운 투자 폴더를 만들어라

'얼마의 기간 동안, 어디에, 얼마의 자금을 투자할 것인가?'

이는 각 개인마다 목표로 한 재정금액에 따라 달라진다. 가령 5년 후 내집마련에 필요한 자금, 10년 후 자녀교육비 마련, 20년 후 노후생활자금 마련 등은 목표금액과 투자시기를 고려해 포트폴리오를 구성해야 한다. 얼마의 자금을 어디에 투자할 것인가 역시 투자기간과 자금규모에 따라 달라진다. 만약 단기에 많은 자금을 필요로 한다면 거치식 주식형 상품에, 노후설계 자금처럼 장기적으로 필요한 자금은 적립식 채권이나 혼합형 상품에 두는 것이 적합하다.

그러나 포트폴리오를 구성하는 일이 말처럼 쉬운 일만은 아니다. 내가 투자한 돈에 대해 발생되는 기대수익률이 불확실하기 때문이다. 그렇다고 국채와 같이 향후 수익이 보장되는 자산에 모든 자금을 투자한다면 정해진 기간 내에 재정목표를 달성하기는 어려워진다. 물가상승률을 감안하면 국채 투자는 지극히 낮은 수익을 가져다주기 때문이다.

이렇듯 투자는 기대수익과 위험을 동시에 지니고 있다. 가령 A라는 투자상품이 B라는 상품에 비해 높은 수익과 낮은 위험을 동시에 가지고 있다면 대다수의 투자자들은 큰 고민 없이 A를 선택할 것이다. 그러나 이는 곧 기대수익을 떨어뜨리는 결과를 가져오게 된다.

이렇듯 포트폴리오 이론을 꺼내는 이유는 해외펀드가 국내 투자자산이 갖고 있지 않은 기대수익-위험의 조합을 갖고 있기 때문이다.

즉, 해외펀드는 우리에게 새로운 투자대상을 제공할 뿐만 아니라 해외펀드가 갖고 있는 기대수익-위험 조합을 통해 포트폴리오의 성과를 개선시킬 수 있는 기회까지 함께 제공한다.

간단히 설명하면 A라는 자산의 경우 기대수익은 12%, 위험성은 6%라고 하자. 반면 B라는 자산은 10%의 기대수익과 8%의 위험을 가지고 있다. 당연히 기대수익이나 위험, 그 어떤 측면을 보더라도 A 자산에 투자하는 것이 B 자산에 투자하는 것보다 유리하다는 사실을 알 수 있다. 하지만, 기존 포트폴리오에 A 자산을 편입하는 것이 B 자산을 편입하는 것보다 항상 유리한 것만은 아니다. 만약 A 자산이 기존 포트폴리오와 높은 상관관계를 가졌다면 오히려 A 자산 대신 B 자산을 편입하는 것이 기존 포트폴리오의 전체 위험을 줄이는 데 유용할 수 있다. 해외펀드는 개별투자 대상으로뿐만 아니라 포트폴리오의 관점에서 투자자들에게 새로운 투자처를 제공해준다.

더욱 실질적인 측면을 살펴보자. 우리나라는 현재 선진국의 문턱에 놓여 있다. 잠재성장률이 하향안정화되고 있는 상황에서 시중 금리도 예전의 높은 수준으로 복귀하기는 힘들 전망이다. 반면 수출주도 경제구조로 인해 미국, 중국, 일본의 경제 및 환율과 매우 민감한 상관관계를 가지고 있다. 또한, 세계 유일의 분단국가로서 국가위험도 역시 높은 것이 현실이다.

브릭스(BRICs. 브라질, 러시아, 인도, 중국)에 투자를 함으로써 국내 자산에만 투자하는 것보다는 높은 수익을 얻을 수 있고, 미국 국채시장에 투자함으로써 국내에만 투자하는 것에 비해 투자자산의 안정성을 높일 수 있다. 이렇듯 해외펀드는 국내투자만으로는 달성하기 불가능한 새로운 투자의 기회를 확대, 재편해준다.

해외펀드는 아직 현행 법규나 규정에 의해 정확한 개념이 정리되지는 않았다. 통상적으로 국내투자 펀드를 제외한 나머지 펀드를 해외펀드라고 칭한다. 국내투자 펀드란 국내법에 의해 설립된 국내 운용사가 국내 투자자들을 대상으로 자금을 조달해 국내에 투자하는 펀드다. 다시 말해 설립근거법이 국내이고, 투자주체가 내국인이며, 투자대상이 국내 유가증권인 펀드를 국내투자 펀드라 한다. 따라서 앞서 말한 3가지 요건(설립근거법, 투자주체, 투자대상) 가운데 1가지라도 충족시키지 못하면 이는 해외펀드의 범주에 포함된다. 요건별 분류는 해외펀드의 종류를 알아보는 순서에서 다시 한 번 살펴보도록 하자.

미국에서는 해외에 투자하는 뮤추얼펀드를 크게 글로벌펀드(Global Fund)와 인터내셔널펀드(International Fund)로 구분한다. 미국 국내 투자를 포함시키는지를 기준으로 나누는데, 글로벌펀드는 말 그대로 투자대상 지역을 구분하지 않는 것을 말한다. 즉, 미국 국내를 비롯해 유럽, 일본, 이머징마켓 등 어디든지 투자가 가능한 펀드를 말한다. 반면 인터내셔널펀드는 미국을 제외한 해외에 투자하는 펀드를 일컫는다.

해외펀드들은 1990년 초반 이후부터 활성화되기 시작했다. 각 나라에서 대형 투자운용사들에 의해 룩셈부르크나 케이만 군도 같은 비과세 지역에 펀드를 설정해 전 세계 투자자들을 대상으로 판매하고 있다. 이렇게 해외펀드 대부분이 조세회피지역(Tax Heaven)에 설립된 데는 미국의 엄격하고 복잡한 세제정책이 한몫했다.

해외펀드의 지역별 분류

● 글로벌형 _ 전 세계를 대상으로 투자

● 지역형 _ 지역별(북미, 유럽, 라틴아메리카, 아시아, 브릭스, 이머징마켓 등)로 투자

● 국가형 _ 단일 국가(미국, 일본, 중국 등)에 투자

● 섹터형 _ 주식 = 산업별(IT, 헬스 케어 등)로 투자

　　　　채권 = 투자등급별(국공채, 회사채, 하이일드 채권 등)로 투자

해외펀드, 형태별 분류
: 역외펀드 & 국내운용 해외투자펀드 & 외수펀드

우리나라에 소개된 해외펀드는 형태에 따라 크게 3가지로 구분된다.

첫 번째는 역외펀드(Offshore Fund)다. 역외펀드는 외국 자산운용사가 조세회피지역에 펀드를 설립해 국내를 비롯한 여러 국가에서 모은 자금으로 세계 각국의 투자자산에 투자하는 펀드를 일컫는다.

두 번째는 국내운용 해외투자펀드다. 이것이 '국내 간접자산운용법 230조'에서 말하는 해외펀드다. 국내 투자자들을 대상으로 수익증권을 발행해 조달한 자금으로 해외유가증권 등에 투자해 운용하는 펀드를 말한다.

세 번째는 외수펀드다. 이는 국내운용사가 국내 설립법에 근거해 외국인들에게 국내에 투자하도록 하는 펀드다. 이 책이 국내 투자자들에게 해외펀드를 소개하는 자리라는 점에서 외수펀드에 대한 구체적인 설명은 생략한다.

역외펀드는 일반적으로 조세회피지역에 설립되기 때문에 절세효과가 있다. 뿐만 아니라 여러 법적 소송과 복잡한 법적 문제에서도 벗어날 수 있어 자산보호 목적에서도 인기가 높은 편이다(2006년 5월 말 현재 국내에 들어와 있는 역외펀드는 411개로 자산규모만도 7조 9,646억 원으로 집계된다.)

국내운용 해외투자펀드는 해외투자 유가증권을 직접 펀드에 편입해 단일 펀드를 구성하는 직접투자 형태의 펀드와, 기존 외국 운영사들이 설립해 운용하고 있는 펀드에 투자하는 펀드오브펀드(Fund of Fund, 이하 FOF)로 구분된다. FOF는 투자유가증권에 투자하는 펀드들을 바스켓으로 구성해 운용하기 때문에 분산투자의 장점을 최대한 살린다는 이점이 있어 안정성이 매우 높다. 그러나 그만큼 수수료 비용이 늘어난다는 점에서 직접투자 형태의 펀드에 비해 수익률이 낮은 경향이 있다. 또한, 펀드 분석능력과 바스켓 내의 펀드를 관리하는 능력은 FOF 성과를 좌우하는 중요한 변수로 작용한다(2006년 3월 말 현재 국내운용 해외투자펀드는 156개로 설정 잔액은 6조 4,760억 원에 달한다.)

해외펀드, 지역별 분류
: 글로벌형 & 지역형 & 국가형

해외펀드를 지역별로 분류하는 것도 또 다른 방법이다. 전 세계 모든 지역에 투자하는 글로벌형, 일정 지역을 묶어서 투자하는 지역형, 단일 국가에 투자하는 국가형으로 나뉜다.

또한 지역별 분류까지는 아니지만 투자자산의 범위를 묶는다는 점에서 일정 섹터에 투자하는 펀드들도 있다. 주식에서는 IT, 헬스 케어, 원자재 등이며 채권에서는 국채, 회사채, 하이일드 채권 등이 섹터형으로 분류된다.

글로벌형이 분산투자의 장점을 최대한 살리는 형태라면, 국가형은 고수익을 추구하는 투자자들을 위한 펀드라고 할 수 있다. 최근 인기를 모았던 브릭스펀드는 지역형 해외펀드에 속한다.

2006년 현재는 글로벌형 펀드에 가장 많은 자금이 들어와 있는 상태이다. 국내운용 해외투자펀드는 일본, 중국, 인도 등 우리나라 주변 국가에 투자하는 펀드가 가장 많은 비중을 차지하고 있다.

해외펀드, 투자자산 유형별 분류
: 주식형 & 채권형 & MMF형 & 만기상환형 & 자산배분형

투자자산 유형별로는 크게 주식(Equity)형, 채권(Fixed Income)형, MMF(Money Market)형, 만기상환(Fixed Term)형, 자산배분(Asset Allocation)형이 있다.

주식형은 상장주식에 투자하는 펀드이며, 채권형은 국공채와 회사채에, MMF형은 단기채권에 투자해 환금성을 높이는 펀드이다. 만기상환형은 해외주식 또는 채권에 투자하면서 달러를 기준으로 한 원금보존 형태로 설립돼 일정기간 동안 환매가 금지된 펀드이며, 자산배분형은 혼합형의 일종으로 금융시장 전망에 따라 주식과 채권의 비중을 조정하는 펀드를 말한다.

2006년을 기점으로 역외펀드의 유형별 분포를 살펴보면 주식형 67%, 채권형 23%, 자산배분형 6%, MMF형 3%, 만기상환형 1%로 구성되어 있다. 국내운용 해외투자펀드는 주식형이 가장 많은 부분을 차지하고 있으며 혼합형과 채권형이 그 뒤를 따르고 있다.

이제 막 소개되고 있는 해외 부동산 증권펀드는 부동산이라는 새로운 투자자산의 유형을 띠고 있으나 펀드운용의 1차적인 투자대상이 리츠(REITs. 부동산투자를 전문으로 하는 뮤추얼펀드)이기 때문에 주식형으로 분류할 수 있다.

또 한 가지 주의해야 할 점은 채권형이라고 해서 모두 변동성이 낮고 안전한 수익을 가져다주는 것은 아니라는 점이다. 투자의 위험도가 높은 국가 채권은 안정된 경제 및 금융 시스템을 가진 선진국의 주식에 비해 오히려 위험도가 높을 수도 있기 때문이다. 또한 하이일드 채권형은 발행사의 채무불이행 가능성이 높아 위험성이 높다는 점도 유념해둘 필요가 있다.

해외펀드에도 포트폴리오 전략이 필요하다
: 분산투자와 장기투자만이 골든 벨을 울릴 수 있다

해외펀드에 투자하기에 앞서 자신의 기본 투자계획을 점검해보아야 한다. 자신의 투자성향이 공격적인가 아니면 안정 위주인가와 더불어 투자목적과 자금성격은 구체적으로 무엇인가를 파악한 후에야 투자기간, 투자대상, 투자자금 등의 계획을 세워야 한다. 다음에는 기본

투자계획을 기초로 투자자산별, 상품별 투자비중을 정해야 한다. 즉, 기본 투자계획을 바탕으로 주식과 채권에 투자할 금액을 정하고, 이중 각각의 자산 가운데 일부를 해외투자 상품에 할당하는 방식으로 진행시키면 된다.

전략적 자산배분상의 해외투자펀드

현금성 자산	채권	주식	대안 투자
	국채 회사채 투기채 해외 채권	국내 주식 해외 주식	부동산 상품 헤지펀드 사모펀드

출처 : 삼성증권

다른 투자와 마찬가지로 해외펀드는 분산투자와 장기투자를 기본 골자로 포트폴리오를 구성해야 한다.

필자는 해외펀드의 기본 전략은 '포트폴리오 관점'에서 접근해야 한다고 생각한다. 과거 경험상 하나의 투자대상이 평균 투자수익률을 5년 연속 상회하는 경우는 극히 드물기 때문이다. 또한, 통상적으로 오랜 강세장 뒤에는 급격한 조정이 따르는 경우가 잦다. 결국 투자기간을 5년 이내의 단기로 계획하지 않는다면 하나의 투자대상에 자산의 대부분을 집중시키는 투자전략은 바람직하지 못하다.

가장 손쉬운 분산투자는 자산배분형 해외펀드에 가입하는 것이다. 자산배분형 해외펀드는 투자자산 배분부터 투자지역 배분까지 포트폴리오 매니저가 담당한다. 그러나 이미 주식, 채권 등 투자자산 비중을 정해놓은 상태라면 펀드운용사가 투자지역 및 투자대상만을 선정해 운용하는 글로벌 주식형 내지는 글로벌 채권형 해외펀드에 투자하면 된다. 만약 자신이 직접 투자지역 배분까지 하기를 원한다면 지역형 내지는 국가형 해외펀드를 선정해 정해진 비율만큼만 투자하면 된다.

여기서 유념해야 할 점은 투자지역 간의 상관관계이다. 기대수익은 각각의 투자지역 기대수익에 투자비중을 가중한 것이지만 여러 지

주요 국가별 상관계수 매트릭스

	한국 KOSPI	MSCI AC 전체	MSCI AC 아시아 태평양	MSCI 북미	MSCI 유럽	MSCI EM	MSCI EM 남미	MSCI EM 유럽	MSCI EM 아시아
한국 KOSPI	1								
MSCI AC 전체	0.67	1							
MSCI AC 아시아·태평양	0.57	0.57	1						
MSCI 북미	0.64	0.96	0.5	1					
MSCI 유럽	0.54	0.94	0.46	0.87	1				
MSCI EM	0.8	0.86	0.79	0.75	0.75	1			
MSCI EM 남미	0.56	0.77	0.55	0.69	0.72	0.84	1		
MSCI EM 유럽	0.55	0.67	0.85	0.55	0.61	0.77	0.75	1	
MSCI EM 아시아	0.83	0.78	0.78	0.7	0.63	0.93	0.63	0.58	1

자료 : 한국펀드평가, Standards & Poors

역을 동시에 투자할 경우에 위험은 각 투자지역 간 상관관계에 따라 현격한 차이를 보이게 된다. 상관관계가 낮은 투자지역에 동시에 투자할 경우, 상관관계가 높은 지역에 투자하는 것보다 포트폴리오의 전체 위험을 줄일 수 있다. 따라서 상관관계가 낮은 지역들을 골라 투자해야 안정적으로 투자자산을 불릴 수 있게 된다.

투자기간은 개인별 또는 투자의 목적과 자금의 성격에 따라 천차만별이다. 대개 장기투자를 권하는데 그 이유에 대해선 다음의 예를 통해 알아보도록 하자.

미국 S&P 500 지수에 투자했다고 가정해보자. 1987년 또는 2000년 초, 단기간에 투자한 사람들은 큰 손해를 봤을 것이다. 그러나 이러한 굴곡을 잊고 20년 동안 장기투자를 했다면 연간 20%의 고수익을 올렸을 것이다. 변동성이 현격히 낮은 채권 역시 장기투자자에게는 무시 못 할 수익을 자져다준다. 20년간 5%의 채권금리에 복리로 투자했다면 연간 13.2%의 투자수익을 얻을 수 있다. 복리의 위력은 투자기간이 길면 길수록 위력을 발휘하기 때문이다.

필자는 일반 투자자들이 꼭 현금이나 부동산 등 실물자산뿐만 아니라 '시간'이라는 무형자산도 하나의 자산목록으로 생각하기를 희망한다. 어떻게 보면 시간은 누구나 가지고 있지만, 돈을 모으는 데 있어 시간만큼 절대적으로 필요한 자산도 없기 때문이다. 돈과 시간이 톱니바퀴처럼 잘 맞물려 돌아가면서 그것이 또 하나의 시장경제를 형성하게 되고, 투자자들은 시간이 축적해준 부를 가지고 또 다른 곳에 재투자를 할 수 있는데 그것이 바로 부자로 가는 지름길이다.

해외펀드 투자, 이것만 조심해라

: 과거 우수한 실적을 낸 운용사는 미래에도 통한다

대개는 국내에 비해 해외 금융시장 혹은 해외 자산운용에 대한 정보가 불충분하거나 불명확하다. 잘 알지도 못하는 곳에 어떻게 투자를 하겠는가? 이렇듯 정보 불충분으로 고민하고 있다면 좋은 판매사와 운용사를 선택하는 요령을 갖춰야 한다. 어차피 장기 및 분산투자로 해외펀드에 투자를 해야 한다면 단편적인 해외시장에 대한 정보는 그리 중요하지 않다. 시장의 단기 등락을 기준으로 해외펀드에 가입 또는 해지하는 것이 아니기 때문이다.

결국, 여기서 중요한 것은 자산운용사와 펀드의 운용역이 얼마나 믿을 만한가이다. 그래서 투자에 앞서 자산운용사와 펀드운용역의 과거 실적을 주의 깊게 볼 필요가 있다. 물론 과거 실적이 확실한 미래를 보장하는 것은 아니다. 그러나 과거의 여러 기록들을 보면 자산운용사가 얼마나 훌륭한 시스템을 가지고 있는지, 해당 펀드운용역이 얼마나 우수한 자질을 가지고 있는지 정도는 알 수 있다. 우리나라 투자자들이 가진 특성 중에서 가장 대표되는 것이 과거의 경험을 지나치게 무시한다는 점이다. 과거의 성과를 분석하는 일은 펀드 선택에 있어 반드시 거쳐야 할 단계라는 점을 인지해야 한다.

또 한 펀드 선택에 있어 지나쳐서는 안 될 정보가 바로 펀드의 세부사항이다. 환헤지는 어떻게 되는지, 환매 조건은 어떤지, 수수료는 얼마나 언제 수취하는지 등에 관한 정보는 펀드 가입 전에 반드시 살펴봐야 한다. 이 정보는 펀드판매사에서 쉽게 얻을 수 있는 정보들이다.

환헤지
: 해외펀드 수익률의 기준점, 환율 리스크

해외펀드에 투자할 때 추가적으로 점검해야 할 사항이 있다. 바로 환율이다. 투자한 펀드가 자본 또는 이자소득으로 수익을 달성했다 하더라도 환차손으로 인해 수익의 상당부분을 까먹거나 손실을 볼 수도 있기 때문이다. 이러한 환율 리스크를 피하기 위해 원-달러간 스왑계약을 통해 환율 변동에 따른 위험을 최소화시킬 수 있다.

펀드 자체적으로 환헤지(hedge)를 하는 경우도 있고, 그렇지 않은 경우에는 펀드 가입과는 별도로 스왑계약을 통해 환헤지를 신청할 수도 있다. 또한, 서로 다른 통화로 운용되는 펀드에 동시 가입해 환위험을 줄이는 통화분산 투자를 사용함으로써 환율 변동에 따른 위험을 줄여나갈 수도 있다.

스왑은 원래 '맞바꾸다, 교환하다.'라는 뜻을 가진 용어로 거래를 체결하는 두 당사자가 일정 기간 동안 원금 혹은 이자지급 등의 현금흐름을 주기적으로 교환하는 것을 말한다. 이러한 스왑계약은 금리위험 혹은 환위험을 헤지하기 위한 목적으로 만들어져 지금까지도 국제 금융시장에서 계약의 2/3가 이 같은 거래형식으로 체결되고 있다.

또 한 가지 환율 변동을 헤지하는 방법으로 정기투자, 즉 적립식투자가 있다.

예를 들면 현재 원-달러 환율이 1달러당 1,000원이라고 가정하자. 1백만 원을 해외 주식형 펀드에 투자하면 1,000달러어치의 주식을 살 수가 있다. 1달 후 원-달러 환율이 900원으로 떨어졌다고 하면 결국은 1백만 원을 투자해 1,111달러어치의 주식을 살 수가 있게 되는 것이다.

즉, 원-달러 환율이 떨어지면 달러를 기준으로 더 많은 금액을 투자하는 격이 되고 이와 반대로 원-달러 환율이 오르면 달러를 기준으로 더 적은 금액을 투자하게 되는 셈이다. 이렇듯 정기적으로 장기간 투자를 하게 되면 환율 변동에 따른 위험성도 그만큼 희석된다. 주식 시장에서 흔히 말하는 물타기인 셈이다. 물타기란 주식투자에서 흔히 사용되는 방법으로 팔 때는 시세가 올라 파는 수를 점점 늘려나가고, 살 때는 시세가 하락됨에 따라 사는 수를 조금씩 늘려나가는 방법이다. 즉, 평균 단가를 조정해 투자에 대한 위험성을 줄여나가는 방법이다.

그러나 해외펀드가 외화로 운용된다고 해서 반드시 환헤지를 수반해야 하는 것은 아니다. 장기적인 관점에서 보면 환 변동이 펀드의 투자수익률에 미치는 영향이 크지 않기 때문이다. 미국 S&P 500 지수가 지난 20년간 400% 상승한 반면, 원-달러 환율은 8% 상승하는 데 그쳤다. 물론 예외도 있지만 환율은 일정 범위 내에서 오름과 내림을 반복하는 경우가 많다.

통상적으로 환율 변동이 펀드의 기대 수익보다 클 것으로 예상되는 선진국에 투자할 경우에는 앞에서 설명한 스왑계약을 통해 환율 변동의 위험을 사전에 차단하는 전략이 유리하다. 또한, 자본주의 시장에서 떠오르고 있는 개발도상국인 이머징마켓처럼 펀드 자체의 기대 수익이 환율 변동에 따른 리스크보다 클 것으로 판단되면 환율 변동에 노출된 채 환차익을 노리는 투자전략이 바람직하다.

투자에 따른 수수료 및 환매
: 투자 고수들은 1% 수수료에도 목숨을 건다

수수료는 국내펀드와 크게 다르지 않다. 투자자들이 해외펀드에 투자함으로써 지불하는 총 비용에는 판매수수료와 보수(판매, 운용, 수탁, 사무수탁)가 있다. 일반적으로 해외펀드의 판매수수료와 판매보수는 가입시점에 미리 공제되며 나머지 보수는 매일매일 고객의 순자산에서 떼어진다. 공시되는 기준가는 이러한 보수를 모두 제한 가격이기 때문에 고객의 눈에는 보이지 않는다.

환매의 경우도 국내펀드에 비해 수도결제가 이루어지는 기간이 조금 더 길 뿐 큰 차이는 없다. 판매사, 운용사, 펀드가 설정된 곳의 영업일이 다를 수 있기 때문에 환매 시 국내펀드에 비해 수도결제가 조금 더 지연되는 것이다. 통상적으로 영업일 기준 7일 이내(7 영업일)에 환매가 이루어진다고 보면 된다.

수도결제란 수요자와 공급자의 매매거래를 통해 체결된 주식 혹은 채권이 증권거래소가 지정한 결제기관을 통해 매도자는 매수대금을, 매수자는 증권을 수수하는 것을 말한다. 이렇듯 몇 가지 사항만 주의해서 살펴본다면 무리 없이 해외펀드에 가입할 수 있다.

밀물 투자처 3 신흥부자들이 선택한
블루칩, 미술투자
: 작품도 소유하고, 수익도 챙기는 일석이조 웰빙투자

나는 미술작품에 선투자한다
: 신흥부자들이 선택한 내일의 블루칩

흔히들 투자하면 부동산, 채권, 주식만을 떠올린다. 다양한 투자대안이 부족했던 한국의 과거 경제구조 때문이다. 외환위기 이전에는 굳이 위험을 무릅쓰면서까지 주식에 투자하려는 투자자들도 많지 않았다. 은행에 자금을 넣어 두기만 해도 연간 12%의 이자를 받을 수 있었기 때문이다. 원금이 2배가 되는 데 걸리는 기간은 6년에 불과했으며 예금자 보호법으로 원리금을 보호받을 수 있었던 투자환경 때문에 사실 한국에서는 이에 필적할 만한 투자대상이 감히 존재할 수 없었다. 일부 부동산투자로 재미를 본 투자자들도 있었지만 복부인과 개발정보를 접할 수 있는 한정된 사람만이 혜택을 누렸다.

하지만, 외환위기 이후 금리가 5%대 밑으로 떨어지면서 단순히 예금만 가지고는 만족할 만한 수익률을 올릴 수 없게 되었다. 때문에 많은 사람들이 재테크에 관심을 갖고 돈을 굴릴 방법을 찾게 되었고 투기로만 인식되던 주식투자도 이제서야 각광을 받기 시작했다. 소위 전략적 자산배분이 중요한 이슈가 되었으며, 노후대책을 위한 자산관리는 필수가 됐다. 출판계에도 재테크와 관련된 책들이 봇물처럼 쏟아졌으며 독자들의 관심을 한 몸에 받고 있다. 이러한 책들을 통한 재테크 혹은 노후자산관리의 붐은 대중화를 이뤘으며 분산투자나 장기투자 역시 굳이 강조하지 않아도 모두가 그 중요성을 인식하게 되었다.

따라서 이제는 좀 더 다양한 자산운용으로 투자의 스펙트럼을 넓히는 데 신경을 써야 한다. 굳이 분산투자가 리스크를 관리하는 가장 적절한 방법이라는 사실을 언급하지 않더라도 남들이 가지 않는 길을 먼저 갈 수 있다면 그 또한 기회가 많은 시장이기 때문이다.

그런 관점에서 미술시장이 앞으로 각광 받을 투자시장이라고 설명해도 독자들 중에는 '미술작품은 부자들이나 하는 고급 투자처'라고 단정지어 생각하는 사람들도 있다.

부자가 되려면 돈의 길목을 지키라는 이야기를 들어본 적이 있을 것이다. 물론 일반 투자자들은 '말이 쉽지, 돈이 어디로 흐르는지 알면 이러고 있겠어?'라며 전문가들에게 반문할지도 모르겠다. 하지만, 돈의 길목을 알아차리는 가장 쉽고 정확한 방법은 부자들의 동선을 따라가는 것이다. 자산 52조 원으로 13년째 세계 최고의 부자로 손꼽히는 빌 게이츠 역시 '다른 사람의 좋은 습관을 내 것으로 만든다.'라는 명언을 남기며 그 대상이 경쟁사이든 누구든 간에 본받을 일이 있으면 내 자산으로 가져오는 것이야말로 부자로 가는 지름길이라고 했다.

필자의 생각도 마찬가지다. 부자들을 벤치마킹함으로써 그들의 돈 버는 노하우를 익히는 것 또한 중요한 재테크 활동 중 하나이다. 물론 모든 부자들이 부를 리드한다고 단정 지어 말할 수는 없지만, 부의 중심에 서서 다음에는 어디로 돈이 향할지 안테나를 세우고 있는 사람들

대부분이 부자임에는 틀림없는 사실이다.

1인당 국민소득이 2만 달러를 향해 달려가고 있다. 지금처럼만 유지된다면 이르면 2008년에는 2만 달러를 넘을 것으로 보인다. 바야흐로 선진국으로의 진입이 눈앞에 다가오고 있는 것이다. 경제적으로 윤택해져 의식주 걱정이 덜해지면 사람들은 자연스레 삶의 질에 집중하게 된다. 가족과 함께 해외여행도 다니고 싶고, 같은 것을 먹더라도 몸에 좋은 음식을 먹고 싶어지는 것이 인지상정이다. 이른바 웰빙이 기본인 시대가 된 것이다. 한 해를 마감할 때 여러 분야에서는 이슈가 되었던 키워드나 인물들을 뽑아 순위를 매기는데, 웰빙이라는 단어는 3년 전에 등장해 지금까지도 고품격 라이프스타일을 추구하는 삶으로 통칭하며 사용될 정도로 일반화됐다.

이런 맥락에서 미술품에 대한 관심도 제고될 수밖에 없다. 미술품을 단순히 예술작품으로만 생각하면 큰 오산이다. 이제는 어엿한 투자의 대상이다. 오로지 투자의 관점에서만 바라보는 것도 문제가 있지만, 경제적으로 가치를 인정받고 있는 이상 차익에 무관심할 수만은 없다. 금융이 발달한 선진국에서는 미술투자에 대한 노하우가 이미 상당히 축적돼 있는 편이다. 우리나라의 미술시장은 아직 시스템과 저변이 낙후된 상태지만, 1990년대 중반 경매시장이 열리기 시작하면서 비로소 제대로 된 미술시장의 기틀이 잡혀나가기 시작했다.

한국에서 미술시장이 활기를 보였던 시기는 1980년대 말부터 1990년대 초로 이 시기는 전 세계적으로도 미술시장이 호황을 이루던 시기였다. 엔화강세와 저금리로 자금이 풍부해진 일본 투자자들이 전 세계적으로 투자를 시작해 자산 붐을 일으켰다. 한국도 88올림픽과 3저 호황*, 주식시장 급등을 등에 업고, 단군 이래 최대의 호황을 누렸던 시기로 이 기간에 미술품에 대한 투자도 급격하게 증가했다. 당시 2~3년 동안 주요 작가들의 작품은 적게는 2배에서 많게는 10배까지도 가격이 뛰었다. 사실상 투기열풍이 불었던 것인데, 대표적인 사례로 장욱진 작품의 가격추이를 보면 열풍이 어땠는지 잘 알 수 있다. 1989년 12월 초 점당 가격이 대략 1천만 원 전후였는데 거의 매달 1천만 원씩 상승하며 1991년 중반에는 1억 5천만 원까지 상승했다(참고 : 『돈이 되는 미술』, 김순응). 불과 1년 반 만에 15배가 상승한 것이다. 그러나 그렇게 심한 투기성향을 보이던 미술투자 열풍은 그 이후 경기의 하강과 더불어 버블이 터지면서 주식시장과 마찬가지로 긴 침체기를 보내야 했다.

사실, 제대로 된 시장이 없었던 시절에 미술품 소비자들은 적정한 가격이나 작품 분석 같은 것은 꿈도 꿀 수 없었다. 몇몇 전문가들의 의견이 그대로 시장 가격으로 형성될 수밖에 없었던 후진적인 구조를 가지고 있었기 때문이다. 하지만, 이제는 상황이 달라졌다. 미술품 경매시장이 본격적으로 활성화되기 시작하면서 미술품의 시장 가치가 일반인에게도 제대로 알려질 수 있는 경매라는 길이 열렸기 때문이다. 경매를 통하면 비교적 공정한 시장가로 거래가 가능하고 전문가의 감정을 거치는 데다 위작일 경우 보상을 해주기 때문에 안목이 높지 않더라도 위작에 속을 위험이 크게 줄어들었다. 물론 지금 당장 미술공부를 시작해 작품에 투자하라는 뜻은 절대로 아니다.

지금부터라도 관련 뉴스를 주의 깊게 살펴보고 '저렇게 시장이 움직이고 있구나.' 정도만 익혀두는 것도 미술투자의 첫 걸음이다. 지속적으로 관심을 갖고 미술시장의 동선을 파악하고 있다면, 자신도 모르는 사이에 자산증식을 위한 투자주머니 하나를 더 갖게 되는 셈이다. 또한, 꼭 자산증식을 목적으로 미술작품을 염두하지 않고서라도 갤러리 감상을 취미생활로 가져보는 것도 좋은 방법이다. 사실 나이가 들수록 취미생활, 나만의 시간, 나만의 공간 등은 가장으로서의 역할이 하나 둘 늘어남과 동시에 자연스럽게 소멸된다. 그러다 자녀들이 성장하고 내집마련에 대한 부담감이 없어질 때쯤 건강을 챙기게 되고, 좋은 음식을 찾게 되며, 맑은 공기 안에서 나를 다시 찾고 싶어진다. 이럴 때 가족이나 친구들과 함께 미술전시장이라도 찾는다면 정신건강에도 도움이 될 뿐만 아니라, 우아하게 나이 들기를 희망하는 대다수의 사람들에게 좋은 안식처가 되어줄 것이다.

국내 미술투자 기상도, 매우 쾌청하다
: 저금리가 불러온 명품재테크

1980년대 이후 침체를 벗어나지 못하던 국제 미술품 시장이 최근 자산투자 붐을 타고 다시 한 번 도약하고 있다. 2005년 5월 소더비 경매에서 피카소의 '파이프를 문 소년(1905년 작)'이 1억 4백만 달러에 낙찰돼 회화 경매 사상 최고가를 경신한 지 1년 만에 구스타프 클림트의 '아델레 블로흐-바우어 부인의 초상화(1907년 작)'가 1억 3,500만 달러에 팔리며 회화 작품 사상 최고가를 경신하였다(2006년 5월 19일자 〈뉴욕타임스〉 보도).

이외에도 미국 작가 마크 로스코의 'No.6(1954년 작)'은 2004년에 1,736만 8천 달러에 낙찰되어 지난 1997년 경매가 92만 4천 달러의 18배에 달하는 상승률을 기록했다. 1986년 당시 18만 달러에 거래된 윌렘 드 쿠닝의 '오레스테스'는 2002년에는 1,320만 9,500달러에 낙찰되어 73배에 이르는 엄청난 수익률을 올렸다.

최근 미술품 가격을 급등시키며 투자에 열을 올리고 있는 주체는 유가를 비롯 원자재 가격의 상승으로 유동자금이 풍부해진 러시아 및 중동지역의 투자자들이다. 2006년 5월 소더비 경매에서 회화 사상 세 번째로 높은 가격인 9,520만 달러에 피카소의 연인 초상화 '도라 마르'를 사들인 사람도 러시아인인 것으로 알려지고 있다. 엔화강세를 바탕으로 한 일본이 1980년대 말 그림투자 열풍의 주체였었으나, 이제는 자원 강국의 풍부한 유동성이 그 자리를 대신하고 있는 것이다.

이처럼 국제 미술품 시장이 10년 만에 호황을 누리기 시작하면서 국내 미술품 시장도 훈풍을 맞고 있다. 2006년 5월에 열린 인사동 노화랑의 '작은 그림 큰마음 전'에서는 인기작가 8명의 작은 그림(1~4호)이 50점씩이 출품되어 모두 팔렸으며, 100만 원대 명품 전에서도 출품작 350여 점이 1주일 만에 매진됐다고 한다. 동북아 미술시장의 구축과 문화교류 확대를 위해 지난 2002년 시작된 KIAF(한국국제아트페어)는 2006년 5월 다섯 번째 행사를 코엑스에서 개최했다. 한국화랑 99개를 포함해 13개국에서 총 150개 화랑이 참여하는 대규모 행사였는데 5일

동안 무려 5만 명이 다녀가 작년보다 40% 이상 증가세를 보였다. 이 기간 동안의 판매실적은 공식집계된 것만 1,100여 점에 70억 원이 넘는다고 한다. 추가 판매까지 감안한다면 판매실적은 80~100억 원 정도로 예상된다. 2005년도에 46억 원을 기록한 판매실적이 1년 만에 배가까운 성장을 한 것이다.

미술품 경매시장에서도 이러한 기운이 감지되고 있는데 미술시장의 전반적인 경기를 대변해주는 경매 낙찰률이 계속해서 급등세를 보이고 있기 때문이다. 서울옥션에 따르면 1999년 18%에 불과했던 낙찰률이 2004년에는 51%로 상승하더니 2005년에는 63%에 이어 2006년 상반기에는 평균 73%를 기록하고 있다. 신생 경매업체인 K옥션이 2006년 4월 실시한 판화와 종이 작품만을 대상으로 한 경매에서는 전체 125점 중 117점이 낙찰돼 93%가 넘는 낙찰률을 기록했고, 서울옥션이 2006년 6월 젊은 작가들의 작품 위주로 실시한 경매에서는 28점이 모두 팔려 낙찰률 100%를 보였을 정도로 미술품에 대한 관심이 급증하고 있다.

경매시장이 활기를 보임에 따라 국내 작가의 작품 가격도 상승세를 보이고 있다. 서울옥션에서 집계한 한국 근현대 작가들의 가격 상승 추이를 한 번 살펴보자. 2001년도 가격을 100으로 놓고 산출한 지수의 흐름을 보면 이우환의 작품지수가 297로 197%의 가격상승률을 보이며 최고의 상승률을 기록했고 이대원, 박수근, 김환기, 김종학, 천경자, 최영림, 김창열 등의 작품 가격이 100%를 넘는 상승세를 보였다. 가격상승률은 특히 2005년과 2006년에 가장 높게 형성됐는데 김종학 작품은 2004년까지 가격 변화가 미미하다 2005년에 가격지수가 160을 형성한 이후 2006년 5월 말에는 251을 기록하고 있다. 2005년 말 대비 57% 상승한 가격이다. 다른 작가들도 마찬가지여서 상승률을 높게 기록한 작가의 대부분이 2005년과 2006년에 큰 폭으로 상승한 데 기인하고 있다.

2005년 이후 가격 상승세가 두드러진 이유는 앞서 언급한 바와 같이 저금리로 인해 다양한 투자방식에 대한 수요가 증가했기 때문이다. 여기서 주목할 만한 변화는 투자자 저변의 확대이다. 기존의 주 고객 층이 일부 컬렉터들과 50~60대로 한정되었던 반면 최근에는 20~30 대로 수요가 확산되고 있으며 일반인들의 참여가 눈에 띄게 늘어났다. 경매에서 낙찰되는 가격대도 100만 원에서 1,000만 원 사이가 전체의 70%를 상회할 정도로 높은 것도 일반인들의 참여가 늘고 있다는 반증 이다. 재테크에 대한 관심이 유난히 높아지고 있기 때문에 앞으로도 이런 경향은 계속 유지될 것으로 보인다.

미술투자, 수익은 있고 양도세는 없다
: 세테크라는 메리트와 지속 상승세라는 황금시장을 갖는다

2004년 겨울, 미술계 역사상 한 획을 그을 만한 사건이 발생했다. 미술품 투기가 한창이던 1990년에 제정된 미술품 양도세 부과 법안이 폐기된 것이다. 제정 후 13년 동안 5차례나 유예되면서 정부와 미술계 가 첨예하게 대립했던 법안인데, 침체를 벗어나지 못하고 있던 국내

미술계의 주장이 마침내 받아들여진 것이다. 미술계 스스로도 양도세를 부과할 경우 국내 미술시장 자체가 붕괴될 것이라는 주장을 펼쳐 미술품이 상속과 증여 그리고 투기의 한 속성을 가지고 있다는 점을 자인한 꼴이 돼버렸지만, 어쨌든 미술계에서는 반가운 뉴스가 아닐 수 없다.

미술품은 이제 양도세와 보유세 부담이 없어졌기 때문에 요즘처럼 부동산 관련 세금 부담이 크게 늘어나는 시기에 상대적으로 매력적인 투자처로 부각되고 있다. 2004년을 기점으로 국내 미술품 가격이 급등한 것도 이러한 시류의 흐름인 것으로 판단한다. 또한, 기업에게도 혜택이 주어졌는데 세법상 업무용 자산으로 인정돼 미술품을 매입하면 일정부분 세금감면을 받을 수 있게 되었다. 이는 미술품 투자에 있어서 아주 중요한 변화이다. 사실 고가 미술품을 일반인이 매입하기는 만만치 않기 때문이다. 기업들이 점차적으로 미술투자에 나서게 될 경우 안정적인 수요기반이 확보된다는 면에서 미술시장에는 대형 호재로 작용한다. 물론 아직까지 기업이 적극적으로 미술투자에 나서고 있지는 않지만 이는 시간이 해결해줄 것이다.

실제로 외국은 미술투자에 적극적인 기업들이 많다. 단순히 자산을 보유하는 의미에서의 투자가 아니라 미술품을 적극 활용하는 것이다. 미국의 카지노 재벌인 스티브 윈은 램브란트, 고흐, 모네, 피카소 등 세계적인 작가의 작품을 매입해 호텔에 전시함으로써 상당한 홍보 효과를 누리고 있다. 일본의 야스다화재해상보험의 경우도 마찬가지다. 고흐의 걸작 '해바라기'를 당시 전대미문의 가격으로 매입해 본사에 전시함으로써 얻은 직간접적 홍보효과는 본전을 건지고도 남는다. 우리나라도 삼성을 제외하고는 미술투자에 적극적인 기업이 많지 않지만 롯데백화점처럼 백화점 내에 자그마한 화랑을 만들어 고객들에게 쇼핑 외에 또 다른 즐거움을 줄 수 있는 공간을 만들어 주는 식으로 조금씩 작은 변화가 일어나고 있다는 점은 눈여겨볼 만한 변화이다.

재테크의 기본은 세테크라고도 하는데 미술품은 이 부분에서 다른 어떤 상품보다 우월한 장점을 보유하고 있다. 물론 소득세나 양도세를 회피할 목적의 투기는 미술시장의 건전성을 훼손하는 부정적인 모습임에는 틀림없다. 하지만, 그보다는 국내 미술의 발전과 저변확대를 유발시켜 소득 수준에 걸맞는 문화수준을 창출할 수 있다는 데 더 큰 의미를 둘 필요가 있지 않을까?

진주를 캐려면 '보는 눈'부터 길러라
: 제대로 알지도 못하면, 막연한 눈 커플만 생겨난다

미술투자의 가장 큰 장점은 소유에 대한 만족과 더불어 투자 성공 시 수익률도 짭짤하다는 것이다. 물론 잘 알지도 못하면서 투자에 나서면 본전도 못 건지는 낭패를 당하기 십상이지만 이는 어떤 투자처라도 마찬가지다. 따라서 투자를 하기 전에 미술품을 보는 안목을 기르는 훈련을 게을리해서는 안 된다. 사실 국내 미술시장이 워낙 척박했던 관계로 수익률에 대한 자료나 자산배분에 있어서의 우월성 등은 검증하기 힘든 면이 있다. 따라서 미술품 투자의 수익률과 이에 따르는 분산투자 효과에 대해서는 외국의 사례와 논문을 참고하는 것이 좋다.

먼저 투자대상으로써 미술품이 기존의 자산과는 다른 특성이 있다는 점을 인지해야 한다. 리사 앤 루비노(Lisa Ann Rubino)가 2001년에 발표한 미술투자의 차별적인 특성은 다음과 같다.

- 거래되는 상품이 균일하지 않다 : 매년 거래되는 같은 작가의 작품 수는 매우 적다.
- 거래의 투명성이 떨어진다.
- 매매 상대방의 전문성에 큰 차이가 있다.
- 유동성이 매우 낮다.
- 거래 비용이 매우 크다 : 경매 수수료가 10%를 넘는다.
- 소유에 따른 효용이 있다 : 다른 자산과 다른 소유에 따른 차별적인 만족도는 돈으로 계산하기 어렵다.
- 공급의 가격 탄력성은 0이다 : 작가 사후에는 더 이상 생산되지 않는다.
- 같은 작가의 작품이라도 모두 다르기 때문에 대체 상품이 없다.
- 거래정보가 공개되지 않는 경우가 많다
- 객관적인 가치 평가가 불가능하다.

뉴욕 대학의 쉬광핑 메이(Jiangping Mei)와 마이클 모제스(Michael Moses) 교수는 1875년부터 2000년까지의 미술품 거래 자료를 이용해 '메이 모제스(Mei and Moses) 미술품 가격지수'를 만들었다. 이 지수를 이용해 미술품 투자의 수익률과 다른 자산과의 상관관계를 조사해 발표했는데 이전의 연구와는 조금 다른 결론을 내렸다. 연구에 따르면 1950년부터 1999년까지 미술품 투자의 실질수익률(인플레이션을 차감한)은 연평균 8.2%에 달해 S&P 500 지수의 8.9%에는 못 미쳤으나 미국 국채의 1.9%보다는 월등했다. 또한, 투자위험도를 나타내는 변동성 지표인 표준편차는 21.3%로 주식시장의 16.1%보다는 높게 나타났으나 그 차이가 이전의 연구만큼 크지는 않았다. 분산투자의 중요한 개념인 자산 간의 상관관계는 미술품의 경우 주식시장과 0.04, 국채와는 −0.15의 낮은 상관관계를 보여 포트폴리오 구성에 있어서도 미술품 투자가 효율적일 수 있다는 근거를 제시했다.

라셀 켐벨(Rachel Campbell, 2004)은 메이 모제스 미술품 가격지수를 이용해 자산배분에 있어 미술품 투자가 주는 효용을 구체적으로 연구했다. 그의 연구 결과에 따르면 1965년부터 2002년까지 주식과 채권 외에 미술품을 포함한 포트폴리오와 포함하지 않은 포트폴리오의 수익률을 비교분석한 결과, 미술품을 포함한 포트폴리오의 수익률이 연평균 8.97%로 주식과 채권만을 혼합한 포트폴리오의 수익률 8.6%보다 우월했다. 포트폴리오의 표준편차 역시 우월한 결과를 보였는데 6.87%로 미술품을 제외한 포트폴리오의 표준편차 7.76%보다 낮았다 (Opimal Portfolio 기준).

투자처라고 하기에는 너무 낯설어 우리가 쉽게 접근할 수 없었지만, 미술시장은 나름대로 투자수익률이 높았다는 사실을 알 수 있다. 더구나 우리에게 익숙한 기존 자산, 주식, 채권, 부동산과의 낮은 상관관계는 투자 포트폴리오 구성에 있어서 미술품 투자의 가치를 더욱 높여주는 요인이다.

콧대 높은 미술투자, 아무에게나 웃어주지 않는다
: 남에게도 '보기 좋은 떡'이 미래가치가 높다

최근 국내 미술시장에 활황의 바람이 불기 시작한 시점은 2004년 말부터라고 해도 과언이 아니다. 폐기된 미술품 양도세 법안의 영향을 많이 받았기 때문이다.

가격의 안정성이 높은 블루칩 작가들의 가격상승률이 높았다는 것은 어떻게 보면 일정부분 상속세나 양도세를 회피할 목적이 있다고도 할 수 있다. 하지만, 최근 우리나라의 젊은 작가들이 해외 경매시장에서 예상외의 폭발적인 반응을 얻고 있는 것을 보면 미술시장 토양 자체에도 긍정적인 변화가 있음을 감지할 수 있다. 또한, 미술품 투자는 부자들만이 선택할 수 있는 자산영역이라는 인식도 제고될 필요가 있다. 부자가 되고 싶다면 그들이 움직이는 투자의 동선을 잘 파악할 필요가 있기 때문이다. 따라서 현재 미술시장의 호황을 색안경만 끼고 볼 필요는 없다.

최근 2년간 미술품 투자가 각광을 받기 시작하자 그림에 투자하는 투자자가 점점 늘어나고 있다. 다소 투기적인 행태도 보이는 듯하다. 하지만, 미술에 대한 전문적인 지식이 없는 상황에서 투자를 하게 된다면 백전백패일 수밖에 없다. 주식시장에 종사하는 필자도 미술에는 문외한인지라 아직까지 관심만 두고 있는 형편이다.

미술투자에 관심이 있다면 먼저 미술시장의 메커니즘을 알아야 하고 국내외의 미술사를 공부해야 한다. 무엇보다 중요한 것은 직접 그림을 보러 많이 다녀야 한다. 그림에 대한 안목을 넓히는 데 그만큼 좋은 방법은 없기 때문이다. 초보 투자자가 실패하는 원인 중의 하나는 '본인이 보기에 좋은 것'을 매입하기 때문이다. 따라서 투자를 하고 싶다면 반드시 전문가와 상담을 하는 편이 안전하다. 미술시장도 주식시장과 마찬가지로 '미인선발 대회'의 성격을 가지고 있는 만큼 이 부분을 무시해서는 안 된다.

실제로 과거 유명작가의 많은 작품이 가격하락이나 아예 시세 자체가 형성되지 않은 작품들도 존재하기 때문에 미술품 투자는 섣불리 달려들기에는 리스크가 만만치 않다. 따라서 돈이 될 것 같다고 해서 무작정 달려드는 것은 돈을 날리는 지름길임을 명심해야 한다.

'현재가치'보다 '미래가치'가 출중하다
: 보유자산의 일부만 걸고 투자에 나서보자

결론적으로 미술품 투자는 절대수익률은 높을 수 있지만 자체 변동성이 크고 유동성이 높지 않기 때문에 보유자산의 많은 부분을 쏟아붓기에는 부적절한 상품이다. 하지만, 전체 자산에서 일정부분만을 투자한다면 위험조정 차원에서의 투자수익률은 제고될 수 있다는 장점을 가지고 있다. 분산투자의 한 축으로서의 역할을 충분히 해낼 수 있으며, 다른 자산과는 달리 소유에 따른 만족도가 높은 것도 보너스로 제공된다.

경매시장의 본격적인 도입으로 국내 미술시장은 한 단계 도약하고 있다. 저금리 추세가 이어지고 국민소득이 증가하는 한 이러한 흐름은 계속 이어질 것이다. 이제 성장을 막 시작한 초기인 만큼 리스크도 있 겠지만, 기대수익이 더 높을 것으로 생각된다. 남들이 아직 관심을 가 지지 않을 때 먼저 시작한다면 그에 상응하는 대가는 충분히 받을 수 있다.

일부 금융권에서는 이미 PB들에게 미술투자에 대한 상담을 고객들 에게 해주도록 하고 있다. 국내 최초의 아트펀드도 도입되었다. 이미 외국에서는 아트펀드가 도입돼 최근의 호황을 바탕으로 높은 수익률 을 올리고 있다. 향후 이러한 트렌드는 삶이 풍요로워질수록 계속될 전망이다. 지금 당장은 지나치게 앞선 투자가 아닌가 하는 생각도 들 겠지만 이미 부자들은 그곳으로 투자의 발걸음을 재촉하고 있음을 명 심하자.

큰돈 들이지 않는 범위 내에서 미술품 투자는 시작될 수 있다. 잘 되면 돈 벌어 좋고 잘 안되더라도 집에 좋은 미술작품 한 점 있는 것이 므로 그다지 손해 보는 투자가 아니다. 당장 시간 내서 화랑에 한 번 들러 보는 것은 어떨까? 모든 재테크의 첫 걸음은 '실천'이다. 은행에 적금을 부으려고 해도 직접 가서 통장을 개설해야 하고, 주식투자를 하려고 해도 계좌개설이 선행되어야 한다. 미술작품에 투자하기 위해 갤러리로 향하는 것 또한 다른 투자와 마찬가지라고 보면 된다. 이러 한 실천적 노력이 시간이라는 자산과 맞물리면, 시장을 보는 눈과 투 자에 대한 확신도 자연스럽게 생기는 것이다.

 # 투자전문가들이 지목한
블루오션, 상품투자
: 세계의 인구와 자본을 움직이는 힘, 원자재

투자의 블루오션, 상품투자에 집중해라
: 원자재 급등을 불러온 중국과 인도의 성장세

'투자'라는 용어가 보편화되면서 그 대상의 범위 또한 다양해졌다. 부동산, 주식, 채권, 금융상품 등 기존의 투자처와 앞서 언급한 미술작품, 더불어 최근에는 '원자재' 상품투자까지 큰 인기를 모으고 있다.

지난 2004년 이후 글로벌 경제에서 최대 화두는 단연 원자재 가격의 급등이었다. 원유 가격의 상승세가 돋보였는데 2002년만 해도 20달러 밑에서 형성되어 있던 서부 텍사스산 중질유 가격이 2003년 20달러를 넘어서더니 2004년에는 50달러를 돌파해 세계를 깜짝 놀라게 했다.

그러나 원유 가격은 더욱 상승해 2005년에는 60달러를 돌파했으며 2006년 한때는 70달러 중반까지 가격이 상승했다. 구리를 포함한 광물 가격 역시 급등세를 보였는데 런던금속거래소에서 거래되는 구리 가격은 2003년 말 톤당 2,000달러를 돌파한 이후 급등세를 지속해 2006년에는 8,590달러까지 급등했다. 불과 2년 반 만에 4배가 넘는 상승률을 보였다. 철광석과 니켈, 아연 등 주요 금속 가격 모두 비슷한 양상을 보였다.

원자재 가격의 급등세는 '세계의 공장'이라고 불리는 중국과 인도 경제의 급부상에서 촉발됐다고 해도 과언이 아니다. 두 국가를 합쳐서 전 세계 인구의 1/3이 넘는 것도 설득력을 얻지만 무엇보다도 저임금을 무기로 글로벌 경제에 저렴한 제품을 공급할 수 있는 능력이 투자자들의 발길을 끌어 모으는 메리트임에는 틀림이 없다.

중국의 고정자산 투자증가율은 최근 들어 전년 대비 30%가 넘는 수준에 육박했으며 2000년 이후 집중되기 시작한 외국인 직접투자도 2004년에는 전년 대비 50%가 넘는 증가율을 보였다. 같은 기간 동안 중국의 수출 증가율은 연평균 30%를 상회해 투자가 투자를 낳는 과열 양상을 보이고 있다.

중국 경제가 성장함에 따라 중국은 세계의 원자재를 블랙홀처럼 빨아들이고 있다. 1993년 원유 순수입국으로 전락한 중국은 매년 원유 수입이 늘어나 2004년에는 일본을 누르고 미국에 이어 세계 2위의 원유 수입국이 되었다.

현재 세계 원유 소비량의 8%가 넘는 양을 매년 소비하고 있는 중국은 2000년부터 2004년까지 세계 원유 소비증가율의 약 40%를 기록하고 있을 정도로 수요 증가 속도가 가파르게 진행되고 있다. 2006년 상반기에는 전년 대비 15.6% 수입이 증가해 중국의 원유 수입은 식을 줄을 모르고 있다. 이 같은 현상은 원유뿐만이 아니다.

세계 비철금속 소비에서 중국이 차지하고 있는 비중은 20~30%에 달해 단일국가로는 최대다. 1949년 이래 중국의 GDP 성장은 10배에 달했는데 그 기간 동안 광물 소비량은 무려 50배나 증가했다.

현재 중국은 전 세계 철강의 28%를 소비하고 있으며 시멘트는

50%, 구리는 25%를 소비하고 있다.

문제는 단기적으로 이러한 가격급등 추세가 진정되기 힘들다는 데 있다. 경제학의 기본 원칙인 수요공급의 법칙에 따르면 소비가 늘어 가격이 상승하면 공급도 늘려줘야 다시 가격이 적정한 수준으로 떨어진다. 그런데 원자재 시장은 공급의 가격탄력성이 높지 않다는 문제점을 안고 있다. 기존 탄광이나 철광 또는 유전에서의 생산량 증대는 한정되어 있고, 신규 광산이나 유전개발은 상당한 시간이 걸리기 때문이다.

『상품시장에 투자하라(Hot Commodity)』의 저자이자 조지 소로스와 함께 퀀텀펀드를 운용해 경이적인 수익률을 올렸던 짐 로저스의 의견을 한 번 살펴보자.

"적어도 지난 35년 동안 세계적으로 대형 유전이 발견된 적이 없다. 미국에서는 1976년 이후 단 한 곳의 정유공장도 들어서지 못했다. 1981년 말 미국 내에서 원유를 생산하고 있던 유정의 숫자는 4,530개에 달했지만 2004년 현재 1,201개로 감소했다. 금속도 마찬가지다.

지난 20년 동안 전 세계적으로 단 하나의 새로운 광산도 문을 열지 못했다. 새로운 유전이 발견되더라도 여기에서 퍼낸 원유가 시장에 나오기까지는 10년이 걸린다. 광산을 새로 개발하더라도 여기에서 추출된 광석을 제련할 제련소도 턱없이 부족하다. 지난 20년간 제련소는 단 한 곳도 늘어나지 않았기 때문이다."

다음의 그림을 보면 세계 원유 소비량은 이미 1980년 초반에 생산량을 추월했다. 2000년을 전후로 그 부족분은 과거보다 훨씬 큰 규모로 증가하고 있다.

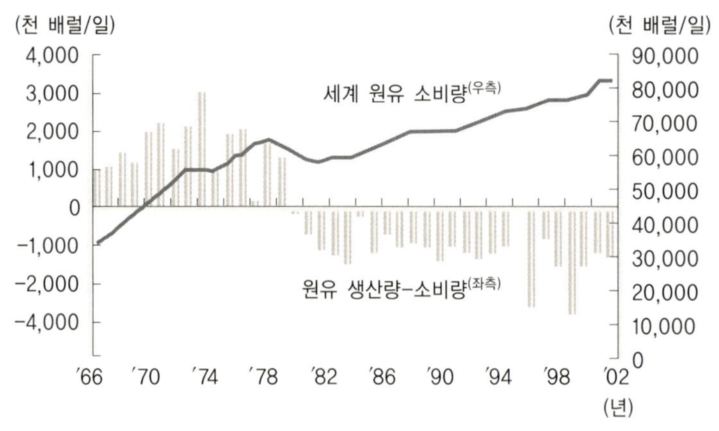

자료 : BP statistical review of world energy

다소 우울한 전망일 수 있으나 수요와 공급의 원칙이 지배하는 시장에서는 상품가격의 급등세를 제어할 수 있는 유일한 방법은 수요의 감소밖에 없다. 하지만, 이조차도 그리 쉬운 일이 아니다. 연평균 10%의 빠른 경제성장률을 보이고 있는 중국과 인도가 있기 때문이다.

2005년 현재 13억 인구를 돌파한 중국이 경제성장을 거듭해 어느 정도 먹고 살만해지면 소비가 급격히 늘어날 것은 뻔한 일이다. 전체 인구의 1%만 자가용을 탄타고 해도 1,300만대, 10%면 1억 3,000만대의 차가 늘어나게 된다. 인도의 인구는 현재 12억 명 수준으로 추산되는데 인도 경제 역시 브릭스(BRICs)의 한 축을 이루며 가파른 성장세를 보이고 있다. 결국 수요가 감소되기 위해서는 글로벌 경제가 위축돼 전 세계적으로 불황이 닥쳐야만 가능하다는 결론이 나온다.

물론 모든 상품의 가격이 단기간에 계속 급등세를 지속할 수는 없다. 가격급등은 결국 수요의 감소를 초래할 수밖에 없기 때문이다. 하지만, 중국과 인도라는 든든한 수요처를 보유한 원자재 가격은 단기적으로 흔들림은 있을 수 있어도 중장기적으로는 만성적인 공급 부족에 시달릴 위험은 더욱 높아질 전망이다.

상품투자 수익률 '황신호'에서 '청신호'로
: 상품투자는 인플레이션을 극복하는 데 가장 적합하다

세계에서 거래되는 상품의 종류는 다양하다. 가축을 포함한 옥수수, 콩, 밀 등의 농산물이 있고 철광석을 비롯해 납, 아연, 니켈, 구리 같은 비철금속, 원유와 천연가스 등의 에너지 상품도 있다. 워낙 종류가 많고 다양하기 때문에 상품투자 수익률을 구하기 위해서는 인덱스의 구성이 불가피하다.

지금 세계에서 가장 많이 사용되는 상품 가격지수는 단연 CRB (Commodity Research Bureau) 지수이다. 주요 상품 거래 품목 17개를 선정해 동일한 비중을 주어 산정한 지수로 옥수수, 코코아, 커피, 구리, 면화, 원유, 천연가스, 금 등으로 구성되어 있다. CRB 지수의 추이를 살펴보면 1980년대 초, 오일쇼크로 약 200포인트에서 330포인트까지 60% 정도 상승세를 보였다가 이후 계속 침체기를 거듭해 2002년에는 189포인트까지 하락세를 보였다. 주식과 채권 수익률에 비하면 별 볼일 없는 지수지만 2001년 이후 상승세를 타고 5년 만에 2배가 넘는 상승률을 보이며 400포인트에 바짝 근접했다. 주요 요인은 앞서 언급한 원유와 광물의 가격 상승률이 워낙 뛰어났기 때문이다. 하지만, 단순히 선물 가격의 변동만을 감안해 지수를 만들었기 때문에 실제 투자수익률을 정확하게 계산하기에는 조금 부족한 측면이 있다. 더욱 더 체계적인 수익률을 구하기 위해서 상품투자 수익률을 자세하게 분석한 논문을 참조해볼 필요가 있다.

예일대학 국제금융센터에서 2004년 6월 발간한 논문『상품선물의 진실과 환상(Facts and Fantasies about Commodity Futures)』에서 이 부분에 대해 비교적 자세하고 명확한 결론을 내리고 있다. 고턴과 로웬호스트(Rouwenhorst)가 계산한 방법은 다음과 같다.

선물 1계약을 매입하고 그 계약만큼의 T-bill(미국 단기채권)을 동시에 매입해 계약 불이행의 리스크를 완전히 제거한 인덱스를 계산하는 방법이다. 이론적으로 선물계약은 현 시점에서 비용이 지불되지 않기 때문에 이러한 계산이 가능하다. 하지만, 실질적으로는 선물거래 시 계약 금액의 일정부분을 현금으로 납부하는 증거금을 요구하기 때문에 이렇게 수익률을 계산한다면 약간의 오차는 있을 수 있다. 하지만, 그 증거금률은 5% 수준으로 매우 낮기 때문에 이는 무시한다고 가정하자. 1959년 7월을 시점으로 초기 7개의 상품선물에 똑같은 비중을 투자한다고 가정하고 인덱스를 계산하기 시작해 1996년 9월까지 총 33

개 상품으로 구성한 상품선물의 평균적인 수익률을 2004년 3월까지 추적한 인덱스이다.

결과를 보면 다소 놀라운 수치가 계산되는데 앞서 CRB 지수만을 놓고 산출했을 때의 수익률보다 월등히 높은 연평균 11.02%의 수익률이 나온다. 같은 기간 동안 산출한 S&P 500 지수의 수익률 11.02%와 똑같았다. 채권에 투자했을 경우 연평균 수익률은 7.71%로 계산돼 상품과 주식에 비해 열등한 수익률을 기록했다. 상품의 선물이 아닌 현물에 직접 투자했을 때는 상품선물 투자수익률보다 열등한 수익률을 보였는데 이는 현물가격에는 창고보관 비용이나 선물에 투자했을 때 발생하는 이자수익 등이 발생하지 않기 때문인 것으로 분석된다. 상품 100달러어치를 사는 것보다 상품선물을 100달러 매입하고(증거금 5달러 지불) 나머지를 안전한 단기국채에 투자하는 것이 주식 수익률보다 떨어지지 않는다는 사실을 밝혀낸 것이다. 상품투자 수익률이 주식투자 수익률보다 못할 것이라는 우리의 예상을 완전히 빗나가는 결과이다.

이들의 연구결과에서 더욱 주목해야 할 점은 인플레이션을 극복하기 위한 아주 좋은 대체 수단으로 상품선물시장이 있다는 것이다. 같은 기간 동안 인플레이션과 상품선물 인덱스, 주식, 채권 수익률의 상관관계를 조사한 자료에 따르면 주식 및 채권은 인플레이션과 각각 -0.28, -0.21의 상관관계를 보여 인플레이션이 발생하면 마이너스 수익률을 기록한다는 결과를 보여 주었다. 반면에 상품선물 인덱스는 인플레이션의 상관관계가 0.31로 나타나 인플레이션이 발생할 때 오히려 수익이 더 좋다는 것을 알 수 있다. 이 논문에서는 밝히지 않았지

만, 필자가 생각하기에는 인플레이션의 의미가 화폐가치의 하락, 즉
물가의 상승을 의미하기 때문에 물가가 상승한다는 것은 시장에서 거
래되는 각종 상품가격이 오른다는 뜻이다. 이렇게 되면 원자재를 대상
으로 하는 상품선물 투자는 당연히 수익률이 좋을 수밖에 없는 구조가
된다. 아울러 인플레이션이 발생하면 금리도 동반 상승하게 되는데 이
때 상품선물 인덱스에 투자한 투자자는 실제 돈을 상품에 넣은 것이
아니라 단기국채에 투자하고 있으므로 수익률이 더욱 개선될 수밖에
없다.

원자재 수요증가와 상품시장의 급성장
: 앞으로 10년, 세계 경제학자들이 합창한 '자산항목'

필자가 상품의 전문가가 아닌 이상 상품시장의 향후 흐름을 정확
하게 예측하기는 어렵다. 어쩌면 지금 지칠 줄 모르고 상승하는 상품
가격이 꼭지일 수도 있다. 하지만, 이웃국가인 중국이 끊임없는 경제
발전을 이루고 있는 이상 원자재 수요 증가는 당연한 결과다. 현재 세
계 각국이 대체에너지 개발에 열중한다거나 물자를 절약하기 위한 다
양한 방법을 내놓고는 있지만 명쾌한 해답이 될 수는 없다. 공급이 늘
지 않으면 소용없는 일이기 때문이다.

상품시장의 수급에도 변화가 감지되고 있다. 지난 2006년 3월 영국
의 슈퍼마켓 체인인 세인즈베리(J.Sainsbury)는 연금의 5%, 32억 파운드
(미화 55억 달러)를 원자재 시장에 투자할 계획을 밝힌 바 있다. 2005년 말

에는 영국 최대 연금펀드 매니저인 헤르메스가 원자재 펀드로 10억 파운드를 투자하기도 했다. EU 지역의 대형 연금펀드를 중심으로 한 이러한 변화는 이전에는 찾아보기 힘든 변화였다. 저금리와 인플레이션 가능성으로 연금의 미래가치가 훼손될 수 있다는 우려가 저변에 깔려 있는 이들에게는 어쩔 수 없는 선택인 것이다. 장기적으로 투자하는 펀드의 뭉칫돈이 지속적으로 몰리는 이런 현상은 상품투자의 필요성을 역설해주는 요인이다.

2000년대에 들어서면서 경제와 관련해서 발간된 많은 책자 중 일부는 상품가격의 급등을 예언하기도 했다. 마크 파버의 『내일의 금맥』이 그랬고 짐 로지스의 『상품시장에 투자하라』가 그랬다. 직접적으로 상품시장에 대한 언급은 없었지만 결론적으로 달러화의 약세와 그로 인한 인플레이션 가능성을 언급한 애디슨 위긴의 『달러의 경제학』과 레비 바트라의 『그린스펀의 위험한 유산』도 마찬가지다. 석학들이 주장하는 바는 단 한 가지이다. 상품은 우리가 직접 사용하고 만지고 느낄 수 있는 유한한 유형자산이고 돈은 글자 그대로 무한대로 찍어낼 수 있는 종이에 불과하다는 것이다. 1971년 미국 달러화의 금본위제 폐지 이후 돈은 더 이상 유형자산과의 교환가치를 안정적으로 보장받지 못하고 있다. 종이돈이 본격적으로 통용되기 시작한 이래로 지금처럼 가치가 불안해지기 시작했던 적도 없었다. 그들의 말처럼 미국의 부채가 더 이상 늘어날 수 없는 수준까지 늘어났기 때문에 달러화가 폭락하고 그 폭락의 반대편에 있는 실물자산 가격의 급등이 실제로 나타날지는 알 수 없다. 하지만, 분명한 사실은 그런 조짐이 전혀 없는 것은 아니다. 실제로 달러화는 1980년대 이후 굴곡을 보이며 장기적으로 내리막 추세에 위치해 있고, 상품가격은 급등세를 보이고 있기 때문이다.

짐 로저스에 따르면 상품시장은 과거 17, 18년을 주기로 강세와 약세장을 오갔다고 한다. 상품시장의 강세는 1998년 이후 시작됐기 때문에 10년이 지나지 않은 현재 시세는 젊은 시세에 속한다는 것이다. 그의 주장대로 상품시장이 향후 10년 이상 계속 강세를 보인다는 보장은 없지만 장기적인 관점에서 보면 자산 포트폴리오의 일부분을 상품관련 펀드로 채워 놓는 것이 현명한 투자자가 해야 할 일 중 하나라고 할 수 있다.

앞으로 몸값이 상승하는 상품투자, 너를 보여줘
: 세계는 지금 대체에너지에 돈을 쏟아 붓고 있다

기본적으로 앞서 언급한 상품 이외에 관심을 가질 만한 투자처로는 무엇이 있을까? 바로 곡물과 물이다.

곡물의 경우에는 석유가 워낙 비싸 대체에너지에 대한 관심이 뜨겁게 달아올랐기 때문이다. 세계 설탕의 상당량을 생산하고 있는 브라질에서는 기름의 대용연료로 에탄올을 예전부터 사용하고 있었다. 설탕 자체의 소비수요는 폭발적으로 늘지 않겠지만 이것이 대체에너지로 각광을 받기 시작하면 이야기는 달라진다. 이미 미국에서는 1차적으로 에탄올 사용을 장려하기 위해 기존의 옥수수 외에도 에탄올을 추출하기 위해 밀, 쌀, 보리 등도 활용할 것을 권장하는 에너지 대책을 내놓기 시작했다. 브라질 정부는 2008년부터는 의무적으로 디젤연료에 바이오디젤을 2% 혼합해 사용하는 법안을 내놓았다. 이런 추세는 세계적으로 확산될 가능성이 높다. 아직까지 크게 가격이 오르고 있지는 않지만 에탄올을 생산할 수 있는 옥수수와 밀, 사탕, 무 등의 가격도 이런 영향을 받을 수 있는 시대가 오지 않을까? 그들도 역시 공급량이 갑자기 늘어날 수 있는 상품이 아니라면 말이다.

물도 마찬가지다. 이미 전 세계적으로는 물 부족 현상이 심화되고 있다. 불과 얼마 전까지만 해도 생수 1병의 가격이 휘발유 1병보다 비싸지 않았는가? 최근에는 유가의 급등으로 그런 현상은 뒤바뀌었지만 양질의 물 가격이 비싸다는 것은 누구나 다 아는 사실이다.

2003년 유엔이 발표한 '세계물개발 현황보고서'를 보면 2025년까지 세계 인구의 약 2/3가 물 부족 현상을 겪을 것이라고 한다. 이 사실에 이미 눈 뜬 기업들은 세계적인 수원지를 매입하고 있다. 우리가 알고 있는 네슬레라는 기업은 이미 전 세계적으로 수원을 확보해 계속 늘려가고 있는 상황이다. 생활수준이 높아져 웰빙 현상이 일반화되면서 이러한 기업들이 생산하고 있는 생수의 소비량은 급증하고 있는 상태이다.

이런 관점에서 물 관련 사업에 대한 투자도 고려할 만한 가치가 있다. 문제는 투자수단인데 다른 상품처럼 선물시장이 있는 것도 아니고 그렇다고 현물시장이 있는 것도 아니다. 하지만, 간접적으로는 물 관련 사업을 하는 회사에 투자하는 방법이 있다. 이미 미국에는 이러한

회사에 투자하는 간접투자 상품인 ETF가 있다. 직접투자를 하는 방법
이 없다면 간접으로라도 투자할 수 있는 길이 얼마든지 열려 있다.

상품투자 수익률과 주식투자 수익률은 반비례한다
: 주식에서 펑크 난 수익, 상품투자로 만회하라

모든 투자처가 그렇듯 상품투자 역시 항상 수익률이 좋지만은 않
다. 경기가 침체에 빠져들게 되면 초기에는 주식보다 수익률이 뛰어나
지만 경기침체 후반기에는 오히려 주식보다 수익률이 저조해진다. 수
요가 감소하면서 가격이 하락하기 때문이다. 하지만, 중요한 것은 주
식과의 상관관계가 매우 낮다는 점이다. 이는 자산배분 전략에 있어서
아주 유용한 역할을 해줄 수 있는 요인이다. 언뜻 보기에는 전체적인
수익률이 주식과 비슷해 보여 주식투자와 크게 다를 바가 없지 않을까
하고 생각할 수 있지만 주식의 수익이 부진할 때 그 수익률을 커버해
줄 수 있다는 데 의의가 있다.

전체적인 자산의 장기수익률을 계산하고 평가할 때는 단순한 장기
수익률도 중요하지만 변동성 또한 중요하다. 즉, 표준편차가 얼마나
작은가에 더 초점을 맞추어야 한다는 이야기다.

전체 인생 중에서 30~60세 사이에 발생한 소득을 가지고 남은 여
생을 살아야 한다고 할 때, 은퇴하는 시점에 경기침체기를 겪을 수도
있다는 사실을 무시할 수는 없기 때문이다. 그럴 때 주식과 채권에만
투자한 투자자들은 어려움을 겪게 될 것이다. 물론 이후 10~20년이

지나 주식과 채권이 좋은 수익률을 기록해줄 수도 있겠지만 죽은 다음에는 아무 소용이 없다. 따라서 적절한 수익을 내면서 수익률의 변동성을 최소화할 수 있는 투자안이 바로 일반 투자자의 살 길이요, 나아가야 할 방향인 것이다. 그렇기 때문에 전략적인 자산배분이 무엇보다 중요하며 수익률이 높은 투자안보다는 변동성이 낮은 투자안이 선호되는 주된 이유이다. 투자 포트폴리오에서 상품투자의 가치는 여기에서 빛을 발한다. 전체적인 투자 포트폴리오의 변동성을 낮춰주기 때문이다. 따라서 주식과 채권, 부동산에 적절한 비중을 투자한 투자자에게 일정부분 상품투자를 가미하는 것은 화룡점정과 같은 역할을 할 것이다.

밀물 투자처 5 부자들은 벌써 선택한 명품펀드, ETF
: 인덱스펀드와 상장지수펀드로 노후를 설계하라

ETF의 조용한 등장, 그러나 떠들썩한 수익률
: 낯설지만 수익률 면에서 매력적인 투자처

2002년 10월 한국증시에는 새로운 상품이 등장했다. 바로 ETF (Equity Traded Fund)이다. 다소 생소하게 느낄 수 있겠지만 ETF는 여러 가지 편리함 때문에 관심이 점점 증가하고 있으며 새롭게 등장한 상품으로 성장이 한참 진행 중이다.

ETF는 상장지수펀드를 의미한다. 쉽게 설명하면 지수(Index)를 직접 사고팔 수 있는 하나의 유가증권 형태를 말한다. 보통 지수는 지수를 구성하고 있는 종목들의 평균적인 수익률을 추적하기 위해 만들어지는데, 보통의 주식과는 달리 실체가 없는 가상의 숫자에 불과하다. 따라서 지수를 직접 매매하기는 불가능하며 간접적으로 지수를 추적할 수 있는 인덱스펀드를 구성하거나 지수와 관련된 선물 및 옵션 등의 파생상품으로만 매매가 가능했다. 그러나 이 같은 방법들은 지수를 정확히 추적하지 못할 수도 있으며 무엇보다 거래비용 부담이 크다. 선물을 이용할 경우에는 만기 때마다 익월로 대체해야 하기 때문이다. 또한, 인덱스펀드는 투자자의 입맛에 맞게 다양하게 구성되기 힘들다는 단점이 있다.

반면, ETF는 지수 종목을 직접 편입해 구성한 펀드이기 때문에 원하는 형태의 지수로 구성할 수 있으며 지수추적의 오차가 상대적으로 적다는 장점이 있다. 또한 한 번 매입하고 나면 실제 매매가 이뤄질 때까지 추가적인 매매가 불필요하다는 장점도 있다. 이러한 장점으로 ETF는 금융시장의 발달과 함께 놀라운 성장세를 거듭하고 있다.

ETF는 미국에서 1993년 아메리카증권거래소(AMEX)에 처음 상장돼 거래되기 시작했는데 전 세계적으로 1993년 3개 펀드, 8억 달러에 불과했던 자산규모가 1997년 21개 펀드, 82억 달러를 돌파한 이후 2000년에는 92개 펀드에 740억 달러, 2004년에는 3,090억 달러를 넘어

2005년 말에는 453개 펀드, 4,160억 달러에 달하고 있다. 2000년 이후 꾸준히 50%가 넘는 성장세를 보이고 있을 정도로 폭발적으로 늘어나고 있다.

유럽에서는 2000년 처음 도입되어 2005년 말을 기준으로 165개 펀드, 550억 달러 규모로 성장세가 커지고 있으며, 일본에서는 2001년 도입되었으나 주식시장의 오랜 침체 탓으로 310억 달러에 불과하며 그 성장 속도는 아직까지 미미한 수준에 이르고 있다.

우리나라는 앞서 설명한 것과 같이 2001년 10월 KOSPI 200지수와 KOSPI 50지수를 대상으로 하는 ETF가 도입되었으며 2003년에는 배당지수를 대상으로 하는 ETF와 코스닥 50지수를 대상으로 하는 ETF가 상장되었다.

간접투자 상품의 중심에 선 인덱스펀드와 ETF

: 인덱스펀드와 ETF의 수익률과 차이점

종합주가지수가 박스권에 갇혀 액티브펀드가 인덱스에 비해 좋은 성과를 거두지 못하게 되면 지수 관련 상품에 대한 관심이 높아지게 된다. 지수에 투자하는 상품은 인덱스펀드와 ETF가 대표적인데, 지수를 추종하는 비슷한 상품이지만 다른 면도 많이 갖고 있다.

ETF란 상장지수펀드라고도 하며 말 그대로 인덱스펀드를 상장시켜 거래하는 상품을 말한다. ETF의 장점은 수수료가 인덱스펀드보다 저렴하고 주식처럼 실시간으로 사고팔 수 있다는 것이다.

ETF를 거래하는 데는 주식을 사고파는 것처럼 매매수수료가 발생한다. 다만 일반 주식 거래와는 달리 증권거래세가 부과되지 않는다는 점은 주식매매와 비교해 유리한 점이다. 또한 매년 KODEX 200 기준으로 0.52%의 운용수수료가 발생한다. 인덱스펀드는 ETF보다 비용이 조금 더 든다. 이는 인덱스펀드의 판매수수료가 매매비용에 비해 다소 높고, ETF보다는 적극적인 매매를 하는 대가로 운용보수를 다소 높게 책정했기 때문이다.

상품의 운용방식에는 다소 차이가 있는데 ETF는 주로 주식을 편입해 운용한다. 인덱스펀드에서 많이 활용하는 선물이나 합성선물 등은 잘 활용하지 않는데 이는 ETF가 지수의 정확한 추종을 주된 운용목표로 삼고 있기 때문이다. 마찬가지 이유로 차익거래도 거의 하지 않는 게 일반적이다. 물론 인덱스펀드도 지수의 추적오차를 줄여 지수를 추종하는 것이 운용의 기본이다. 그러나 시중에 판매되는 대부분의 인덱스펀드는 지수 대비 약간의 초과수익을 올리는 것을 목표로 운용한다. 초과수익을 내는 주요 방법은 차익거래를 활용하는 것이다. 현물바스켓과 선물(합성선물) 등을 활용해 상대적인 가치를 비교한 후 저평가 자산으로 교체매매를 해 지수 대비 초과수익을 올리는 것이다.

실제로 인덱스펀드가 지수를 초과하는 수익을 거두었는지를 살펴보자. 200억 이상의 인덱스펀드 6개를 대상으로 KODEX 200이 거래된 2002년 10월부터 2006년 12월까지의 수익률을 비교해보았다. 정확한 비교를 위해 ETF의 분배금을 포함했다. ETF는 지수가 배당을 포함하고 있지 않기 때문에 추적오차를 줄이기 위해서 보유한 주식으로부터 발생하는 현금배당을 분기마다 지급한다.

인덱스펀드 6개의 평균수익률은 165.6%로 KODEX 159.1%보다 6% 정도 더 우월한 성과를 거두었다. 즉, 선취수수료를 감안하더라도 KODEX 대비 초과수익을 거두어 인덱스펀드가 수수료 이상의 역할을 하고 있는 것을 알 수 있지만 그 차이가 크지는 않다.

반면, ETF의 장점은 실시간 가격으로 매매할 수 있다는 것이다. 인덱스펀드가 종가를 기준으로 매매하는 특성으로 인해 투자의사결정과 실제 투자 간에 시간적인 차이가 존재할 수밖에 없는데 비해 ETF는 시장에서 계속적으로 거래가 되므로 투자자가 원하는 가격과 시간에 매매할 수 있어 이러한 차이가 발생하지 않는다. 그러나 이러한 장점이 반드시 투자수익률과 비례한다고는 할 수 없다. 실제 ETF의 회전율은 2006년 11월 10일 현재까지 최근 1년 동안 475% 수준으로 종합주가지수 회전율 141%에 비해 상당히 높은 편이다(물론 추가설정이 가능하고 차익 거래 수단으로도 쓰이는 점은 감안해야 한다). ETF를 장기투자의 수단보다는 단기매매의 수단으로 활용한 것이다. 이러한 매매의 편의성은 성공적인 투자의 기본원칙인 장기투자에는 방해요소가 될 수 있다.

최근에 다양한 섹터 ETF가 출시되면서 ETF의 상품성이 다양해지고 있으며 다양한 섹터펀드도 출시될 것으로 기대된다. 그러나 섹터 ETF의 경우 아직 시작 단계로 거래가 부족한 경우가 많아 시장충격으로 인한 가격왜곡 효과에 주의해서 매매해야 한다. 비슷한 상품이지만 이처럼 다양한 특성을 파악해 자신의 투자목적에 맞게 상품을 고르는 것이 성공 투자의 지름길이다.

지금까지 미술투자, 상품투자, 상장지수펀드에 대해서 알아보았다. 부를 리드하는 집단에 꼭 고액자산가들만 포함되는 것은 아니다. 재테크에 능동적인 집단도 여기에 포함된다. 이들은 일찌감치 '기름진 땅에 씨앗을 뿌리는 일'이야말로 부를 축적하는 중요한 열쇠임을 잘 알고 있다. 또한, 투자란 수익과 손해를 동시에 낼 수 있는 동전의 양면과도 같다는 사실을 잘 이해하고 있다. '수익을 냈다.'라는 결과 못지않게 부를 축적하는 과정 자체를 즐긴다는 공통점을 지니고 있다.

필자는 돈을 돈으로만 보아서는 안 된다고 생각한다. 결국 돈이란 한 개인의 행복을 유지시키고자 하는 욕구에서 시작된 갈망이며 실물가치이다. 투자에 소극적인 대다수의 사람들은 '투자'라는 행위에는 반드시 '수익'이라는 결과가 나와야 되며, 자신은 그럴 만한 전문지식이 없기 때문에 소극적일 수밖에 없다고 결론지어버린다. 만약 그 주체가 '자신의 인생' 또는 '자식의 보장된 행복'이어도 우물가에 가만히 앉아서 숭늉을 기다리는 식으로 포기부터 할지 물어보고 싶다. 즉 투자의 목적, 투자의 가치를 꼭 돈으로만 귀결지어 생각하지 말고 자신의 인생이라고 생각해보자. 그것이 또한 사실이며 부를 이루는 대전제이기도 하다.

 # 부동산투자자들의 선택, 해외리츠

: 소액 투자자들에게도 '투자의 빗장'을 열어준 리츠

부동산도 펀드로 투자하는 시대

: 대한민국 사람에게 부동산투자는 본능이다

한국인에게 부동산은 백전백승의 투자안으로 인식되고 있다. 이른바 부동산 불패신화가 선입견으로 자리 잡고 있기 때문이다. 국토가 좁다 보니 어쩌면 당연한 일일 수 있는데 최근 정부의 여러 가지 부동산 관련 규제로 인해 부동산은 투자 매력이 많이 감소하고 있다.

한국인의 부동산 사랑을 뭐라고 할 수야 없겠지만, 부동산투자로 인한 기대수익을 오로지 자본 차익(가격 상승)에만 의존하는 구조는 전혀 바람직하지 않다. 우리나라는 가계의 총 자산에서 부동산이 차지하는 비중이 80%를 상회할 정도로 비정상적인 자산구조를 가지고 있는데, 그 자산의 대부분이 아파트와 같은 주택이거나 그냥 '땅'이다. 일부 상가를 보유하고 있는 투자자도 있겠지만, 기본적으로 부동산의 대부분은 주택에 집중돼 있다.

학교를 졸업하고 사회에 진출해 한 20년쯤 회사를 다니고 나면 서서히 은퇴에 대한 고민이 시작되는 시기인데, 가진 것이라고는 은행 대출금이 붙어 있는 '아파트' 한 채뿐인 경우가 다반사다. 사실상 노후 대비의 대부분을 현재 거주하고 있는 주택에 의존하고 있는 것이다.

필자가 여기에서 강조하고 싶은 말은 우리나라 사람들의 '주택 사랑'이 아니라 부동산투자와 관련된 것이다. 단도직입적으로 이야기하자면, 부동산도 펀드를 통해 간접투자를 할 수 있다. 이른바 '리츠(REITs)'라고 알려진 부동산투자 회사를 통해 가능하다. 리츠는 투자자들의 돈을 모아 부동산에 대신 투자해주고 거기에서 나오는 수익을 투자자에게 돌려주는, 펀드와 같은 역할을 해주는 투자상품이다. '땅'과 '아파트'만이 부동산투자의 전부라고 생각하는 투자자들에게는 좀 낯선 개념이지만, 리츠도 주식형 펀드나 다른 투자펀드와 같이 선진국에서는 이미 일반화된 투자방법이다.

국내에 리츠가 도입된 것은 2001년이다. 외환위기 이후 촉발된 자산 디플레이션으로 인해 어려움을 겪고 있던 기업의 부동산을 원활하게 현금화하고, 지나치게 유동성이 떨어지는 부동산을 소액 단위로 증권화해 유동성을 높여 선진화시키는 것이 주된 목표였다. 여기에 상가나 오피스 빌딩 등에 투자하고 싶어도 한 번에 너무 큰 목돈이 필요해 투자를 하지 못했던 소액 투자자에게 부동산투자의 길을 열어주고자 하는 목적도 있었다.

대개 6개월에 한 번씩 운용수익을 배당으로 돌려주며 배당수익률이 초기 가입 기준(액면가 5,000원)으로 연평균 10%를 넘나들어 은행 정기예금보다 훨씬 나은 수익률을 낼 수 있다. 그뿐만 아니라 청산 시 부동산 가격이 상승하게 되면 이에 따른 차익도 올릴 수 있다는 장점이 있는 비교적 고수익 상품에 속한다. 일반적으로 생각하는 부동산투자와 다른 점은 현금흐름이 발생하는 부동산에 주로 투자한다는 것이다.

즉, 임대수익 발생이 가능한 빌딩이나 기타 상가를 매입해 투자자를 대신해 운용해주고 발생한 수익을 투자자에게 돌려주는 방식이기 때문이다.

국내 리츠, 수익률은 어떠한가?
: 부동산에 투자도 하고, 현금도 흐르도록 관리한다

리츠의 수익률은 임대수익을 돌려주는 배당수익률과 최종 청산 시 발생하는 매각 차익을 기반으로 한다. 여기에서 배당수익률은 기본적으로 임차료와 공실률이 중요한 변수가 된다. 다행히 2001년 도입 이후 부동산시장의 활황으로 국내 리츠에 투자한 투자자들은 비교적 고수익을 큰 위험 없이 올릴 수 있었다. 매각 차익은 차치하더라도 기본적으로 배당수익률로만 연평균 8~10%의 높은 수익률을 올렸기 때문이다. 액면가 5,000원을 기준으로 매년 2번씩 평균적으로 200~300원 정도의 배당을 받았다는 의미이다. 세후수익률을 기준으로 4%가 조금 넘는 수준의 수익을 올릴 수 있는 은행예금이나 채권투자와는 비교하기 힘들 정도로 높은 수익률이다. 결국, 공모 초기에 가입한 투자자들은 안정적으로 은행 금리보다 높은 수준의 수익을 올릴 수 있었다.

여기에 부동산 가격의 상승으로 설립 초기 당시보다 건물의 가격 자체가 크게 상승해 일부 리츠에서는 매각으로 인한 차익까지 크게 발생했다. 현재 상장돼 있는 리츠 중 코크렙1호의 경우 액면가 5,000원

현재 상장돼 있는 리츠의 연간 배당금액(액면가 5,000원 기준, 연간 합산)

상품	2003년	2004년	2005년	2006년	2007년 2월	가격상승률
코크렙1호	530	536	544	642	11,050	121%
크렙7호				615	6,120	22%
코크렙3호				499	8,000	60%
맥쿼리 센트럴		471	619	미 확정	7,050	41%
유레스 메리츠1호		478	482	480	5,260	5%
리얼티1호	191 (반기)	424	485	507	7,690	54%

단위 : 원

짜리가 현재 1만 원을 상회하고 있다. 보유하고 있는 건물의 매각 가격이 상당히 높을 것으로 알려졌기 때문이다. 연평균 10%가 넘는 배당을 꾸준히 해주고 4년 7개월 만에 2배의 가격으로 상승했으니 그야말로 꿩 먹고 알 먹고 한 셈이다. 연평균 수익률로 환산해보면 20%를 훨씬 상회하는 높은 수익률을 올린 것이다. 2005년에 조기 청산한 코크렙2호의 경우도 매입단가보다 비싸게 팔아 최종 청산 당시 1,071원의 청산 배당금과 5,070원의 소각대금을 지급해 투자자들을 기쁘게 했다.

리츠투자가 일반 부동산투자와 다른 점은 2가지이다.

하나는 상장을 통해 유동성을 크게 높였다는 점이다. 보통 부동산의 경우 덩치가 크면 아무래도 현금화하는 데 애를 먹을 수밖에 없다. 그러나 리츠는 주식시장에 상장시킴으로써 보다 쉽게 현금화가 가능하도록 만들었다. 이는 앞서 이야기한 것처럼 부동산의 유동성을 높여

시장을 효율적으로 만들면서 투자자들로 하여금 현금화를 쉽게 해 부동산투자의 위험을 낮추는 역할을 한다.

　다른 하나는 현금흐름이 발생하는 부동산에 투자한다는 점이다. 이는 부동산투자에 있어서는 비교적 중요한 변화이다. 지금까지 단순히 가격상승만을 기대한 투자가 부동산투자의 대부분이었다면 이제는 가격상승과 더불어 현금흐름에 대한 비중도 높아졌기 때문이다. 사실 금융시장에서 현금흐름이 발생하지 않는 자산의 평가는 쉽지 않다. 결국 자산의 가치는 향후 유입되는 현금의 현재가치로 평가되어야 하는데, 보유기간 동안 현금흐름이 발생하지 않다가 나중에 처분할 때만 현금흐름이 발생하는 '무수익 부동산'의 경우 최종적인 처분가격이 투자수익률을 결정짓는 변수가 된다. 이럴 경우 자산의 가치 변동에 수익률이 매우 민감하게 반응할 수밖에 없고 자칫 투자를 잘못하면 목돈이 장기적으로 잠기게 되는 경우까지 생기기 때문에 투자 판단이 쉽지 않다.

　반면에 투자기간 중에 꾸준히 수익이 발생하는 경우, 최종 처분 시 가격이 떨어지더라도 일정부분 투자자금을 회수할 수 있어 부동산시장 변화로 인한 리스크를 줄일 수 있는 장점이 있다. 예를 들어 앞서 설명한 리츠처럼 연평균 10%에 가까운 수익이 발생하는 부동산의 경우에는 단순 계산으로는 10년만 투자하면 원금 회수가 가능하다. 물론, 최종 처분 가격이 떨어지면 투자수익률이 나빠지겠지만 투자자의 입장에서는 그만큼 원금 손실의 리스크가 줄어든다는 장점이 있는 것이다.

국내 리츠투자 시 주의해야 할 점
: 부동산시장에 노출되어 가격이 결정될 수밖에 없다

다른 여러 투자자산과 마찬가지로 리츠투자 역시 높은 수익률을 항상 보장하는 것은 아니다. 가장 결정적인 요인은 역시 부동산 경기인데, 다행인지 불행인지 리츠가 도입된 2002년부터 국내 부동산시장은 꾸준히 활황을 보였기 때문에 리츠투자로 짭짤한 수익을 올릴 수 있었다. 하지만, 부동산도 결국은 시장에서 가격이 결정되는 만큼 가격이나 임대료 하락과 공실률 증가의 위험에 노출돼 있는 것이 사실이다. 임대료가 하락하거나 공실률이 증가할 경우 부동산을 통해 유입되는 현금흐름이 예상보다 적을 수 있다. 마찬가지로 최종 청산 단계에서 부동산 가격이 하락할 경우 이로 인한 손실이 발생할 수도 있음을 고려해야 한다. 결국, 최근까지 투자수익률이 좋다고 해서 무조건 따라가는 것도 좋은 방법이 아니다. 부동산시장의 움직임을 주시하면서 예상수익률이 다소 낮더라도 임대수익이나 건물가격이 안정적인 흐름을 보일 수 있는 물건으로 한정하는 것이 옳은 방법일 것이다.

리츠는 증시에 상장됨으로써 유동성이 높아져 환금성에 대한 위험이 줄기는 했지만, 실제 주식과는 다른 면이 많이 있고 투자자들 역시 장기적인 관점에서 투자를 하기 때문에 아무래도 유동성이 주식보다는 떨어진다는 점도 명심해야 한다. 유동성이 낮아 단기적으로 리츠를 사고팔아 수익을 내기는 힘들다는 것이다. 따라서 원하는 시점과 가격에 팔기가 수월한 상품은 아니라는 점도 명심해야 한다. 단기투자보다는 장기적인 관점에서 투자하기에 적합한 상품이기 때문이다.

해외투자를 위한 포트폴리오의 한 종목, 해외리츠

2007년 새해 들어 금융시장에는 해외리츠의 바람이 불기 시작했다. 작년까지 별 각광을 받지 못했던 해외리츠가 올해 들어 주목을 받기 시작한 것이다. 직접적인 이유는 주식에 비해 큰 수익을 내지 못하다가 2006년의 주식시장이 주춤하는 가운데 해외리츠의 수익률이 좋았기 때문이다. 2005년 9월에 출시한 삼성 J-REITs는 일본 J-REITs에 투자하는 재간접펀드로, 설립 초기 수익률은 마이너스를 기록하는 등 부진한 흐름을 보였다. 그러나 2006년 말에는 누적수익률이 29.38 %에 달하게 되었고 2007년 들어서도 불과 한 달 만에 13%가 넘는 수익률을 올리고 있다.

글로벌리츠에 투자하는 매쿼리IMM글로벌리츠재간접펀드의 경우도 마찬가지이다. 글로벌리츠에 분산투자하는 펀드로서 2005년 5월에 출시되었는데, 2005년 말 총 수익률 8% 정도로 큰 주목을 받지 못했으나, 2006년 말에는 누적수익률이 30%를 상회하고 2007년 들어서도 한 달 만에 8%의 수익을 기록하는 등 부진한 증시수익률에 비해 월등히 뛰어난 수익률을 기록했다.

최근 해외리츠의 성과가 좋은 것으로 알려지자 연초부터 해외의 각종 부동산에 투자하는 리츠상품이 출시되는 등 새로운 투자의 붐을 이루고 있다. 리츠 도입이 늦은 국내와는 달리 해외리츠의 경우 상품 구성이 다양하다. 오피스와 주택, 호텔 등 다양한 부동산에 투자하고 일부 상품의 경우 부동산에 직접 투자하지 않고 모기지를 통해 투자하

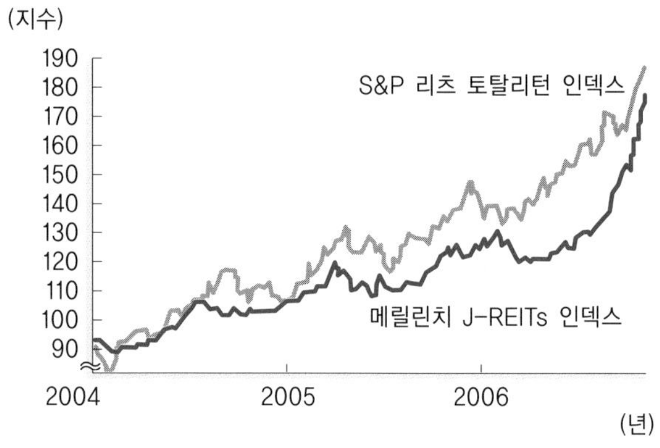

는 경우도 있으며, 프로젝트 파이낸싱을 통한 투자도 있다. 때문에 해외리츠라고 해서 무조건 달려들 것이 아니라 펀드의 성격이나 투자안 같은 것을 꼼꼼히 체크해보고 투자해야 성공할 수 있다.

이제 막 뜬 스타, 해외리츠의 수익률
: 주식과 채권 사이의 이점을 모두 지닌 투자처이다

글로벌리츠의 경우 국가별로 부동산시장의 여건이 다르기 때문에 수익률만을 단순히 비교할 수는 없다. 또한, 위험을 고려하지 않고 단순히 수익률만을 가지고 투자를 선택할 수도 없다. 따라서 이제 막 관심을 받기 시작한 리츠의 수익률과 위험률의 관계를 먼저 알고 전체적인 자산배분 차원에서의 접근이 옳을 것이다.

리츠의 투자매력은 2가지이다. 주식과 채권 사이에서 적절한 수익률과 위험성을 보이면서도 상관관계는 높지 않다는 점이다. 2001년 로슨(Lend Lease Rosen)이 발표한 자료에 따르면, 미국에서 리츠의 수익률은 다음에 보여지는 표와 같다.

주요 지수별 수익률 및 위험(1993~2001년)

	월셔리츠지수	S&P 500	나스닥	미국채 10년물
연간 수익률	10.79	14.72	17.67	7.61
표준편차	17.16	18.02	37.55	11.23

참고 : Lend Lease Rosen(2001), Real Estate Investment Trusts(REITs) : A Safe Haven in Volatile Financial Markets, 삼성경제연구소 재인용

표에서 보여지는 것과 같이 리츠의 연평균 수익률은 10.79%로 S&P 500이나 나스닥지수의 수익률에 비해서는 떨어지지만 미국채 10년물보다는 수익률이 높다. 하지만, 위험을 나타내는 정도인 표준편차는 리츠의 경우 연평균 17% 정도인데 반해 주식은 그보다 높고 채권은 그보다 낮은 수준을 보인다. 이것이 의미하는 바는 분명하다. 채권보다는 수익률이 좋지만 그만큼 리스크가 높고 주식보다는 수익률이 낮지만 그만큼 리스크가 낮다는 것이다. 어떻게 보면 채권과 주식 사이에서 고민하는 투자자에게 딱 맞는 상품으로 적절한 수익과 위험을 갖추고 있는 상품이다.

더욱 중요한 것은 리츠와 다른 투자자산과의 상관관계인데, 이는 계속해서 언급했듯이 자산배분 차원에서 매우 중요한 의미를 가지고 있다. 다음에 이어지는 표에서 보는 것과 마찬가지로 리츠의 경우에는 다른 자산과의 상관관계가 그다지 높지 않다. 물론 주식과 채권의 경

우처럼 음의 상관관계를 보일 정도는 아니지만, 주식과 채권에 대한 상관관계가 0.1~0.2에 불과해 전반적으로 높다고는 할 수 없다. 상관관계가 높지 않다면 이를 자산에 포함시켰을 경우 상대적으로 우월한 포트폴리오의 구성이 가능하다는 장점이 있다. 결론적으로 해외리츠의 경우 주식과 채권 사이에서 적절한 수익과 리스크를 보유하면서도 낮은 상관관계를 보이고 있어 자산 포트폴리오에 편입하기에 좋은 상품이라는 것을 알 수 있다.

주요 지수별 수익률 상관계수(1993~2001년)

	윌셔리츠지수	S&P 500	나스닥	미국채 10년물
윌셔리츠지수	1.000			
S&P 500	0.202	1.000		
나스닥	0.055	0.841	1.000	
미국채 10년물	0.148	−0.085	−0.175	1.000

출처 : Bloomberg

해외리츠의 리스크와 투자 시 유의점

: '환헤지'는 해외투자의 수익률을 결정짓는 노른자위다

해외리츠 역시 부동산에 투자하는 만큼 글로벌 부동산 경기에 따라 수익률이 좌우된다는 점을 잊어서는 안 된다. 미국 리츠의 수익률을 조사하는 S&P리츠 종합지수에 따르면 1998년부터 2000년까지 무려 37%가 하락했던 적도 있기 때문이다. 실제로 일본의 경우 1991년 부동산 버블 붕괴 이후 부동산시장 자체가 장기간 침체되었었기 때문

에 투자자들이 아예 외면을 하다 최근 일본 경기가 살아나면서 다시 각광을 받기 시작했다. 미국의 경우 장기적인 관점에서 보면 꽤 괜찮은 수익률을 올렸지만, 최근 부동산 경기의 하강이 우려되고 있는 만큼 이에 대한 주의가 필요한 시점이다.

또 하나 유의해야 할 점은 환율 변동의 위험을 어떻게 통제하느냐이다. 최근 국내에서 출시되는 해외리츠는 많은 경우 환헤지를 통해 환위험 자체를 통제하지만 일부 펀드의 경우에는 환헤지를 하지 않는 경우도 있으므로 주의해야 한다. 단적인 예로 일본 J-REITs에 2005년에 투자했을 경우 환헤지를 하지 않았다면, 44%의 수익률에도 불구하고 환율 손실이 약 25%에 달해 전체적으로는 누적수익률이 20%에도 못 미치는 결과를 낳을 수 있기 때문이다. 따라서 펀드에 가입하기 전에 꼼꼼히 이를 따져보는 것이 필요하다.

리츠도 투자할 만한 상품이다
: 분산투자의 한 종목으로 리츠도 선택하자

지금까지 최근 관심을 받고 있는 리츠에 대해 간략히 알아보았다. 다른 자산과 마찬가지로 반드시 안정적인 고수익을 가져다준다고 장담할 수는 없겠지만, 그동안 리츠투자의 성과가 나쁘지 않았다는 점을 강조하고 싶다. 단점이라고 한다면 주식에 비해 장기적인 관점에서 접근해야 하기 때문에 단기적으로 수익을 올리고 싶은 투자자에게는 성에 차지 않을 수도 있다. 부동산 경기에 대한 우려가 불거진 만큼 이

부분도 걸림돌이 될 수 있다. 하지만, 모든 투자가 그렇듯이 장기적인 관점에서 접근을 한다면 자산 포트폴리오의 일부에 편입할 것을 권하고 싶은 상품임에는 틀림없다.

지금까지의 리츠만을 언급했지만 부동산에 투자하는 상품은 리츠만 있는 것은 아니다. 주로 프로젝트 파이낸싱에만 투자하고 있지만, 최근에는 여러 가지 부동산에 투자하는 부동산펀드도 출시되고 있어 선택의 폭은 더욱 넓어졌다. 여기에 부동산은 아니지만, 선박펀드나 유전펀드 같은 다양한 상품에 대한 간접투자 펀드도 늘어나고 있다. 모두 채권보다는 수익률이 좋고 주식보다는 위험률이 낮은 상품이기 때문에 이러한 상품들도 투자를 고려해볼 만하다. 가까운 증권사나 은행에 가면 이러한 펀드에 대해 더욱더 자세히 알아볼 수 있다.

상승과 하락장 속에서도 자산을 3배로 늘려주는 장기투자 전략

◆ '빨리빨리 투자'에서 '롱런투자'로 바꿔놓은 대한민국의 경제구조

기업의 질적 성장 촉매제 역할을 담당한 IMF

◆ 왜 장기투자 전략만이 살길이라고 외치는가? 투자기간은 돈의 양을 불려주는 지렛대다

◆ 주식의 펀더멘털, 제대로 알고 투자하자 펀더멘털은 기업의 가치를 알아보는 바로미터다

명품투자학 4

'빨리빨리 투자'에서 '롱런투자'로
바꿔놓은 대한민국의 경제구조
: 기업의 질적 성장 촉매제 역할을 담당한 IMF

아직도 대다수 사람들은 주식시장으로 대표되는 위험자산에 대해 투자를 꺼리고 있다. 과거 외환위기, 대우사태, IT 버블 붕괴와 같은 대내외 변수로 힘없이 허물어지던 주식시장을 지켜보았기 때문이다. 오죽하면 '무(無) 주식이 상팔자'라는 격언까지 나왔겠는가. 그러나 이러한 위기들을 극복해나가면서 우리나라의 기업구조와 자본시장은 급속도로 성장했다. 오히려 지금은 장기투자가 성공할 가능성이 과거에 비해 훨씬 높아졌다는 주장도 힘을 얻고 있다. 그럼, 이를 토대로 우리나라 주식시장이 투자할 만한 가치가 있는지에 대해 함께 알아보자.

1970~1997년 동안 한국경제는 연평균 8.0% 성장했다. 이 기간 중

잠재성장률도 연평균 7.6%에 달하며 외환위기 이전까지 우리나라 경제는 빠른 성장률을 보여왔다. 그러나 IMF의 외환위기를 기점으로 우리나라 경제는 저성장 국면으로 진입하게 된다. 잠재성장률도 5.0%대로 하락한 상태였다. 경제구조가 저성장구조로 진입하게 되면 저금리 현상을 지속시킬 뿐만 아니라 경제성장도 양에서 질적 성장으로 변화하게 된다. 또한 우리나라 경제와 기업의 고질적인 문제인 '낮은 가시성'(즉, 언제 어떤 일이 일어날지 모르는)이 해소되어 주식시장에 긍정적인 변수로 작용된다.

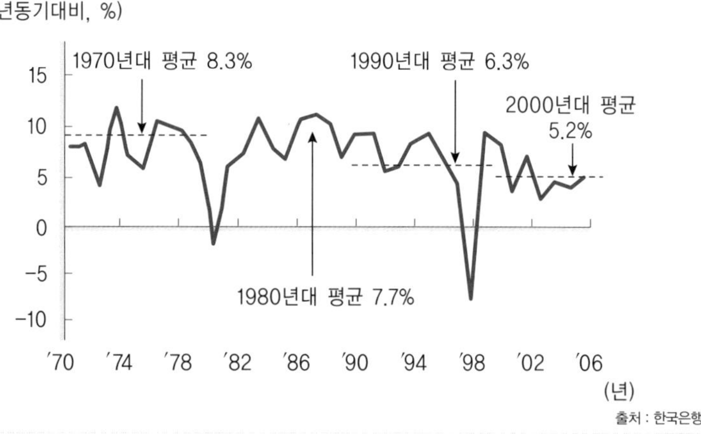

물론 일부에서는 경제성장률의 하락 자체가 '성장성' 하락이라는 부정적인 시각을 내놓는 사람들도 있다. 증권시장에서 성장성은 투자의 바로미터로 작용될 만큼 중요한 기준이기 때문이다. 만일 우리나라

의 경제규모가 중남미나 동남아시아의 개발도상국 수준이라면 분명
설득력이 있다. 하지만, 선진국으로의 진입을 목전에 두고 있는 우리
나라의 경제상황에서는 '높은 성장률'보다는 '불확실성의 감소'가 더
욱 중요한 변수로 작용한다. 이러한 이유로 안정적인 경제성장구조로
의 전환은 증권시장에서는 호재로 작용된다. 이처럼 우리나라 경제가
안정적인 성장구조로 진입하면서 나타날 수 있는 긍정적인 측면을 정
리해보았다.

성장활주로를 달리고 있는 '기업의 내적 가치'
: 체격 조건보다 체질 개선에 앞장서기 시작했다

과거부터 우리나라 경제는 '대기업의 문어발식 확장' 혹은 '묻지마
식의 부동산투자'로 대표되는 실물자산의 과잉투자로 골머리를 앓아

외환위기 이후 저성장구조에서 개선되고 있는 우리나라 기업의 투자수익률

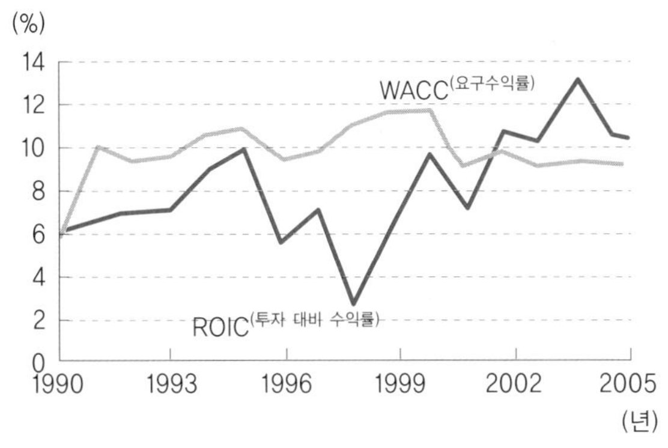

출처 : 삼성증권

왔다. 외환위기를 비롯한 우리나라의 경제적 위기들이 이러한 과잉투자에서 비롯되었다고 해도 과언이 아니다. 그러나 경제구조가 고성장 구도에서 안정 성장구조로 진입하게 되면 가장 먼저 설비투자로 창출되는 매출규모가 하락하게 된다. 투자 주체들은 몸집 불리기에 나서기보다는 재무구조의 투명화와 수익성 제고 같은 질적 가치증대에 나서게 된다.

본격적으로 경제가 저성장 구도로 진입하게 된 외환위기 이후에 기업들의 투자수익률이 크게 상승했음을 알 수 있다. 즉, 경제구조 자체가 저성장구조로 접어들면서 기업들은 강력한 구조조정과 비용통제, 수익성 있는 사업에 대한 선택과 집중을 강요받게 된 것이다. 따라서 기업의 재무구조가 개선되고 수익성이 상승하는 효과가 나타난다. 물론 이러한 현상이 고용부진이나 자영업자 및 소기업들의 채산성 악화로 이어질 가능성도 있다. 하지만, 우리나라 증권시장을 대표하는 대기업들의 수익성에 대해서는 긍정적으로 작용한다.

금융자산으로 투자수요 증가
: 개인투자자들의 달라진 머니테크닉

저성장과 저금리로 대변되는 거시경제의 구조적 변화는 금융투자가 실물투자를 빠르게 대체하는 계기로 작용했다. 개인의 금융자산 축적이 빠르게 증가하고 있으며 2006년 1분기를 기준으로 한 우리나라의 금융자산 총액은 1,419조 원에 달한다. 과거 일본경제도 이와 유사한 경우가 있었다. 1970년대 오일쇼크 이후 일본 경제는 저성장 안정 국면에 진입했다. 1975~1989년까지 평균 경제성장률은 4.0%에 그친 반면 금융자산을 대표하는 주가는 10.2배나 상승하기도 했다.

　사람들은 불안정한 고용환경, 지속되는 경기불황, 급등하는 부동산 가격 등을 보면서 근본적으로 누려야 할 삶에 대해 더 이상 보장받지 못하는 현실을 깨닫기 시작하고 본인 스스로 준비를 해야겠다는 의지를 갖게 되었다. 이러한 사람들의 욕구는 자연스럽게 '재테크 열풍' 혹은 '대박 신드롬'으로까지 이어지게 되었으며, 수요자들은 다른 투자처에 비해 문턱이 낮은 금융상품에 가장 먼저 자신의 자금을 축적하려고 한다.

외환위기 이후 늘어나고 있는 우리나라의 금융자산

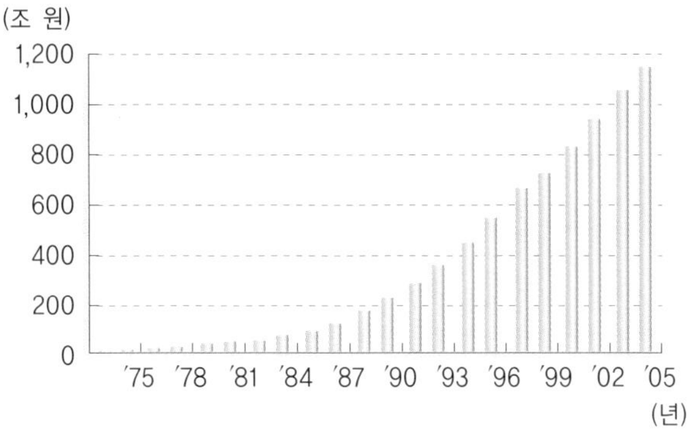

출처 : 한국은행

　이렇듯 가계자산의 증가가 고령화 사회준비로 직결되면 위험자산에 대한 투자비중의 확대로 이어진다는 사실은 향후 주식시장에 시사하는 바가 크다. 지난 2004년 4분기와 2006년 1분기 사이의 가계자산 변화 추이를 살펴보면 전체 가계자산 중 위험자산의 편입 비중이 뚜렷하게 확대된 점을 발견할 수 있다.

- 통화예금의 비중 감소는 저금리로 인해 저축성 예금의 수신이 감소했다.
- 보험연금의 종신보험 수요는 감소한 반면에 변액보험은 비약적인 성장을 이뤘다.
- 채권형 상품에서는 단기성 자금이 빠져나갔다. 즉, 증권시장에 대한 투자를 거부해 왔던 우리나라의 가계들이 조금씩 장기투자에 관심을 보이고 있는 것이다.

이는 개인의 삶은 개인이 지킬 수밖에 없다는 인식이 강해졌기 때문이기도 하다. 예전처럼 여생을 자식과 함께 보내는 환경도 아니거니와 복지정책이 발달된 선진국처럼 국가와 더불어 살아갈 수도 없는 그야말로 '낙동강 오리알' 신세가 된 현실을 개인투자자들이 인식한 결과라고 보여진다.

불황이 두렵지 않은 '기업이익의 성장'
: 단기호재로 변덕이 심했던 주식시장의 안정화

또 하나 강조하고 싶은 사실은 외환위기 이후 주요 기업들의 수익성이 질적인 측면에서 보강됐다는 점이다. 주된 이유는 지속적인 기업퇴출과 업계의 구조조정 과정, 치열한 경쟁에서 살아남은 대표기업들이 시장 경쟁력을 바탕으로 큰 폭의 이익을 수확하는 시기에 진입했기 때문이다.

우리나라 대표 10개 기업의 실적

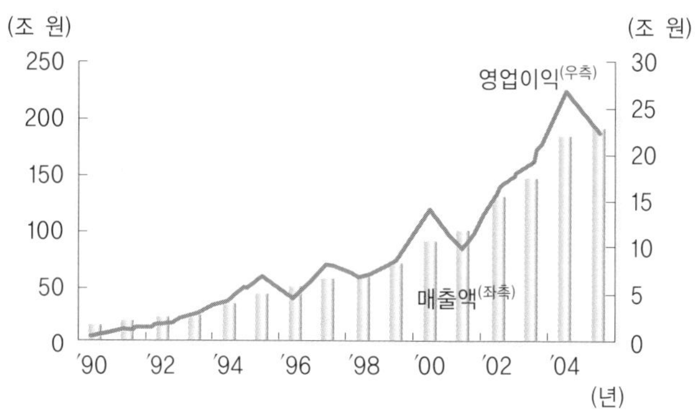

물론 경기에 따라 기업이익도 변동한다. 그러나 다음의 도표에서 나타나듯이 경기진폭 대비 이익변동 폭은 크게 축소되고 있음을 알 수 있다. 이러한 이익의 가시성 확보 및 변동성 축소는 장기투자가 가능한 이유를 투자자들에게 제공하고 있다. 2007년도 선진국 경기성장세 둔화로 인해 제조업 부분의 실적 전망은 실망스럽지만, 삼성증권 유니버스(Universe) 종목을 기준으로 두 자릿수의 자기자본이익률(ROE)을 유지하는 등 주요 기업들이 과거에 비해 매우 안정적인 모습을 보이고 있다.

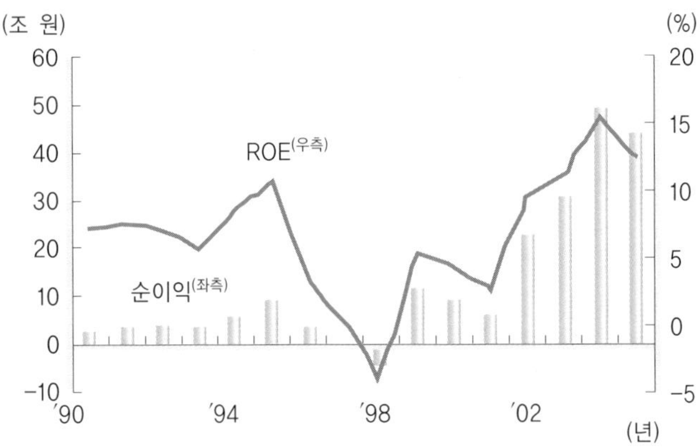

출처 : 삼성 유니버스

기업의 이익구조가 안정됐다는 사실은 투자자들에게 어떤 의미로 받아들여질까? 과거와 같이 주가가 단기 이슈에 따라 급등락을 보이기보다는 기업가치의 변화에 따라 안정적인 흐름을 보인다는 걸 의미한다. 결국 한 기업의 적정주가는 시장에서 전망하는 기업의 실적을 근거로 분석한다. 즉, 분석전문가$^{(Analyst)}$나 분석 자료를 참고로 종목을 매매하는 기관 및 외국인 투자자들에 의해 형성될 가능성이 그만큼 높다. 그러나 해당 종목의 실적이 경기상황 등 제반 여건의 변화에 민감하게 반응하면 분석전문가의 실적예측은 신뢰성이 떨어지게 되고 결국 해당 종목은 적정주가 대비 일정한 할인율$^{(Discount)}$을 적용한 가격으로 거래된다.

예를 들어 과거 우리나라 기업들의 평균 PER$^{(주가/주당\ 순이익)}$은 9~12배 정도로 선진국의 15~18배에 비해 항상 30% 이상 할인되어 거래되었다. 이는 우리나라 기업들의 수익구조가 선진국에 비해 취약하기 때문이다. 현재의 실적에 대한 신뢰도가 떨어지고, 예기치 못한 위험에 처할 가능성이 높다는 점을 고려해 이른바 '코리아디스카운트_(한국기업에 대한 할인)'를 적용한 결과라고 할 수 있다. 그러나 최근에는 주요 신흥시장 대비 우리나라 기업에 대한 할인율이 급격히 축소되는 현상을 보이고 있다. 그만큼 우리나라 기업들의 수익성에 대한 신뢰가 증가했음을 반증하는 지표라고 할 수 있다.

한국시장의 PER 추이 및 신흥시장 PER 대비 저평가 수준

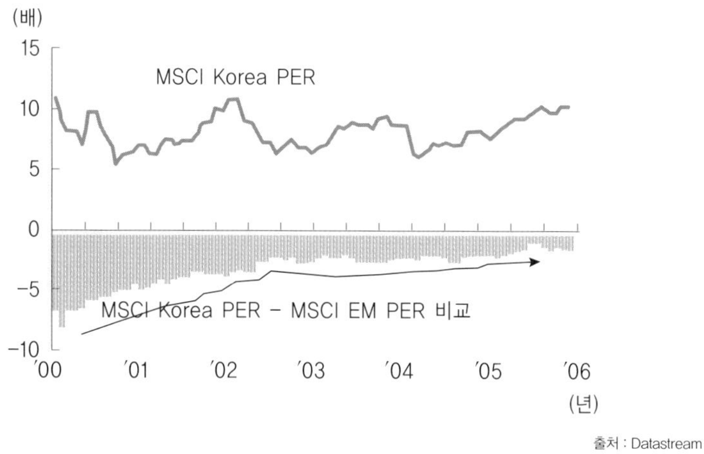

출처 : Datastream

향후에도 이러한 코리아디스카운트는 지속적으로 줄어들 가능성이 높다. 특히 선진국들의 경기침체와 국제유가 상승 등 제반 악조건들을 극복하고 2007년 하반기 국내 기업들이 양호한 실적을 제시한다면 코리아디스카운트가 급격히 줄어들 수 있는 계기가 될 것이다.

국내 증시 변화와 장기투자의 가능성

: '장기투자'에 너그러워진 투자 문화 정착

언제부터인가 사람들이 모이면 주식투자와 펀드에 대한 얘기를 하기 시작한다. 불과 몇 년 전까지만 해도 사람들이 모인 자리에서 주식 이야기를 꺼내면 뭔가 고해성사를 받는 분위기였다. 투기가 아닌 투자 관련 수단은 오로지 은행예금이 전부라고 생각했던 과거 우리네 모습에서 많이 달라진 모습이다. 이런 모습은 바로 정기예금과 부동산투자가 전부였던 시대에서 이른바 주식투자, 펀드투자의 시대로 이전되는 새로운 흐름을 보여주는 단적인 예라 할 수 있다.

이는 투자 선진국이라고 할 수 있는 미국의 경우도 마찬가지였다고 한다. 퇴직연금이 본격적으로 정착되면서 뮤추얼펀드가 자리 잡기 시작한 80년대부터 지금 우리가 겪고 있는 투자 패러다임의 변화를 경험했다는 얘기다. 이처럼 조용히 불기 시작한 변화의 바람은 우량주 장기투자의 여건을 조성해주고 있다.

대형주에 대한 장기투자는 무조건 성공할 수 있을까?

많은 투자자가 적절한 분산투자보다는 시가총액 상위 대형주 중 좋아 보이는 종목 하나를 골라 집중투자하는 전략이 장기적으로 볼 때 더 좋은 성과를 낸다고 믿는 듯하다. 그러나 만일 우리나라의 한 투자자가 10년 전 우리나라 시가총액 상위 50개 종목 중 한 종목에만 집중투자했더라면 3명은 투자종목의 상장폐지, 흡수합병 등을 경험했을 것이며, 이를 보다 압축해서 현재까지 거래되는 상위 10개 종목만을 대상으로 하더라도 10명 중 2명은 투자원금을 거의 잃었을 것이다.

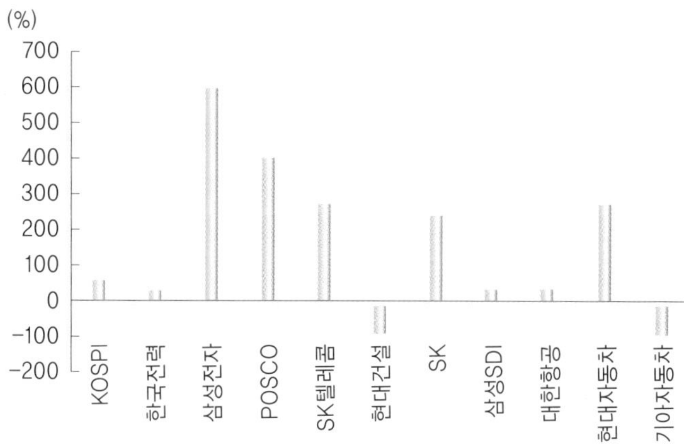

출처 : 증권선물거래소, 삼성증권

　반면, 한 투자자가 1996년 당시 시가총액 상위 10개 종목에 대해 10%씩 분산투자를 했었다면 비록 전액 원금손실을 본 종목이 2개나 되더라도(현대건설과 기아차) 다른 종목들의 선전에 힘입어 10년간 156%의 수익률을 올렸을 것이다.

　이 사례의 교훈은 간단하다. 즉, 시가총액 상위 대형주에 투자하더라도 분산투자를 통해 개별종목의 리스크에 대한 노출 정도를 줄이는 전략이 장기적으로 반드시 필요하다는 점이다. 가령 우리나라 주식시장에서 가장 우량한 종목으로 알려진 삼성전자도 한때 고점 대비 61%나 하락한 일이 있다. 그만큼 하나의 개별종목에만 투자하는 몰빵투자의 경우에는 높은 변동성 때문에 장기투자를 통해 성공할 가능성이 줄어드는 것이다.

　따라서 장기투자를 통해 투자성과를 올리기 위해서는 우량종목들로 구성된 벤치마크(Benchmark) 포트폴리오를 적극 활용할 것을 필자는 권한다. 단편적인 뉴스보다는 전반적인 경제상황과 기업의 구조적인 변화에 주목해야 하며, 리스크가 큰 개별종목 위주의 집중투자보다는 펀더멘털이 우수한 종목 위주로 포트폴리오를 구성, 중·장기적으로 투자하여 위험을 줄여야 하는 것이다. 우량주로 구성된 포트폴리오의 운용방식 및 성과에 대해서는 이후 '삼성증권 Top Picks'의 예에서 자세히 설명하도록 하겠다.

왜 장기투자 전략만이
살길이라고 외치는가?
: 투자기간은 돈의 양을 불려주는 지렛대다

주식투자의 귀재로 잘 알려진 워렌 버핏은 '시간은 훌륭한 기업에는 친구가 되지만 그렇지 않은 기업에는 적이 된다.'라는 명언을 남겼다. 이는 개인투자자들이 주식투자의 전부라고 생각하는 '종목투자'보다 '시간의 확장'이 수익의 크기를 결정짓는 중요한 요소임을 잘 설명한 말이다. 아무리 수익성이 뛰어난 종목일지라도 시간이라는 물리적인 요소가 없으면 그 가치는 한정적일 수밖에 없다. 시간이라는 자산을 수익으로 연결해 주는 장기투자 전략은 세기의 부자들까지도 입을 모아 강조하는 투자전략이기도 하다.

이외에도 주식투자는 상승과 하락이 반복적으로 일어나는 특성을 지닌다. 즉, '변동성'이라는 성질을 가지고 있는데 이를 관리하는 능력이 투자자들에게 요구된다. 이런 측면에서 장기투자 전략은 더욱 강조될 수밖에 없다. 장기투자야말로 변동성을 관리해주는 투자전략이기 때문이다.

이밖에도 왜 대다수의 전문가들이 장기투자로 투자의 골격을 짜라고 강조하는지 함께 알아보자.

초보자들이 두려워하는 변동성을 축소해 준다
: 리스크 관리와 수익률 관리는 동전의 양면이다

장기투자의 첫 번째 장점은 변동성 축소를 통해 리스크 관리가 가능하다는 것이다. 주식에 대한 투자수익률은 단기에는 큰 변동성을 되풀이하지만 3년, 5년 그 이상의 기간을 놓고 보면 변동성은 점차 축소되는 모습을 보인다. 많은 투자자가 주식, 채권, 부동산 등 각 투자객체에 대해서 상반된 투자기간과 리스크 수준을 보유하고 있다. 특히 주식투자에 있어 가장 큰 오해가 바로 주식은 단기에 그것도 한방에 승부를 내야 한다는 것이다. 이러다 보니 확실한 정보도 없는 종목에 미수와 신용을 곁들여 투자하게 되는 것이다. 어떤 투자자들은 미수금을 변제해야 하는 2일 후까지 자기가 무슨 종목을 가지고 있는지도 모르는 경우가 있다. 이런 식으로는 자금에 대한 성공적인 투자를 기대할 수 없다.

주식도 다른 투자수단과 마찬가지로 긴 투자기간을 놓고 여유 있게 바라보는 습관이 필요하다. 부동산이나 정기예금은 적어도 1년 이상 긴 투자기간을 두면서 유독 주식투자에 있어서만 카지노에서와 같은 조바심을 내는 것은 크게 잘못된 생각이다. 길게 보면 단기간의 시세 움직임에 초연해질 수 있다. 장기투자자들에게 주식시장은 단기매매를 통해 수익률을 올리려는 투자자에 비해 생각보다 위험성이 적은 시장임을 의미한다. 예를 들면 시가총액 상위 8대 업종으로 구성된 포트폴리오에 1년, 3년, 5년의 기간으로 구분해 투자하는 경우를 생각해보자. 다음 데이터를 살펴보면 기간이 길면 길수록 최고수익률은 높고 최저수익률은 낮은 것을 알 수 있다. 그만큼 안정적인 모습을 보인다는 결과이다.

투자기간별 포트폴리오 수익률 비교

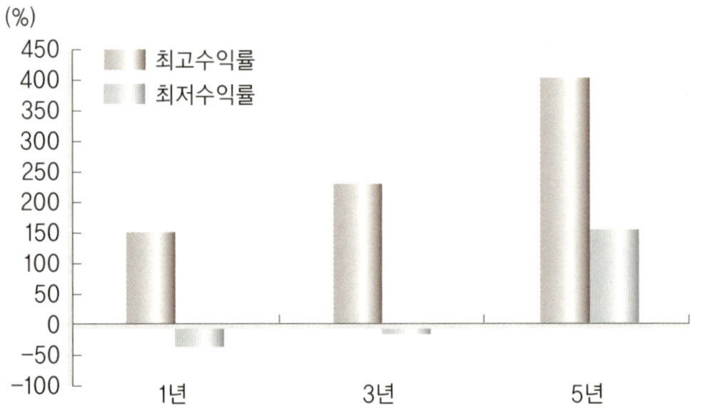

참고 : 8대 업종 대표주는 삼성전자, 한국전력, 현대차, POSCO, SKT, 신세계, SK, 삼성화재
조사방법 : 매월 투자를 시작하는 샘플 중에서 최고·최저수익률을 추출
대상기간 : 1999.1 ~ 2006.2, 자료 : 삼성증권

보이지 않는 수익, 거래비용을 절감시켜준다
: 회전율이 잦을수록 거래비용은 눈덩이처럼 커진다

변동성 축소로 인한 리스크 관리와 더불어 장기투자의 또 다른 이점은 거래비용의 절감에 있다. 앞서 우리는 개인투자자들이 주식투자에 있어 얼마나 조급함을 보이고 있는지에 대해 살펴보았다. 고질적인 한국인의 '빨리빨리'가 주식시장에서도 예외일 수는 없었기 때문이다.

언급한 내용을 다시 한 번 상기시켜 보면 2004년 개인투자자들의 매매회전율 743%에 대한 거래비용은 원금의 5.2% 수준이다. 평균수수료 0.2%를 가정했을 경우이다. 일반 수수료율인 0.5%를 가정한다면 거래비용은 원금의 9.7%까지 올라가게 된다. 1년짜리 은행 정기예금 이자율과 맞먹는 수준의 거래비용이 알토란 같은 원금에서 빠져나가고 있는 것이다.

금융기관을 이용하는 대부분의 투자자들은 은행을 선택할 때 0.5%의 금리 차이에도 민감하게 반응해 다리품을 팔며 여러 은행을 알아본다. 심지어는 시장에서 흥정하듯 다른 은행은 4.5%를 주는데 왜 여기는 4.3%밖에 안 주느냐고 따지는 경우도 종종 있다. 그런데 왜 주식투자에 있어서는 3.5%에 해당하는 거래비용을 무시하는 것일까? 누가 보더라도 합리적이지 못한 투자행태이다. 예로부터 큰 부자는 하늘이 내리고 작은 부자는 아끼고 절약하는 데서 비롯된다고 했다. 충동적인 매매로 수익률 향상에 도움이 되지 않으면서 비용 발생만 초래하는 단기매매는 지양해야 할 투자행태임을 명심하자.

장기투자 전략 3. **거래량 상위종목들의 허와 실**
: 우량주라도 기업 펀더멘털이 뒷받침되어야 한다

WFE(World Federation of Exchanges)에 의하면 2005년 현재 우리나라 증권거래소에 상장된 종목들의 전체 회전율은 200%를 상회한다고 한다.

세계 주요 증권거래소의 회전율 비교

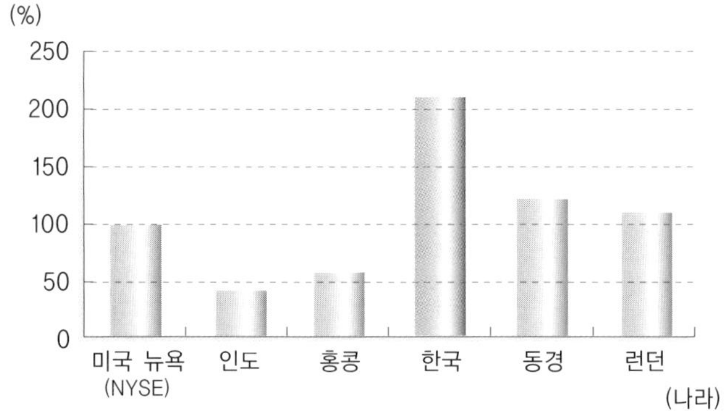

외국의 주요 거래소와 비교해볼 때 우리나라 시장 전체의 회전율은 세계 최상위권임에도 불구하고 시가총액 상위종목들의 120일 평균 회전율은 30~70%에 불과하다. 이는 우리나라 시장의 회전율을 견인하는 종목들이 대형 블루칩이 아니라 개인투자자들이 선호하는 개별 종목이라는 사실을 반영하는 결과이다. 그렇다면, 2006년 7월 현재 우리나라 증권시장 회전율 상위 10개 종목들의 펀더멘털은 어떤 모습일까? 불행히도 투자자들이 기대하는 우량종목과는 매우 다른 모습을 보이고 있다.

2006년 7월 회전율 상위 10개 기업의 펀더멘털 지표^(2005년 실적 기준)

매출 합계	5,220억 원
영업이익 합계	150억 원 적자
순익 합계	238억 원 적자
영업적자 종목수	10개 기업 중 5개
흑자기업의 평균 영업이익	11억 원
흑자기업의 평균 순이익	7억 원

출처 : WISEfn, 삼성증권

이 도표는 집단적인 비교가 가능하도록 회전율 상위종목들의 2005년 실적을 기준으로 주요 수익지표들의 합계를 계산한 결과이다. 우선 PSR^(주가/주당 매출액)의 경우는 1배 정도로 큰 무리가 없어 보인다. 문제는 수익성인데, 이들 기업들 중 영업흑자를 내는 기업들의 비율이 50%밖에 안 된다는 점에 주목할 필요가 있다. 더욱이 흑자를 내는 기업들의 평균 영업이익 및 순이익은 각각 11억 원과 7억 원에 불과하다.

물론 앞의 결과는 작년의 경우이며 올해 극적인 실적향상을 기대할 수 있다고 말할 수도 있다. 만일 이 논리가 설득력을 얻기 위해서는 거래소 평균 수준인 PER 10배 기준^(시가총액은 120일 평균 적용)을 적용해 회전율 상위종목들의 수익총액 규모가 최소한 500억 원은 상회할 필요가 있다. 그러기 위해서는 기업당 평균 순익규모가 50억 원은 상회해야 하는데, 2005년 실적 기준 가장 순익규모가 큰 기업의 경우도 순익이 10억 원 정도에 머물고 있는 상황이다. 즉, 한두 개 업체의 극적인 실적향상 가능성까지 배제할 수는 없지만 이러한 점을 고려해도 현재

의 수익기준으로 이들의 가치가 고평가됐다는 점을 지적하지 않을 수
없다.

기업 펀더멘털이 뒷받침되지 않는 종목들에 대한 무리한 단기매매
가 어떤 결과를 불러올 수 있는지에 대해서는 지금까지 시장에서 사라
져간 많은 종목들과 이들 종목들을 매매했던 소액주주들의 운명이 잘
설명해주고 있다.

장기투자 전략 4. **고령화와 저출산, 국민연금의 증시투자**
: 수혜자는 급증하고, 불입자는 감소 추세

보건복지부는 2006년 5월 '중기 자산배분안에 근거한 2007년 전략
적 자산배분안'을 발표했다. 국민연금기금의 채권 비중은 점차 줄이면
서 국내 증시에 최대 11조 원을 투자하기로 결정 했다. 국민연금의 기
금 가운데 국내주식이 차지하는 비율을 2006년의 11.3%보다 2.3% 포
인트 많은 13.6%로 책정한 것이다. 이는 2006년 증시 투입분 5조 원보
다 2배 이상 증가한 11조 원에 이르는 금액이다. 이는 당초 예상보다
빠르게 주식투자 비중을 늘리고 있는 것이어서 주목된다. 국민연금은
2004년 기금운용 마스터플랜에서 전체 운용자산 중에서 주식에 대한
적정 보유 비중을 2009년까지 10.7%로 상향하기로 결정했었다. 이 경
우 4년간 20조 원의 신규자금이 주식시장에 유입될 것으로 예상했었
다. 여기에 10조 원 정도가 추가로 투입될 것임을 시사하고 있다.

저출산 및 고령화 사회에 진입함에 따라 노인인구는 늘어나는 대

신 그들을 부양해야 할 젊은 층 인구가 줄어들게 된다. 이러한 현상은 사회적으로 여러 문제를 불러온다. 특히 경제적 리스크를 고려해 여러 선진국들이 그러했듯 우리 역시 하루라도 빨리 강구책을 세워나가야 한다. 말 그대로 발등에 불이 떨어진 격이다. 그동안 우리나라에서는 노후를 보장받을 수 있는 정책으로 국민연금을 내세웠지만, 인구감소에 따라 수혜를 받을 수 있는 연령층에 비해 납부해야 할 인구수가 줄어들고 있어 국민연금에 대한 신뢰도는 땅에 떨어진 상황이다. 이렇게 되다 보니 국민연금은 보다 고수익 상품에 투자해 수익을 많이 낼 수밖에 없는 상황에 직면하게 되었다. 개인이 투자형 상품에 투자를 할 수밖에 없다는 현실을 다시 한 번 짐작케 하는 부분이다. 참고로 미국의 가장 큰 연금 중 하나인 캘리포니아 연금(CalPERS)의 기금운용 상황을 살펴보자. 현재 CalPERS의 주식투자 비중은 65% 수준에 육박하고

국민연금 자산 구성 현황(단위 : 억 원)

구분		2007년(B)	2006년(A)	증감(B-A)
주식 (순증)		157,500 (104,654)	58,000 (27,137)	99,500 (77,517)
	국내 (순증)	110,000 (58,652)	50,000 (21,237)	60,000 (37,415)
	국외 (순증)	47,500 (46,002)	8,000 (5,900)	39,500 (40,102)
채권 (순증)		398,573 (127,994)	583,725 (207,175)	−185,152 (−79,181)
대체 투자		20,000	20,000	−
여유자금 계		576,073	661,725	−85,652

참고 : 2007년 여유자금 57조 원은 채권 원금회수 22조 원, 위탁운용 만기도래 원리금 9조 원
2007년 여유자금 규모가 8.5조 원 적은 이유는 만기회수금이 일시적으로 줄어들었기 때문이다.
자료 : 보건복지부

있다. 현재 국민연금의 주식비중이 8%에 미치지 못하고 있다는 점을 감안하면 매우 놀라운 수치이다. 물론 양국 간의 경제적인 수준이나 국가경쟁력 면에서 차이가 많다는 점을 인정하더라도 국민연금의 주식비중은 점차 증가할 수밖에 없을 것이다.

장기투자 전략 5. 새로운 노테크 항목, 퇴직연금의 증시투자
: 인생 2막의 종자돈, 퇴직연금을 활용해라

국민연금의 중장기 주식비중 확대 전략과 더불어 2005년 본격적으로 도입된 퇴직연금도 주식시장 수급에 긍정적으로 작용할 정책으로 꼽힌다. 퇴직연금이 도입된 이유는 기업들이 재무적 곤란으로 인해 퇴직금 지급불능에 빠지는 경우를 방지하기 위함이다. 또한 근로자의 권익이 침해받거나 노동환경이 변화하면서 잦은 이직, 연봉 중간정산제 등으로 퇴직금이 역할을 다하지 못하고 있다는 점도 도입 배경으로 작용했다. 이런 상황에서 퇴직연금제도의 도입은 근로자에게 장기적인 자금운용을 통해 수익을 제고할 수 있는 기회를 제공하고 안정적인 노후자금을 보장한다는 의미를 담고 있다. 기업의 입장에서 보면, 퇴직금을 사내장부로 적립하고 실제로는 상당부분 운영자금으로 사용하면서 사외적립의 기반을 마련하고 장기적으로 매년 평준화된 비용을 부담해 경영의 안정성을 향상시킬 수 있다.

근로자의 권익개선 측면에서 퇴직연금제도의 도입이 한국사회에 중요한 의미를 갖는 동안 주식시장에도 제도 도입에 대한 기대가 높아

　　퇴직연금제는 매월 일정액을 특정 금융기관에 10년 이상 적립하면 55세부터 연금을 받을 수 있는 제도이다. 퇴직연금제는 크게 확정급여형과 확정기여형 2가지로 구분된다. 회사와 근로자가 협의하여 좋다고 생각되는 것을 선택할 수 있다.

퇴직연금 종류

구분	확정급여형 (DB : Defined Benefit)	확정기여형 (DC : Defined Contribution)
개념	퇴직 시 받을 연금액이 미리 확정되며 연금운용을 기업이 맡아 손익 인식	기업은 연간 기여액을 확정하며, 근로자의 수익은 운영 실적에 따라 변동
회사 부담 수준	수익률에 따라 변동	단체협약에 따라 변동
근로자의 연금 수준	확정급여형	운용 실적에 따름
위험부담의 주체	회사	근로자
선호 기업	연공서열 임금체계	연봉제 채택

자료 : 삼성증권

　　퇴직연금의 기금운용은 여러 가지 규제와 제한이 있기 때문에 이 범위 내에서 운용주체가 재량적으로 운용한다. 미국과 일본의 경우에는 투자형 자산의 비중이 높다.

미국과 일본의 퇴직연금 운용 실태

구분	주식	채권	예금/적금	신탁상품	자사주	보험상품
미국	40.3	10.9	15.8	6.2	16.1	0.0
일본	27.0	9.0	50.0	3.0	0.0	11.0

자료 : 일본 후생노동성, '확정기여형 연금 실태조사결과', 2004

지고 있다. 이는 퇴직연금제도 도입으로 한국에서 국민연금을 제외하고 실질적으로 장기투자가 가능한 우량자산이 등장했다는 의미를 갖는다. 더 나아가 열악한 한국증시의 수급구조를 근본적으로 개선시킬 수 있다는 기대감이 함께 작용하고 있다.

필자는 기존 퇴직금제도가 점진적으로 퇴직연금제로 전환될 것이라고 예상한다. 여기서 점진적 전환이란 기존 퇴직금제도가 2015년까지 50% 정도 전환되는 것을 가정한 것이다. 그렇게 된다면 퇴직연금의 시장규모는 2010년 50조 원, 2015년 188조 원 수준까지 증대될 것으로 보인다. 물론 이러한 자금 중에서 과연 얼마만큼이 주식시장으로 유입될 것인지가 중요하다.

우리보다 앞서 퇴직연금제도를 도입한 선진국의 운용상황을 살펴보자. 미국과 일본의 확정기여형 퇴직연금의 주식비중은 각각 40%, 27% 수준에 이르고 있다. 이러한 상황을 비추어 볼 때 우리나라도 궁극적으로는 일본과 비슷한 수준을 보일 것으로 전망된다. 국민연금과 퇴직연금을 통한 중장기 주식수요기반 확대는 우량종목에 대한 가치투자매매를 정착시키는 데 중요한 역할을 할 것이다.

영양가 높은 장기투자종목이 늘어나고 있다
: '외국인 투자자'와 '개인 주주들'의 영향력 강화로 기업의 내성 강화

'세계의 표준'을 만드는 한국기업의 브랜드

개인 금융자산 내 포트폴리오 변화와 중장기 주식투자수요 확대 가능성에 대해서 살펴보았다. 지금부터는 그들의 직간접적인 투자대상인 우리나라 기업들의 가치에 대해서 살펴보도록 하자.

우리나라 증시는 지난해 초까지만 해도 1,000포인트 돌파에 실패하는 제한적인 모습을 보여왔다. 같은 아시아 이머징마켓에 속해 있는 홍콩, 싱가포르, 대만에 비해서도 현저히 저평가된 모습을 보이고 있는 상황이다. 기업이나 시장을 평가하는 손쉬운 방법 중 하나는 PER(Price Earnings Ratio : 주가수익비율)을 이용해서 상대적으로 비교하는 방법이다. 아시아의 4마리 용 중에서 앞의 3나라의 PER이 15배 수준을 보이고 있는 반면 우리나라만 PER이 10배 수준에 머물고 있다. 이처럼 우리나라 증시가 경쟁 국가들에 비해 할인되어 거래되고 있는 가장 큰 이유는 상장기업들의 높은 이익 변동성과 낙후된 지배구조 때문이었다.

이러한 점이 기관 및 외국인 투자자들에게 신뢰를 주지 못하고 있다. 그러니 투자자 입장에서 주식투자는 매수 후 보유(buy & hold)하기보다는 모멘텀을 이용한 치고 빠지기(hit & run)식 단기매매가 유리해 보였을 것이다.

그러나 최근 주요 기업들의 경쟁력은 놀랄 만큼 좋아지고 있다. 특

히 IT분야에서는 삼성전자와 LG전자가 반도체, 휴대폰, 디스플레이 등의 종목에서 세계의 표준을 선도할 만큼 막강한 영향력을 행사하고 있다. 시장을 리드하고 있다고 해도 과언이 아니다. 일본을 넘어 세계 최대 규모를 자랑하는 조선업을 필두로, 도요타를 넘어설 수 있는 자동차 산업도 그러하다. 이익규모 면에서도 괄목할 만한 성장세를 보인 것은 물론 질적인 측면에서도 경기 사이클 상당부분을 극복할 수 있는 수준에까지 이르고 있다.

무엇이 과연 우리 기업들을 강하게 만든 것일까? 아마도 주식시장이 외국인에게 전면 개방되면서 정부보다 무서운 주주와 여론의 견제가 한몫했던 것으로 보인다.

대우그룹 해체와 현대그룹 분할, 빅딜을 통한 재벌의 생존에 대한 몸부림이 있었다. 이러한 진통을 겪는 도중에 몇몇 굵직한 은행 몇 개가 하루아침에 사라졌다. 대마불사라는 말은 재벌을 창업했던 1세대들의 추억 저편으로 사라졌고, 회사 공금을 개인 금고처럼 사용할 경우에는 철창 행을 감수해야 하는 것이 현실이 되었다. 불필요한 중복투자와 무모한 확장보다는 주력사업의 경쟁력 확보를 도모하게 되었고 이는 글로벌기업으로 성장하는 발판이 되었다. 말 그대로 IMF는 우리나라 기업들이 글로벌 경쟁력을 갖출 수 있도록 혹독한 성장통을 제공한 셈이다.

사례를 통해 더욱 자세히 알 수 있다. 우리나라 증시의 전체 시가총액에서 차지하는 비중이 가장 높은 상위 8대 업종의 실적을 살펴보자. 각 업종을 대표하는 8개 기업의 영업실적 추이를 보면, 구조적인 영업 마진 증가와 부채비율 감소를 통한 이익의 질이 개선되고 있음을 알 수 있다. 우리나라 기업들의 질적 성장이 그 동안은 넘을 수 없었던 지수 1,000포인트 시대를 열도록 한 원동력이 되었다.

8대 업종 대표주 영업실적 추이

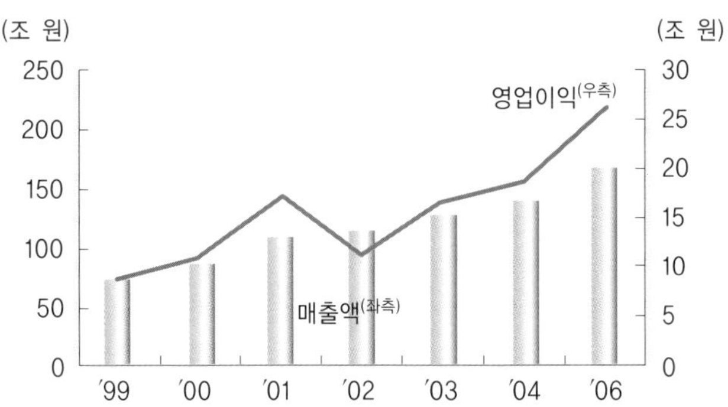

참고 : 8대 업종 대표주는 삼성전자, 현대차, 한국전력, POSCO, SK텔레콤, 신세계, SK, 삼성화재
자료 : WISEfn

8대 업종 대표주 재무 비율

연도	영업이익률(%)	부채 비율(%)	ROE(%)	주당배당금(원)
1999	9.7	197	12.1	1,125
2000	13.3	114	13.7	1,180
2001	11.7	113	12.5	1,230
2002	12.1	101	16.0	2,031
2003	12.7	100	17.0	2,913
2004	13.0	98	20.0	5,300
2005	15.4	79	14.7	4,175

자료 : WISEfn, 삼성증권

외국인 투자가들에게 한국증시에 투자할 때 가장 꺼려지는 부분에 대해 질문하면 열이면 아홉은 한국 기업의 낙후된 지배구조라고 답한다. 다소 의외의 결과지만 대다수 외국인 투자자들이 북한의 핵 문제를 염두에 둔 지정학적 리스크는 별로 개의치 않는다는 것이다. 이처럼 기업의 지배구조 문제는 기업평가에 있어 매우 중요한 요소이다. 이러한 문제는 외환위기 이후 지속적인 노력으로 많은 부분이 개선되고 있다. 건설회사와 종합상사를 통한 분식회계가 대표적인 예이다. 공정한 수사와 자발적인 신고에 의해 상당부분 개선되고 있는 것으로 보인다. 물론 최근 재벌들의 경영권 승계와 관련해 일부 문제가 노출되고는 있지만, 오너의 영향력에서 자유로운 사외이사제의 증가와 역할을 통해서 개선될 것으로 기대한다.

이러한 맥락에서 볼 때 순환출자의 문제점을 개선시키고, 지배구조의 투명성을 높여주고 있는 지주회사의 출현은 지배구조 개선의 새로운 해법이 될 것이다.

장기투자 전략 7. **잘못된 투자습관만 바꿔도 성공이다**
: 단기매매에서 벗어나려면 장기투자의 이점부터 알아라

A, B, C라는 사람들이 있다고 치자. 세 사람에게 각각 1백만 원씩을 공짜로 준다고 했을 때 손사래를 치며 거절하는 사람이 과연 몇이나 있을까? 특별한 경우를 제외하고는 마다할 사람은 단 한 명도 없을

것이다. 그렇다면, 앞의 세 사람에게 주어진 1백만 원을 가지고 어디에 쓸 것인지를 물었을 때 어떤 대답이 나올까? 아마 조금씩 비슷한 내용은 있을지라도 돈이 쓰이는 주된 사용처는 각기 다르게 나타날 것이다. 만약 당장 먹고사는 일이 걱정이라면 의식주 비용으로, 배우고 싶었던 기술이 있었다면 자기계발 비용으로, 한번쯤은 꼭 가고 싶었던 여행지가 있었다면 해외여행 비용으로 사용할 것이다.

그러나 부자들은 1백만 원을 가지고 두말할 나위 없이 '투자'를 선택할 것이다. 물론 여유자금이 풍부해 자신이 배우고 싶고, 먹고 싶고, 가고 싶은 곳을 언제든지 갈 수 있기 때문이기도 하지만 가장 큰 이유는 1백만 원을 1백만 원의 가치로만 보지 않는 그들의 투자습성 때문이기도 하다. '1백만 원이 1천만 원이 될 수 있다는 생각을 왜 못할까?'

대다수의 사람들은 1백만 원 안에서 무엇을 어떻게 할까를 고민한다. 돈의 가치를 '현재의 가치'로만 두지 말고 '미래의 가치', 즉 미래에 얻을 수 있는 수익까지 더불어 생각하는 습관을 들여야 한다. 물론 이러한 사고개념은 자신이 투자해 성공을 거둔 경험을 가지고 있을 때 더욱 빛을 발하는 법이다. 부자들이 선택한 투자라는 장치를 통해 1백만 원은 50만 원이 될 수도 있고, 2백만 원이 될 수도 있다. 하지만, '미래'라는 가치는 가장 불안한 가치결정 요소이므로 시장을 분석하는 눈을 가진 투자자들이 아니라면 선뜻 돈을 걸고 싶지 않을 것이다. 이럴 때 가장 좋은 방법이 '장기투자 전략'이다. 주식은 영원히 상승하지도 않지만 영원히 하락하지도 않는다. 상승과 하락 곡선을 아울러 투자자에게 수익을 안겨다주는 유일한 방법이 바로 장기투자 전략이다.

사례로 알아보는 장기투자

종목을 선정함에 있어 접근할 수 있는 방법은 시장분석(Top-down) 방식과 종목분석(Bottom-up) 방식 2가지가 있다. 전자는 경제 환경이나 업황에 따라서 유망해 보이는 업종을 골라, 해당 업종 내 종목에 투자하는 방식이다. 후자는 기업 자체의 펀더멘털을 분석해 시장대비 저평가되어 있는 종목에 투자하는 방식을 말한다.

전문 펀드운용자들은 시장분석 방식을 따르고 있지만 약세장과 같은 상황에서는 종목분석 방식이 유용하게 사용되기도 한다. 여기에 몇 가지 성공적인 장기투자 사례들을 소개하고자 한다.

우리는 지금까지 개인투자자들의 잘못된 매매행태, 즉 지나친 단기매매 성향에서 벗어나기 위해 우량주에 대한 장기투자가 유력한 대안이 될 것이라는 교훈을 얻었다. 또한, 최근 장기투자를 할 수 있는 일련의 여건도 조성되고 있음을 살펴보았다. 개인 금융자산 내 투자 패러다임의 변화, 중장기 주식투자 수요기반 확대, 양질의 투자대상 증가 등이 그것이다. 성공적인 장기투자를 위해 버려야 할 잘못된 투자습관과 바람직한 방향에 대해서도 알아보았다. 또한, 투자전문가들이 종목선정의 잣대로 활용하는 몇 가지 간단한 방법들에 관해서도 살펴보았다.

그러나 아직까지도 과거 투자실패에 대한 두려움과 수시로 급등락하는 주가움직임 앞에서 장기투자 성과를 의심하는 투자자가 많다. 당연한 일이다. 따라서 지금부터는 우량주에 대한 장기투자가 투자 선진 국인 미국에서 그랬던 것처럼 우리나라에서도 성공할 수 있다는 몇 가지 성공사례를 제시하고자 한다. 순서대로 시장분석 접근방식, 종목분석 접근방식, 투자 시뮬레이션 사례를 살펴보자.

삼성증권 Top-Picks^(시장분석 방식)

시장분석 방식의 대표적인 것이 삼성증권 투자정보파트에서 전국 지점의 PB^(Private Banker)들에게 제시하는 Top-picks 모델 포트폴리오라고 할 수 있다. Top-picks는 삼성증권 리서치센터 연구인력에 의해 실시된 경제분석과 산업분석으로부터 시작된다. 숲을 보고 나무를 고르는 방법인 셈이다. 이러한 분석을 통해 우리나라 경제가 처한 사이클 국면과 각각의 산업별 경기 사이클을 세분화해 살펴볼 수 있다. 현 국면에서 가장 유망한 산업을 선택하고 해당 산업 내에서도 장기적으로 성장성과 수익성이 높은 주식을 집중적으로 발굴해 제시하고 있다. 물론 특정산업에 속해 있지 않은 종목이나 여러 가지 사업을 다양하게 영위하고 있는 일부 종목에 대해서는 종목별 접근도 실시하고 있다.

종목선정을 위한 대상이 되는 풀^(pool)은 삼성증권 리서치센터 산업분석 담당자가 커버하고 있는 종목과 투자정보파트 종목 담당자들이 탐방을 통해 발굴한 우량종목을 대상으로 하고 있다. 2003년 이후 2006년 말까지 321%의 누적수익률을 보이고 있는데, 이러한 성과는 국내 시장에 출시된 주식형 펀드와 비교해도 손색이 없는 결과다. 종목선정에 부담과 한계를 느끼는 투자자에게 좋은 벤치마킹 대상이 될 수 있을 것이다. 대략 8종목이 함께 제시되고 있기 때문에 그중에서 한두 종목에만 집중투자하는 것보다 분산투자하는 접근방식이 필요하다.

Top-Picks 의사결정 프로세스

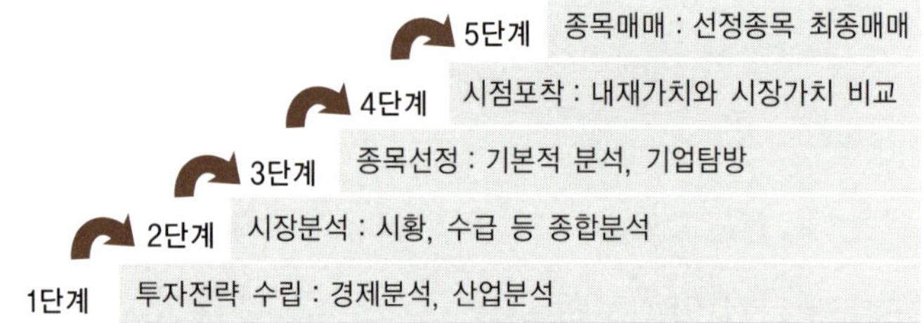

자료 : 삼성증권

Top-Picks 누적수익률 추이

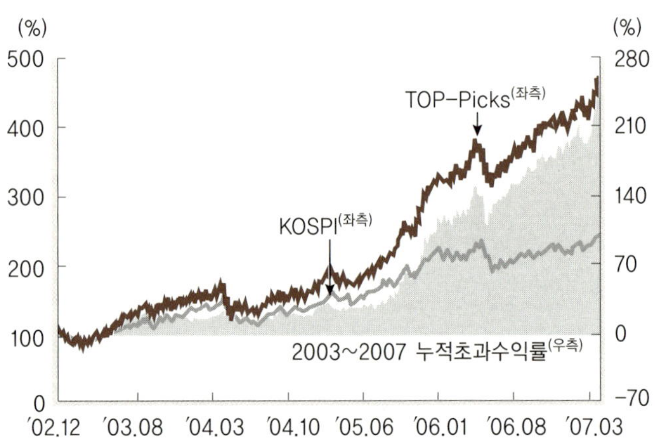

자료 : WISEfn, 삼성증권

2004 장기유망 추천종목_(종목분석 방식)

2004년 삼성증권 투자정보파트에서는 장기투자 문화정착을 위한 보고서에서 과거 5년간 주가상승률 상위기업에 대한 실증분석과 향후 유망종목을 제시한 바 있다(2004년 7월 15일자 리포트 '약세장에서 준비하는 장기투자'). 당시 유망종목으로 제시된 포트폴리오의 수익률은 KOSPI 대비 50%의 높은 초과수익을 기록하고 있다. 무조건 장기보유가 상책이 아니라 종목선정이 투자수익률을 좌우한다는 예를 보여주는 것이다. 당시 종목선정의 배경과 논리를 간단하게 소개하고자 한다.

1990년 이후부터 2004년까지 KOSPI는 500~1000포인트라는 큰 박스권에서 벗어나지 못하는 제한적인 움직임을 보이고 있다. 가장 큰 이유는 국내 기업들의 들쭉날쭉한 수익구조와 낙후된 지배구조 때문이다. 그러나 정체된 시장흐름에도 불구하고 일부 기업들의 주가는 KOSPI를 훨씬 초과하는 차별화된 모습을 보이고 있다. 여기서 우리는 종목선정의 힌트를 얻을 수 있다고 판단해 이런 종목들에 대한 양적인 분석과 질적인 분석을 하기로 결정했다. 이를 통해 주가상승에 공통적으로 작용했던 요소들을 파악하고 향후 그러한 가능성을 가지고 있는 유망종목들을 찾아보고자 한다. 분석기간은 IMF 이후 1999년 1월 1일부터 2004년 7월 9일까지로 하고 분석대상은 삼성증권 리서치센터에서 커버하고 있는 종목을 기준으로 했다. 분석기간 중 상승률 상위 10개 종목은 다음과 같다.

주가상승 상위 10개 종목

코드	종목명	'99.01.01 종가(원)	'04.07.09 종가(원)	상승률(%)
012330	현대모비스	3,807	49,000	1,287
004170	신세계	23,833	264,000	1,108
002790	태평양	19,400	214,000	1,103
000140	하이트맥주	11,799	78,100	662
001800	오리온	11,554	70,500	610
000210	대림산업	6,073	36,400	599
005930	삼성전자	77,292	424,000	549
003690	코리안리	8,493	41,600	490
004370	농심	58,589	243,000	415
000240	한국타이어	2,451	9,680	395

자료 : WISEfn, 삼성증권

상승률 상위종목에 대한 분석은 양적인 분석과 질적인 분석 2가지 관점에서 실시했다. 양적인 분석으로는 주요 재무비율에 대한 분석, 질적인 분석으로는 주요 제품의 시장점유율 및 핵심 사업구조, 지배구조 등 정성적인 분석에 치중했다.

양적인 분석에서는 수익성 측정지표인 ROE와 성장성 측정지표인 EPS 증가율 그리고 안정성 측정지표인 부채비율, 마지막으로 최근 주주가치 제고 차원에서 중요시되고 있는 배당금 지급 추이를 살펴보았다. 재무비율 분석결과, 분석기간 중 연평균 ROE, EPS, 배당금 증가율은 각각 8.7%, 105%, 17%를 기록하며 큰 폭의 수익성과 성장성을 보였다. 특히, 경영의 효율성을 보여주는 ROE는 2004년 예상기준 20% 수준으로 1999년 10% 대비 뚜렷한 개선 추세를 보이고 있다. 비교 대상이 연 5% 수준의 회사채 금리라는 점을 감안하면 놀라운 수준이다. 이러한 ROE 개선 추세는 외국인 주주와 소액주주의 경영감시가 강화되면서 자연스럽게 주주 중시 경영을 요구하는 투자환경이 조성되어 본업에 충실하게 되었기 때문으로 보인다. 또한, 기업의 안정성 측정 지표라고 할 수 있는 부채비율도 2004년 예상기준 118%로 1999년 183% 수준 대비 65% 개선된 모습을 보이고 있다. 이는 기업들이 영업으로 벌어들인 잉여현금흐름(free cash flow)을 재무안정성을 위해 부채상환에 상당부분 사용했다고 해석할 수 있다. 특히 태평양과 삼성전자는 부채비율이 30% 수준으로 떨어져 사실상 무차입경영에 돌입한 것으로 보인다.

질적인 분석에서도 몇 가지 중요한 공통요소가 존재한다. 구체적으로 종목별 상승요인에 대해 살펴보면 크게 다음과 같이 3가지로 정리할 수 있다.

[1] 경기불황에서도 높은 시장지배력을 강화한 기업

[2] 구조조정을 통해서 주력부분 중심으로 사업을 재편하거나 저성장산업에서 새로운 성장엔진을 탑재하면서 턴어라운드 한 기업

[3] 배당성향 증가 등 주주가치 중시 기업

 업종 대표주의 투자 시뮬레이션
: '시장지배력'을 지속시키는 대표선수의 힘

앞에서 언급한 2가지 포트폴리오의 종목 구성과 과거 수익률 기록에 대해 다소 주관적인 기준이라는 반론이 제기될 수 있음을 인정한다. 특히 포트폴리오 형태로 운용되면서 종목교체가 빈번하게 이루어지는 Top-Picks 같은 경우는 그대로 추종하기가 쉽지 않을 수도 있다.

그렇다면, 개인투자자들이 손쉽게 접근할 수 있는 방법을 생각해보자. 몇 가지 업종 대표주를 선택해 매수하고 당분간 묻어두는 투자를 가정해보자. 일반 투자자가 1999년 초에 시가총액 기준 상위 8개 업종의 대표주에 동일 금액을 투자하는 포트폴리오에 투자했다면 과연 어떤 결과가 나왔을까? 1999년 당시 업종 내 독보적으로 1위였던 8개의 기업들은 아직도 견고하게 시장지배력을 유지하고 있다. 1999년

8대 업종 대표주 시뮬레이션 투자수익률

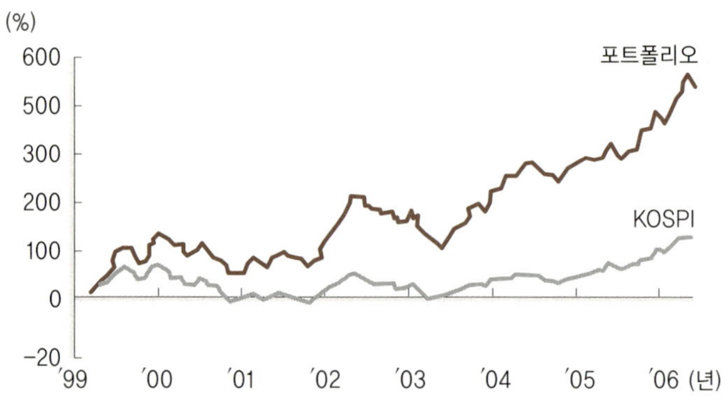

참고 : 1999년 초 8대 업종 대표주에 동일 금액을 투자했을 경우 수익률
8대 업종 대표주는 삼성전자, 현대차, 한국전력, POSCO, SK텔레콤, 신세계, SK, 삼성화재
자료 : WISEfn, 삼성증권

이래 포트폴리오 누적수익률도 518%라는 놀라운 결과를 보이고 있다. 반면 같은 기간 KOSPI 수익률은 144% 상승에 그쳤다. 시장지배력이 강한 소비자독점형 기업이 장기투자의 주요 대상이 될 수 있다는 사실을 뒷받침하는 부분이다.

이 같은 방법으로 주식 포트폴리오를 구성한다면, 주식투자야말로 노후자금을 묶어두기에는 제격인 투자처라는 사실을 금방 알 수 있다. 투자는 그 대상이 부동산이든, 금융상품이든, 주식투자든 간에 자신의 돈을 직접 투자해 경험을 쌓는 것만큼 확실한 공부가 없다. 첫술에 배부를 것을 기대하거나 중간에 수익이 나지 않는다고 해 혹은 다른 정보에 솔깃해 곧바로 다른 종목에 돈을 묻어두려고 한다면, 좋은 결과를 기대할 수 없을 뿐더러 오히려 주식투자에 대한 좋지 못한 선입견을 갖게 될 수도 있다.

개인투자 이렇게 하면 실패한다

- 인기 높은 테마주에 집중 투자한다.
- 액면가를 밑도는 저가주에 투자한다.
- 한두 종목에 집중 투자해 단기간에 높은 수익을 노린다.
- 과거 실적만 보고 투자한다.
- 많이 떨어진 종목만 골라 투자한다.
- Market Timming에 의존하여 빈번한 매매를 한다.

개인투자 이렇게 하면 성공한다

- 업종을 대표하는 우량주를 산다.

- 상관관계가 적은 업종, 종목에 골고루 투자한다.
- 성장성이 높고 지배구조가 투명한 기업에 투자한다.
- 하락하는 종목의 주가가 싸다고 탐내지 않는다.
- 종목 선택에 자신이 없다면 펀드에 투자한다.

장기투자 전략 9. 내일의 노후자금, 주식에 장기적금을 들어라
: 앞으로 10년, 주식투자의 메리트는 더욱 높아진다

보유세 강화 및 양도세 때문에 부동산에 투자할 길이 꽉 막혀 있다면 주식투자를 망설일 이유가 없다. 주식투자는 대주주가 아닌 이상양도세와 보유세가 없을 뿐더러 오히려 배당이라는 부수입까지 생겨나기 때문이다. 비유를 하자면 부동산투자가 세금 때문에 '차 떼이고 포 떼이고' 나면 먹을 것이 없는 상황이 되어버렸다면 주식투자는 오히려 배당이라는 '차'를 하나 붙여주고 시작하게 된 격이다.

파이낸스 분야의 대다수 전문가들은 장기투자에 있어서 배당수익률의 중요성에 대해 지나치다 싶을 정도로 강조한다. 제레미 시겔은 S&P 500 지수에 편입된 종목들의 장기 투자수익률을 추적한 결과, 성장성이 높은 IBM보다 엑손모빌의 투자수익률이 더욱 높다고 진단했다. 성장성이 비록 떨어지기는 하지만 그렇기 때문에 상대적으로 주가가 낮게 형성되어 있었으며 배당수익률도 그만큼 높아졌다는 주장이다. 높은 배당수익률은 장기 투자수익률에 있어 결정적인 역할을 담당한다.

주가지수가 1,000포인트를 훌쩍 넘어서 1,500포인트까지 넘나드는 요즈음, 주식투자로 돈을 벌기는 힘든 것 아니냐는 의견도 많아졌다. 과거에 비해 주가가 비싸졌기 때문이다. 단순히 가격만을 놓고 본다면 그렇게 생각할 수도 있다. 하지만, 가격이 비싸진 데에는 그만한 이유가 있다. 기업이익의 안정성이 높아지는 반면 부채에 대한 위험성은 상대적으로 낮아지고 있다는 뜻이다. 경영이 투명해진 결과다.

외국인과 기관의 주식비중이 높아지면서 배당에 대한 요구도 거세지고 있다는 변화 역시 놓쳐서는 안 된다. 주식은 가격이 오를 수 있는 충분한 자격을 갖추고 있기 때문에 오르는 것이다. 이럴 경우 실제 가격은 펀더멘털의 개선을 뒤쫓아가는 경향이 짙게 나타난다. 이는 바꿔 말하면 앞으로 더욱 주가가 오를 수 있다는 의미이기도 하다. 반대로 주가가 쌀 때 사고 싶어하는 투자자들이 많이 생겨나는데, 가격이 싼 것과 가치에 비해 싼 것은 본질적으로 다르다. 말 그대로 '싼 게 비지떡'인 경우가 많다.

대개 투자라고 하면 가장 먼저 떠올리는 투자처가 부동산, 채권, 주식이다. 부동산은 정부가 내놓은 세금정책 등의 이유로 먹을 수 있는 파이가 점점 작아지고 있으며 채권은 금리가 너무 낮기 때문에 투자처로서 점차 매력을 상실하고 있다. 최근 유행하는 상품(원자재)에 투자하기에는 낯설어 투자자 입장에서는 선뜻 내키지 않는다. 결국 주식의 상대적인 매력은 앞으로도 계속해서 높아갈 것이다. 단기적으로 흔들림이 있을 수는 있지만 장강(長江)의 흐르는 물을 아무도 바꿀 수 없듯이 기본적인 변화의 틀도 바꿀 수는 없다.

주식의 펀더멘털,
제대로 알고 투자하자

: 펀더멘털은 기업의 가치를 알아보는 바로미터다

경제신문을 보다 보면 자주 등장하는 경제용어가 있다. '펀더멘털'이 그것이다. 이를 인터넷 사전에서 단어검색을 해보면 '국가 경제 따위에서 기본적인 내재 가치를 나타내는 기초 경제 여건'으로 뜻풀이를 해놓고 있다. 이렇게만 설명해서는 무엇을 나타내는지는 대략 알 수는 있겠으나 정확하게 펀더멘털이 우리 경제에 어떠한 영향을 끼치고 있는지는 이해가 가지 않는다. 필자가 고객설명회를 다니면서 빼놓지 않고 하는 질문이 있다. '대한항공 주가에 가장 큰 영향을 미치는 것은 무엇인가?'라는 질문을 던지면 100% 이런 대답이 돌아온다. "유가잖아요" 남녀노소 할 것 없이 대답은 똑같다. 조금 더 공부하신 분들은

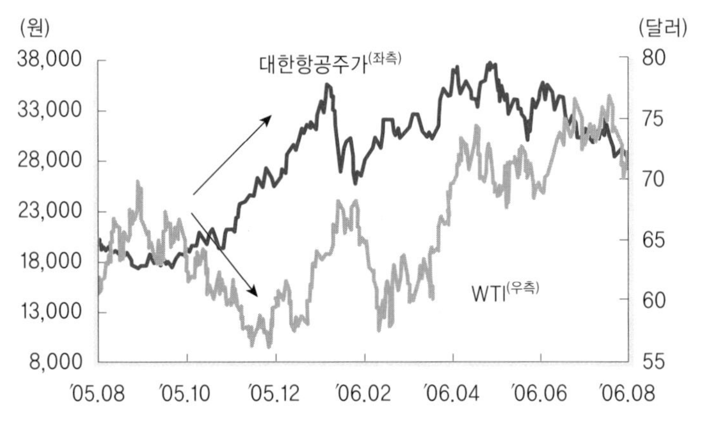

"유가와 환율입니다."라고 친절하게 추가 설명을 해주기도 한다.

과연 그럴까? 유가가 대한항공의 주가에 영향을 미치는 결정적인 변수가 될 수 있을까? 다음의 그림을 보면 대략 맞는 말 같기도 하다. 유가가 하락세를 보이는 동안 주가는 오르는 경향이 강했고 유가가 상승세를 보이면서 주가는 힘을 못 쓰고 있지 않은가?

그렇지만, 시야를 조금 더 확대해서 관찰해 보면 전혀 그렇지 않다는 사실을 알 수 있다. 길게 보면 유가는 대한항공 주가에 전혀 영향을 주지 못했다. 실제로 유가가 20달러에서 머물고 있을 때는 약 5,000원 정도 하던 주가가 유가가 70달러를 넘어가는 상황에서는 35,000원 가까이 상승했다. 유가와 오히려 동행하는 모습을 보이고 있음을 알 수 있다. 그렇다면, 왜 그럴까? 유가는 대한항공 주가에 아무런 영향을 미치지 않는 것일까? 정답은 '그렇기도 하지만 그렇지 않을 수도 있다.'이다.

그러나 장기적으로 보면 아무런 영향이 없음을 알 수 있다!

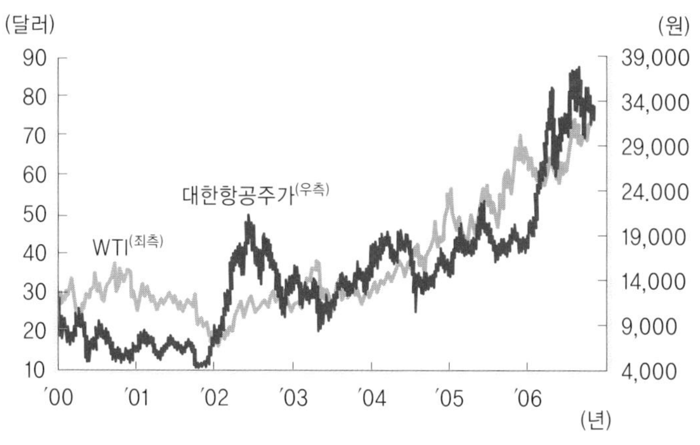

출처 : Datastream

다소 애매한 대답이기는 하지만 다시 한 번 생각해보자. 유가는 대한항공 원가의 약 30%를 차지하는 중요한 요소이다. 따라서 유가가 상승하면 수익성이 나빠지는 것은 당연할 것이기 때문에 주가에 부정적인 영향을 줄 수밖에 없다. 따라서 설명회에서 답한 고객들이 결코 틀린 답을 낸 것만은 아니다. 많은 신문기사나 애널리스트들의 분석 보고서에도 그런 내용들이 포함되어 있다. 자주 접하다 보니 고정관념처럼 아로새겨진 것이다. 하지만, 조금 더 길게 보고 다른 판단을 할 수 있다면 유가가 오른다고 해서 주식을 팔아버리는 우(愚)를 범하지 않을 것이다.

필자가 판단하는 대한항공의 펀더멘털은 단기적인 유가의 영향이 아니다. 유가가 오를 경우 이에 대한 부담은 결국 '유류 할증'이라는 제도를 통해 소비자에게 전가될 수 있기 때문이다. 물론 이런 제도가

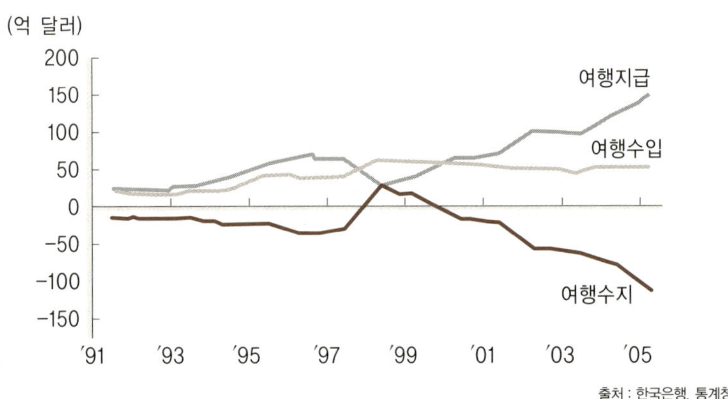

우리나라 경상수지 중 여행수지 추이

출처 : 한국은행, 통계청

완전하게 손실을 막아주지는 못하며 단기적으로는 주가가 하락할 수도 있다. 하지만, 보다 근본적이고 장기적인 펀더멘털은 아주 단순하다. 바로 여행자와 화물 운송량의 증가이다. 우리나라의 여행수지를 살펴보자.

대한항공의 펀더멘털, 여행지수와 운송지수 주5일 근무제 정착과 개인 라이프의 변화

앞의 그림에서 보는 바와 같이 우리나라의 여행수지는 IMF 이후를 제외하고는 계속해서 적자를 보이고 있으며, 규모도 해마다 큰 폭으로 증가하고 있다. 주된 원인은 여행수입의 감소와 더불어 우리나라 국민들이 해외에서 사용하는 지출비용이 늘어났기 때문이다.

1991년 50억 달러에도 미치지 못했던 여행지급 수치가 2005년에는 무려 153억 달러를 돌파했다. 개인의 씀씀이가 커진 탓도 있겠지만 무엇보다도 여행객의 수가 급증했기 때문이다. 통계청 자료에 따르면 우리나라의 해외출국자 수는 1998년 300만 명에서 2005년 1,037만 명으로 급증했다. 7년 사이에 무려 3배가 넘는 성장률을 기록했는데 이 중 관광이 주목적인 출국자가 절반이 넘는 비율을 차지하고 있다. 주 5일 근무제 시행과 함께 원화강세, 유학수요 급증 등의 영향이 컸다. 또한 2만 달러에 바짝 다가서고 있는 국민소득이 기본 배경에 깔려 있다. 보다 풍요로운 생활을 영위하기 시작하면서 국민들의 여가 성향이 급속도로 선진화되어 가고 있는 것이다.

항공화물 운송량의 증가도 살펴보자. 건설교통부 자료에 따르면 항공화물운송 실적은 1998년 147만 톤에서 2005년 260만 톤으로 크게 증가했다. 전통적으로 IT부문의 수출 비중이 높은 한국경제 특성상 시간이 흐름에 따라 항공화물 운송이 증가하는 것은 필연적일 수밖에 없다.

필자가 생각하는 대한항공의 펀더멘털은 바로 이런 것들이다. 일단 알고 나면 그다지 어렵지도 않고 누구나 생각할 수 있는 상식적인 내용들이다. 굳이 복잡하고 어려운 재무제표 분석을 할 필요도 없고 PER이니 PBR이니 하는 가치평가 지표를 고려할 필요도 없다. 항공수요가 앞으로 얼마나 이런 추세가 이어질 수 있을지 예측할 수 없다는 불확실성이 있지만, 트렌드가 한 번 형성되기 시작하면 비교적 오랫동안 지속되는 경향을 보인다. 따라서 이런 판단을 가지고 주식투자에 접근한다면 단순히 유가상승으로 주가가 하락한다 하더라도 흔들리지 않고 투자에 대한 포지션을 계속 유지할 수 있다.

그렇다면, 대한항공의 펀더멘털의 위협은 무엇인가? 이를 위해 미국 항공사의 파산사태를 돌이켜볼 필요가 있다. 미국의 항공사는 1980년대까지만 하더라도 황금알을 낳는 거위에 비유될 정도로 높은 수익성과 성장률을 자랑했다. 하지만, 2005년 말을 기준으로 유나이티드, 델타, 노스웨스트 등 굵직한 항공회사 5개가 파산 보호신청을 내놓고 영업을 하는 상태로 전락하고 말았다.

이들 회사의 수익성이 급격히 악화된 이유는 복합적인 2가지 요인 때문이다. 1979년 규제완화가 시행되어 항공사가 증가하면서 가격 경쟁으로 수익성이 악화되기 시작했고, 조종사 파업과 유가 상승 등으로 인한 고임금, 고비용 구조가 고착화되면서부터이다. 실제로 유나이티드 항공의 노조는 2001년 회사의 대규모 적자에도 불구하고 두 자리수의 임금 인상률을 밀어붙였을 정도였다.

이러한 사례를 통해 우리가 배워야 할 것은 자명하다. 대한항공의 펀더멘털의 훼손은 우선 항공사의 추가설립으로 인한 경쟁 격화와 비용구조에서 찾아야 한다는 사실이다. 그나마 다행스러운 점은 우리나라의 국민정서는 법보다 상위의 개념이어서 조종사 노조의 막무가내식 임금인상은 힘들다는 것이다. 하지만, 유가상승이 지속될 경우 항공료의 인상으로 이어져 종국에는 수요 감소로 결론지어질 수 있기 때문에 이 부분을 결코 무시해서는 안 될 것이다.

또한, 경쟁의 개념에서 살펴보면 잠재적인 위험이 도사리고 있다. 바로 제주항공과 같은 저가항공사의 등장이다. 설립초기라서 한성항공이 일시 좌초하는 등의 우여곡절을 겪고는 있지만 시간이 흐르면 대한항공에 위협적인 존재가 될 가능성이 높다. 하지만, 지금 당장의 위협적인 경쟁사로 떠오르지는 못한다. 현재 저가항공사의 경우 국내 노선에만 한정되어 있고 국내노선의 경우 기존의 항공사에게는 이미 적자 노선으로 분류되었기 때문이다. 따라서 해외여행객 수와 화물운송이 급격하게 증가하는 현재의 영업환경은 당분간 대한항공과 아시아나항공에 좋은 영향을 끼치게 될 것이다. 그야말로 잘 익은 과실을 따먹을 시간만 남아있는 것이다. 시간이 흘러 저가항공사가 근거리 국제노선에서도 영업을 할 가능성이 보인다면 그 때는 경계를 해야 할 것이며 이 점은 항상 염두에 두고 있어야 한다.

말이 나온 김에 계속해 보자. 고령화 사회가 사회문제로 대두되면서 주목 받고 있는 제약주는 어떠한가? 제약주의 펀더멘털은 무엇일까? 이 역시 대다수의 독자들이 쉽게 답을 찾아낼 수 있다. 바로 전 세계적으로 중요한 경제이슈로 등장한 인구구조의 변화이다.

양육비와 교육비증가와 더불어 촉발된 저 출산 현상과 수명연장으로 우리나라는 이미 고령화 사회에 진입했다. 통계청 자료에 따르면 2000년에 이미 65세 이상 노년인구가 전체인구의 7% 비중을 차지하면서 고령화 사회로 진입했다고 한다. 현재의 추세대로라면 2018년에는 14%를 넘어가게 되고, 2026년에는 20%를 넘게 돼 초고령 사회로 진입할 것으로 예상된다. 그런데, 우리나라 50세 이상의 인구가 소비하는 약품의 양은 50세 이하의 인구가 소비하는 양의 3배에 이른다고 한다. 따라서 지금과 같은 추세대로라면 향후 20년간은 의약품 소비량이 급증할 수밖에 없는 구조이다.

일본은 이러한 현상이 우리보다 일찍 닥쳤는데 1960년대 전체 인구의 5% 수준에 달하던 65세 이상의 고령 인구가 1990년에 12%, 2000년에는 17%까지 달하게 되었다. 우리나라보다 인구 고령화의 시기가 훨씬 빨랐으며, 1973년부터 1987년까지 제약업종 지수는 연평균 14%씩 상승해 토픽스 지수의 연평균 수익률 11%를 훨씬 초과하는 수익률을 거둘 수 있었다.

수익률과 인구의 고령화 현상은 어떤 관계가 있는 것일까?

주된 이유는 고령화 사회가 본격화되면서 의약품 소비도 함께 급
증했기 때문이다. 우리나라의 고령화 속도는 당시 일본보다 빠르면 빨
랐지 결코 느리지 않다. 향후 주가 전개방향도 비슷한 양상을 보여줄
지 않을까 조심스럽게 진단해본다.

이미 2005년 한국 증시에서도 그러한 일이 발생한 적이 있었다.
2004년 1월부터 2005년 말까지 의약업종 지수는 193% 상승해 종합지
수 상승률 68%를 훨씬 뛰어넘는 수익률을 거두었다. 현재 FTA와 약값
인하 문제가 불거지고 있어 약세를 보이고는 있지만 좀 더 길게 내다
보면 의미 있는 펀더멘털의 개선이 지속적으로 이뤄질 것으로 보인다.

웰빙문화와 내수업종의 성장 사람들은 이제 '삶의 질'에 지갑을 연다

개인소득이 높아지면서 초래되는 또다른 변화는 소비의 증가이다.
이는 단순히 소비의 양만이 아닌, 질적인 소비를 추구하는 것을 말한
다. 돈이 많아졌다고 해서 한 끼에 한 공기 먹던 밥을 열 공기씩 먹지
는 않는다. 한 공기의 밥을 먹더라도 좀 더 영양이 좋은 밥을 먹기를
원한다. 경제학에서 흔히 말하는 사치재가 선호되는 것이다.

그렇다면, 여기서 잠깐 사치재와 열등재의 개념에 대해서도 알아
보자. 사치재와 열등재는 그 구분을 소득에 대한 수요의 탄력성으로
정한다. 탄력성이란 기준이 되는 소득증가에 따라 수요가 늘어나는 속
도를 말한다. 우리가 주식시장에서 자주 이야기하는 베타와 비슷한 개
념이다.

예를 들어 어떤 재화의 수요가 소득이 증가함에 따라 소득 증가율

을 훨씬 뛰어넘는 증가율을 보인다면 이것은 사치재이다. 반면에 소득이 증가함에 따라 수요가 낮아지는 경우는 열등재라고 한다. 우리가 살아가는 데 반드시 필요한 필수 소비재에서도 차별화 현상이 나타난다.

이러한 사치재와 열등재의 차이가 심하게 두드러지는 것이 바로 '먹거리'이다. 가정의 건강을 책임지는 주부들이 웰빙 열풍에 가장 먼저 합류하면서 가격이 비싼 유기농 제품에 지갑을 열기 시작했고, 기업들의 차별화된 제품개발 및 마케팅에 힘이 실리면서 날개 돋친 듯이 팔려나갔다. 식사대용으로 흔히 마시는 우유를 예로 들어보자.

'마더스 밀크', '설 목장 우유', '뼈 건강 연구소 206' 등은 딸기우유, 초코우유, 흰 우유로만 분류되었던 우유에 대한 인식을 확 바꿔놓은 우유 브랜드다. 이들은 소비자들에게 차별화된 제품이라는 점을 확실히 각인시키고 있다. 가공우유에 대한 소비자의 인식이 낮아지기 시작하면서 우유업계는 자사의 제품이 칼슘, DHA, 비타민 등이 함유된 제품임을 광고하기 시작했고 이로써 '우유의 양극화 현상'은 본격적으로 시작됐다. '흰 우유 + 알파 = 프리미엄급 제품'이라는 등식이 성립된 것이다.

이러한 현상은 비단 우리나라에서만 일어난 것이 아니다. 1988년 이미 2만 달러를 돌파한 일본에 식품을 수출하는 것은 여간 까다로운 일이 아니었다. 근해에서 잡히는 수산물 중 최고 상품은 대게의 경우 일본으로 수출된다. 그만큼 수요가 많고 값을 많이 쳐주기 때문이다. '김' 하나를 수출해도 최상품에 포장까지 완벽하고 깔끔해야 하며 그들의 까다로운 요구를 수용해야 수출이 가능하다.

먹고살 만해지면 양보다 질이 우선시 되는 것은 당연한 흐름이다. 불과 10년 전만 해도 필자가 자주 들을 수 있었던 표어는 '과소비'의 부정적인 홍보였다. 과소비와 사치는 국가경제를 갉아먹는 적으로 여겨졌다. TV, 라디오, 신문을 포함한 대다수의 언론에서도 사치스러운 제품을 사는 소비자들을 공격했고 우리는 소비보다는 저축이 미덕인 양 세뇌교육을 받아왔다. 자원 하나 나지 않는 국가에서 수출에 의존할 수밖에 없었던 한국의 입장에서는 어쩔 수 없는 선택이었는지도 모른다. 과소비는 원자재 수요를 증가시켜 유일한 수익원인 경상수지를 악화시키기 때문이다.

하지만, 외환위기를 전후해 이러한 사회기조는 크게 바뀌게 된다. 시장개방과 더불어 OECD 가입까지 하게 된 한국에게 국제사회는 더 이상 개발도상국의 지위를 인정하지 않기 시작했다. 이는 수출 의존도가 높은 국가경제에 큰 위협으로 다가오는 요인으로 작용되기도 했다. '한강의 기적'을 이뤄냈듯 경제의 과도기적 시기도 비교적 짧은 시간에 마무리 되었으며, 정부는 외환위기 이후 글로벌 경쟁력을 갖춰야 세계시장에서 살아남을 수 있다는 사실을 인지했다. 그리고 원인과 동력을 찾는 데 많은 투자를 해왔다. 그러던 중 선진국들이 선진국 반열에 들어설 수 있었던 기저에는 탄탄한 내수가 뒷받침 되었다는 사실을 깨닫게 된 것이다.

정부는 비로소 수출에만 의존하는 성장에는 한계가 있다는 사실을 깨닫고 내수성장에 관심을 돌리게 된다. 과소비와 사치를 죄악시 하던 풍조는 어느덧 사라지고 이제는 그 자리에 '건전한 소비는 나라 경제의 주춧돌'이라는 문구가 대신 자리하고 있다. 카드 사용에 대한 부정적인 이미지도 크게 바뀌었으며 백화점에는 명품관들이 1층에 자리하고 있지 않으면 생존 자체가 어려운 상황이 되어 가고 있다. 또한, 재래식 시장에서 반찬거리를 싼 값에 사려고 흥정하던 세태가 사라지고, 조금 더 비싸도 보다 깨끗하고 믿을 수 있는 대형마트로 소비자가 몰리기 시작했다.

이러한 변화는 1~2년에 걸쳐 이루어지는 것이 아니다. 비교적 장기간에 걸쳐서 이루어지며, 한 번 변화가 시작된 이상 경제가 후퇴하더라도 그런 물결을 되돌리기는 힘들다. 사람의 심리상 소비에 있어서 레벨다운은 받아들여지기 힘들기 때문이다. 소형차에서 중형차로 갈아타는 것은 쉬워도 중형차를 타다가 소형차 탈 바에는 안 타겠다는 것이 일반적인 소비자들의 인식구조이다. 이러한 소비변화를 통해 우리가 주식시장에서 관찰해야 할 중요한 펀더멘털의 변화가 무엇인지에 대해서도 알아보자.

과소비가 적이었던 과거에는 찬밥이었던 내수소비 업종에 주목할 필요가 있다. 수출만이 우리 경제에 도움이 된다는 사회적 분위기는 수출을 하지 않는 업종에 대해서는 큰 관심을 가질 수 없도록 만들었다. 심지어 정부에서 기업에 주는 '상'도 수출을 많이 했을 때 주는 상만 있지 내수가 늘었다고 주는 상은 없을 정도였다. 오죽했으면 내수에 치중할 수밖에 없던 기업들이 작게라도 수출로까지 달려들었을까.

주식시장에서는 이미 그러한 변화가 시작되었다. 이마트를 통해 아시아 최대 유통 체인점을 구축한 신세계가 대표적인 사례이다. 백화점을 비롯 유통 관련 주식과 음식료, 제약 업종의 성장률은 종합지수를 능가한다. 증시에 상장된 종목들의 전체이익에서 제조업이 차지하는 비중은 1995년 70% 수준에서 2005년 50% 수준으로까지 떨어졌다. 반면에 금융과 서비스업을 포함한 비제조업의 약진이 두드러지게 나타났다. 수출 지상주의에서 벗어난 우리 경제의 변화를 보여주는 단면이라고 할 수 있다. 앞으로도 이러한 변화는 꾸준히 진행될 것으로 예상된다.

수출을 위한 제조업 투자가 주춤해지는 사이, 금리는 낮아지고 베이비붐 세대가 일생에서 소득이 가장 많아진다는 중년층을 차지하게 됨에 따라 소득 증가와 더불어 소비 또한 활발해질 것으로 보인다.

내수업종 중에서도 질적으로 차별화를 시도하고 있는 종목에 관심을 가져보는 것도 바람직하다. 더 이상 싸게 만드는 것만이 능사가 아닌 웰빙 문화가 깊숙이 자리하고 있기 때문이다. 청바지 한 벌을 만들더라도 수십만 원을 호가하는 청바지는 나름대로의 소비층이 탄탄하게 구축되어 있다. 아예 싸게 만들어 대량으로 판매하지 않는 한 어정쩡한 제품으로는 경쟁에 치여 설 자리를 잃어가고 있는 요즘이다.

자기 나름대로의 생존전략을 가지고 소비자들에게 확고한 브랜드 이미지와 가치를 포지셔닝하고 있는 회사에 관심을 가져보자. 경영이 어렵다 하더라도 세일전략보다는 고가전략을 유지함으로써 소비자들로부터 좋고 비싼 제품이라는 포지셔닝을 받는데 성공한 의류업체인 한섬이 대표적인 사례로 들 수 있다.

지난 한 해, 된장녀라는 신조어가 뜨거운 이슈였던 것만 보더라도 요즘 젊은 층의 소비문화가 얼마나 과감해졌는지 잘 알 수 있다. 된장녀란 밥값을 아껴가면서 밥값에 준하는 가격대의 커피를 마시고, 적금을 붓는 대신 명품브랜드 제품을 구입한 할부 값을 꼬박꼬박 치르는데 망설임 없는 일부 청년층을 지칭한 용어이다.

부족한 것 없이 풍족하게 자랐기 때문에 생겨난 소비문화라고 매도할 수도 있지만 사회 전반에 흐르는 소비문화이기도 하다. 이제 사람들에게 소비는 필요한 상품이나 서비스를 구입하는 것만이 전부가 아니다. 자신의 가치를 표현해 내는 데 소비를 하며, 그것이야말로 현명한 투자라고 생각한다. 삶의 질이 강조되면서 '자신에게 투자하는 것도 경쟁력이다.'라는 인식이 하나의 사회문화로 형성된 것이다.

사실 5년 이상을 쓸 물건이라면 고가의 제품을 소비함으로써, 동일한 물건에 추가비용을 들이지 않는다면 그것이 절약이다는 말도 아예 틀리지 않는다. 이처럼 세상이 변하고 또 세상 안에 살아가는 사람들의 사고방식이 달라지면 내재가치 또한 달라질 수밖에 없다. 결국 투자란 변화하는 인간의 삶에 따라 기준도 달라지게 마련이다. '인생 따로, 투자 따로'라고만 생각하지 말고 피부로 느끼는 라이프 사이클 안에 돈의 흐름이 존재하고 있다는 사실을 항상 주시하도록 하자.

펀더멘털, 금융업의 지속적인 성장세 불안해진 노후에 따른 재테크 신드롬

내수업종 중에는 대장 격이라고 할 수 있는 금융업종도 주목해야 할 관심 대상이다. 이제 저금리와 더불어 베이비붐 세대의 금융자산 축적 증가가 시작되었다. 한국은행 자료에 따르면 1990년 1,000조 원

수준이었던 우리나라 전체 금융자산은 2006년 1사 분기에는 6,380조 원으로 증가했다. 1990년 국민소득 대비 금융자산의 비율이 3배 수준에 불과했으나 현재는 7.8배 수준으로 급증한 것이다. 과거에 비해 상당히 높아졌으나 아직도 9배를 넘는 선진국 수준에 비하면 낮은 수준이다. 따라서 우리나라도 경제 펀더멘털의 훼손이 없는 한 선진국 수준으로 끊임없이 진화·발전할 것이 자명하다. 때문에 금융업종에는 장기 성장성이라는 긍정적인 펀더멘털의 변화가 이루어지고 있는 것이다.

그뿐만 아니다. 전체 금융자산의 약 22%를 차지하고 있는 개인 금융자산의 변화도 읽을 수 있다. 단순 예금의 비중이 1년 전과 비교해 보면 49.9%에서 47.9%로 떨어지고 있다. 금리가 낮아지면서 투자형 상품이 크게 증가한 결과다. 투자형 상품의 증가가 금융업종의 펀더멘털을 가장 크게 변화시키고 있는 것이다. 과거 은행예금 위주의 금융상품으로만 이뤄졌던 후진적인 산업구조의 틀이 바뀌고 있다는 얘기다. 금융자산 증가와 더불어 우리가 주목해야 할 중요한 변수이다.

자동차와 화재 등 단순 손해보험에만 치중하던 보험사가 장기 건강보험을 판매한다든지, 증권 중개만을 전담하던 증권사가 고객의 필요에 맞는 다양한 금융상품을 개발해 판매하는 움직임 등도 절대로 놓쳐서는 안 될 중요한 펀더멘털의 변화이다. 은행도 마찬가지다. 오로지 예대금리차에만 의존하던 경영에서 벗어나 각종 간접상품 판매와 보험도 취급하고 있을 정도로 업무영역이 점차 확대되고 있다. 물론 이러한 변화를 겪으면서 취약한 부분은 도태될 것이지만 살아남은 자는 도태된 부분에 대한 혜택까지 합쳐져서 엄청난 성장을 이루게 될 것이다. 1957년 S&P 500지수를 구성하는 업종 중에서 금융업종이 차지하는 비중은 0.77%에 불과했다. 그러나 2003년에는 20.64%로 전체 업종에서 가장 큰 비중을 차지하고 있다.

미국 역시 금융자산의 급격한 변화가 이루어지기 시작한 1980년대부터 본격적인 금융 산업의 발전이 시작된 것은 놓쳐서는 안 될 중요한 역사의 교훈이다.

펀더멘털, 나무를 보지 말고 숲을 보아라 펀더멘털은 중장기적으로 바라보고 평가하자

지금까지 언급한 사항은 필자가 개인적으로 느낀 우리나라 경제 펀더멘털의 변화와 그로 인해 주식시장에서 나타날 수 있는 변화의 일부분에 불과하다. 더 많은 업종과 종목이 이 순간에도 갖가지 단기적인 재료와 이익의 변동성으로 가격이 움직이고 있다. 첫 부분에서 언급했던 것처럼 단기적인 영향을 주는 변수에 민감하다 보면 주가변화를 주는 진정한 펀더멘털을 무시하는 오류를 범하게 된다.

주식투자를 단순히 도박으로만 접근하는 자세는 반드시 지양해야 한다. 나무만 보고 숲을 보지 못하는 치명적인 실수를 범할 수밖에 없기 때문이다. 나 또한 나무에 신경을 쓰다가 숲을 보지 못하는 어리석은 행동을 지금도 저지르고 있다. 하지만, 유가상승이 대한항공 주가에는 장기적으로 영향을 주지 못한다는 점은 분명한 사실이다. 중동전쟁이 유가를 상승시키는 펀더멘털의 변화가 아니라는 사실만 염두에

두고 있다면, 주가에 영향을 주는 근본적인 펀더멘털을 찾으려는 노력을 게을리 하지 않는 똑똑한 투자자로 바로 서게 될 것이다.

앞에서도 언급했듯이 최근 원유시장은 중국과 같은 신흥시장에서의 수입수요 증가로 인해 가격을 올리는 펀더멘털로 작용하고 있음을 반드시 명심해야 한다. 펀더멘털을 오해함으로써 생길 수 있는 불합리한 투자 선택이 줄어들 수만 있다면, 투자자들은 장기적으로 좋은 수익률을 올릴 수 있는 강력한 무기를 갖게 될 것이다. 길게 보면 시야는 자연스레 넓어지게 되어 있다. 지금부터라도 주식에 적금을 든다는 넉넉한 마음을 가지고, 주식투자에 접근하기를 바란다.

절대로 투자에서 지지 않는
가치투자 승리의 법칙

◆초보자도 쉽게 알아채는 가치투자 7WIN 법칙
투자고수가 알려주는 '초보자를 위한 가치투자 1단계'

◆내일의 금맥을 캐는 우량기업의 조건
투자고수가 알려주는 '초중급자를 위한 가치투자 2단계'

◆숫자와 그래프보다 중요한 가치투자의 정석
투자고수가 알려주는 '중고급자를 위한 가치투자 3단계'

명품투자학 5

초보자도 쉽게 알아채는
가치투자 7WIN 법칙
: 투자고수가 알려주는 '초보자를 위한 가치투자 1단계'

무작정 어떤 종목을 장기보유한다는 것이 성공적인 투자를 담보하지는 않는다. 반드시 우량주여야 한다. 우량주라는 것은 한 나라의 경제가 성장하는 것보다 높은 성장을 통해서 안정적인 이익을 낼 수 있는 계속적인 기업이라고 할 수 있다. 그러나 저마다 성실하게 일상을 꾸려나가야 하는 개인투자자들의 경우 전업투자자처럼 주식에 많은 시간을 할애할 수 있는 형편이 못 된다. 따라서 평소에도 일상생활 속에서 좋은 기업을 눈여겨보는 지혜가 필요하다. 그것을 가치투자 전략이라고 한다. 기업이 미래의 가능성을 보고 인재를 가려 뽑듯이, 개인투자자들도 미래의 수익을 안겨다 줄 튼튼한 기업을 알아보는 데 노력을 게을리 하지 말아야 한다. 가치투자 전략에서 개인투자자들이 반드시 승리할 수 있는 몇 가지 방법을 제안하고자 한다.

Win 1. 저가주에 대한 집착부터 버려라
: '주식의 수량'보다 '투자 수익률'이 중요하다

개인투자자들과 상담을 하다 보면 절대주가 기준으로 액면가 미만의 저가주에 대한 선호도가 매우 높다는 것을 알 수 있다. 아마도 삼성전자 10주보다 5,000원짜리 1,000~2,000주를 보유하는 것이 훨씬 포만감과 만족감을 느끼게 해 주는 모양이다. 물론 투자자금 규모가 기관투자자에 비해 상대적으로 작기 때문에 그런 생각을 할 수 있다. 그러나 중요한 건 주식의 수량이 아니라 투자수익률이라는 점을 생각하면 저가주에 대한 집착은 바람직하지 않다.

실제로 과거 10년간 주가상승률이 가장 높았던 종목 베스트 5를 보면 SK텔레콤, 삼성전자, 신세계, 태평양, 현대모비스 등이었다. 이 사실에 놀라는 독자들은 반성해야 한다. 저가주 선호가 바람직하지 않은 이유는 따로 있다. 저가주가 액면가를 탈피하지 못하는 데는 그만한 이유가 있는 것이다. 부실한 재무구조, 경쟁사 대비 열악한 원가구조 그것도 아니면 그 기업이 속한 산업 자체가 시대의 조류에 맞지 않는 사양 산업이라는 점이 초라한 주가를 설명해주는 요소들이다. 물론 이러한 핸디캡을 가지고 있는 주식이 턴어라운드에 성공하면 높은 수익률을 기록할 수도 있다. 그러나 그렇게 될 확률은 매우 낮다. 이런 all-

or-nothing식의 투자에 소중한 노후자금, 자녀교육자금 또는 주택마련 자금을 배팅하는 것은 누가 봐도 무모하다.

실증적으로 한 번 살펴보자. 1998년 12월 31일을 기준으로 유가증 권시장에 상장된 전체 종목을 액면가 5,000원 이상인 종목과 액면가 미만인 종목으로 구분하자. 그런 다음 양분된 종목으로 각각 두 개의 포트폴리오를 구성하고 수익률을 계산해보았다.

그 결과 액면가 이상으로 구성된 포트폴리오의 수익률이 200%로 나타나 액면가 미만의 포트폴리오 수익률 140%를 훨씬 초과하는 수준 을 보인다. 이때 수익률 계산에서 기준일 이후 상장 폐지된 종목은 제 외했다. 만약 이러한 종목의 수익률까지 포함했다면 수익률 격차는 더 크게 벌어졌을 것이다.

액면가 이상 vs 액면가 미만 포트폴리오 수익률

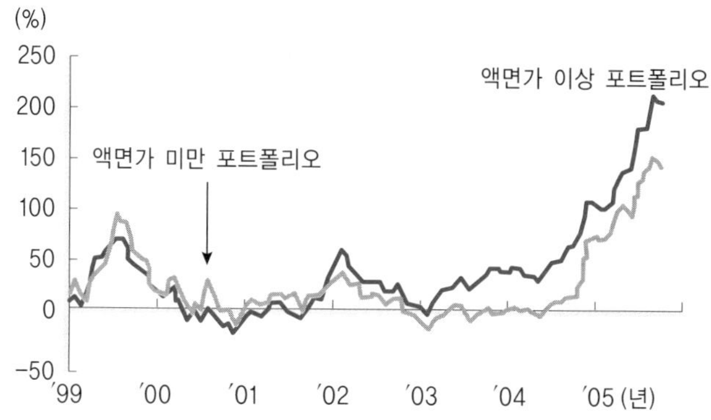

참고 : 1998년 12월 31일 종가를 기준으로 액면가 이상/미만 구분, 기준일 이후 상장폐지된 179개 종목은 수익률에서 제외
자료 : WSIEfn, 삼성증권

저가주는 부도가 날 확률도 매우 높다. 앞의 예를 계속 살펴보자. 기준일 이후 상장 폐지된 기업수를 보면 액면가 미만 기업이 132개로 액면가 이상 기업 47개에 비해 3배 가까이 많다. 결국 장기투자의 대상으로서 반드시 전제되어야 할 기업의 계속성(going-concern)이 저가주에서는 많이 떨어진다는 것을 방증하는 예라고 할 수 있다.

1998년 말 이후 상장 폐지된 종목통계

1998년 말기(년)	1999	2000	2001	2002	2003	2004	2005	합계
액면가 이하	43	10	17	23	15	13	11	132
액면가 이상	6	3	9	8	1	12	7	47
소계	49	13	26	31	17	25	18	179

참고 : 우선주, 뮤추얼펀드, 합병으로 인한 상장폐지는 제외
자료 : WISEfn, CHECK

Win 2. '화려한 과거'보다 '화창한 미래'가 중요하다

: 미래가치는 '과거실적'보다 '현재상태'로 결정된다

기업은 항상 변화하는 환경에 직면할 수밖에 없다. 이러한 환경 변화에 능동적으로 대처하면 기업의 경쟁력이 더욱더 강화되어 양적·질적 성장을 이룰 수 있게 된다. 그러나 그렇지 못한 경우도 많이 발생한다는 것을 간과해서는 안 된다. 과거에 좋은 실적을 기록했던 기업이 미래에도 반드시 그럴 것이라는 것은 착각이다.

그러나 과거 실적이 미래에도 그대로 이어질 것이라는 막연한 생각만으로 종목을 매수하고 방치하는 경우가 있다. 하지만, 기업들이 이룬 과거의 높은 수익성은 현재 주가에 이미 반영되어 있다. 기업의

주가는 대략 6개월 정도 선행해서 기업의 현실을 반영하는 것으로 알려졌다. 따라서 과거 실적에만 집착한다면 대형주라고 해도 투자성과는 기대했던 것보다 좋지 않을 수 있다. 실제로 15년 전 시가총액 10대 기업 중 아직까지 그 위치를 유지하고 있는 기업은 한국전력, 포스코, 삼성전자 3개 회사에 불과하다. 그만큼 기업들의 영고성쇠(榮枯盛衰)가 빈번히 일어난다는 것을 뜻한다. 따라서 주가에 가장 큰 영향을 미치는 요소는 과거의 수익성보다는 미래의 수익가치라는 점을 다시 한 번 깨달아야 한다.

그러므로 주기적으로 매수한 종목의 미래가치에 꾸준히 관심을 기울여야 한다. 당초 주식을 매수할 때 가정했던 내용들이 예상과는 다른 방향으로 움직인다면 그때마다 포트폴리오 재조정(Portfolio Rebalancing)을 해야 한다. 농부가 봄에 씨를 뿌려 가을에 수확을 거둘 때까지 지속적으로 김도 매주고, 농약도 줘야 하는 것처럼 주식투자에서도 사후관리는 필수다.

그러나 농부보다 투자자가 더 힘든 것은 미래에 대한 예측을 하면서 동시에 선제적으로 행동을 취해야 하기 때문이다. 물론 기업의 미래를 예측하는 일은 전문적인 식견과 어느 정도의 직관(intuition)을 요구한다. 신기술 개발이나 신규 사업 진출을 선언한 회사에 대해서 너무 일찍 높은 평가를 내리는 것에 주의를 기울여야 하는 이유도 여기에 있다. 쉽게 납득이 가지 않은 내용은 꼼꼼히 짚어봐야 한다. 따라서 종목 선정을 할 때 복잡한 사업구조를 가진 기업보다는 단순한 사업구조를 가진 기업에 이목을 집중시켜야 한다.

시가총액 상위 기업의 변화

	시가 총액 상위 10대 기업	특징
1990년 1월	한국전력, POSCO, 한일은행, 삼성전자, 제일은행, 조흥은행, 상업은행, 서울은행, 대우, SK	은행주
2000년 1월	KT, 삼성전자, KTF, SKT, 한국전력, POSCO,데이콤 하이닉스, 삼성전기, 국민은행	IT, 통신주
2006년 2월	삼성전자, 한국전력, 국민은행, POSCO, 현대차, SKT, LGPL, 우리금융, 하이닉스, 신한금융	업종대표주

자료 : WISEfn, CHECK

Win 3. 시대는 초단위로 변하고 주목받던 업황도 사라진다

: '수요자의 니즈'를 기준으로 황금 업황도 바뀐다

2002~2003년 사이 TFT-LCD 및 PDP 등을 생산하는 디스플레이 업종은 디지털 시대를 선도하는 산업으로서 투자자들의 각광을 받아왔다. 그러나 2004년 이후 대형 TV시장을 놓고 업종 내 치열한 경쟁이 진행되면서 디스플레이 업종에 종사하는 기업들의 수익성이 점차 악화되기 시작한다.

디스플레이의 선도업체인 LG필립스LCD도 예외는 아니어서 2004~2006년 사이 종합주가지수는 크게 상승했으나 동사의 주가는 2005년 중반 54,000원에서 2006년 말에는 25,000원까지 하락해 오히려 반 토막이 나는 수모를 겪은 바 있다. 최근 들어, 패널가격의 하락으로 인해 수요가 증가하는 모습을 보이고 있어 수익성 개선이 가능할지 귀추가 주목된다.

 누구나 사랑하는 우량주와 연애해라
: 우량주는 하락장에서도 뒷심을 발휘한다

막연한 정보에 대한 환상 때문에 군중심리에 휩쓸려 버블을 형성했던 종목들을 상기시켜 보자. 또한, 5만 원짜리 주식이 10만 원 가는 것보다는 5천 원짜리 주식이 1만 원 가는 것이 쉽지 않겠는가? 라는 생각으로 접근했던 초 저가주의 상장폐지 확률을 기억해 보자.

저가주가 액면가를 탈피하지 못하는 데는 그만한 이유가 있다. 물리더라도 우량주에서 물려야 향후 주가회복을 기대할 수 있다. 따라서 펀더멘털에 충실해야 한다.

우량 종목은 시장이 상승할 때는 지수보다 초과수익을 기록하고, 시장이 하락할 때는 이보다 덜 빠지는 하방 경직성을 보여준다. 바로 투자심리 때문이다. 주식시장이 약세를 보이기 시작하면 사람들은 불안해하고 주식을 던지기 시작한다. 그러나 일정 시점부터 적어도 우량회사는 망하지 않는다는 심리가 작용하기 시작한다. 마음이 편해지기 때문이다.

Win 5. **투자의 프리미엄, 미래 가치에 주목해라**
: 주식시장의 속성, '앞선 시대'를 반영한다

과거 우수한 실적을 보여준 기업이 미래에도 반드시 그럴 것이라는 고정관념을 버리고 경계하는 자세로 보유종목을 점검하자. 과거 실적은 이미 주가에 반영되어 있다. 하지만, 누구나 알고 있는 정보는 아무런 도움이 되지 못한다. '보유하고 있는 기업이 과거와 현재의 위치를 미래에도 유지할 수 있는가?'를 끊임없이 스스로에게 질문하는 습관이 필요하다. 1등 기업은 특별한 실수를 하지 않는 한 앞으로도 쭉 그럴 가능성이 높다.

업계 1등 기업이 시장 지배력을 지속시키기 위해 과거처럼 투자에 용이한 주가흐름을 이어가기 위해서는 최소한 2가지 요소가 유지되어야 한다. 우선, 속해 있는 산업의 성장성이 유지되어야 한다. 적어도 GDP 성장률 이상의 성장세를 보이는 산업에 접근하는 것이 바람직하다. 그 정도 성장세로만 이어간다면 이미 확보한 시장 지배력을 이용, 경쟁사를 대비할 수 있는 우월한 실적을 지켜나갈 수 있다. 두 번째는 경영진 리스크(management risk)가 없어야 한다. 이를 위해서는 공개기업으로서 지배구조가 주주가치를 향하고 있는가? 현재 사업과 무관한 영역확장을 하고 있는 것은 아닌가? 등을 꼼꼼히 따져보는 습관이 필요하다.

Win 6. 상승하는 종목과 일촌을 맺어라
: 외국인과 기관투자자의 매매종목에 '상승종목'이 있다

하락하는 종목의 가격 메리트에만 집착하지 말자. 단순히 매수단가를 낮추기 위한 물 타기 습관은 버려야 한다. 하락종목에 대한 애착은 본전 찾기(trying-to-break-even effect)를 위한 조바심에서부터 시작된다.

하락종목을 추격 매수하거나 추가 매수하기 전에 먼저 하락하는 이유에 대해 살펴보자.

대부분은 사업전망이 어둡거나 지배구조에 문제가 있어서 그런 것이 아닌가 하고 생각할 것이다. 따라서 그보다는 기조적으로 상승하는 종목들에 관심을 두는 것이 바람직하다. 그러한 종목을 발굴하는 것이 어렵다고 판단되면 분석력이 뛰어난 기관과 외국인의 매매행태를 살펴볼 필요가 있다. 기업분석을 전문으로 하는 사람들의 의견이 항상 맞다고는 할 수 없지만 적어도 그럴 가능성은 높다는 점을 인정하자. 객관적으로 보고서를 읽어보면 종목선정을 하는 데 있어 중요한 단서를 찾아나갈 수 있을 것이다.

주식투자뿐만이 아니다. 사실 자신의 돈을 걸고, 직접 부딪쳐 경험하는 것이야말로 제대로 된 '투자공부'다. 하지만, 그럴 만한 시드머니를 갖추고 있는 이상 먼저 투자에 임해야 한다. 또한, 해당분야의 전문가들이 내놓은 경험적 투자전략에 관심을 갖고, 자신에게 적용시켜 보는 습관을 들여야 한다.

Win 7. 간접투자로 지금 당장 재테크를 시작해라
: 전문가의 손을 빌려, 먼저 주식시장에 뛰어들어라

그래도 종목선정에 자신이 없는 투자자라면 간접투자가 가장 좋은 투자대안이다. 최근 적립식펀드를 중심으로 간접투자 확산과 더불어 분석 및 운용능력도 전문화되어 가고 있어 수익률 면에서도 좋은 성과를 보이고 있다. 대부분 주식형 펀드가 40~80종목에 투자하고 있기 때문에 소액투자 자금으로도 자연스럽게 분산투자 효과를 누릴 수 있다.

또한, 투자자의 필요(needs)에 맞는 다양한 스타일의 상품들이 출시되고 있다는 점도 긍정적이다. 전통적인 투자 스타일인 인덱스형, 성장형, 가치형에서부터 업종 대표주나 중소형주에 중점적으로 투자하는 스타일 등 다양하게 출시되고 있다. 적은 시간을 투입해 전문가의 도움을 받을 수 있으니 효율적인 방법이다.

그러나 한 가지 명심해야 할 사항이 있다. 영업직원과 상담할 때는 반드시 본인의 성향과 향후 자금의 용도에 대해 정확하게 설명해야 한다. '대충 알아서 해주세요.'처럼 무책임한 말도 없다. 주택마련자금, 자녀의 교육자금, 노후자금으로 쓰일 소중한 자금을 무책임하게 운용해서야 되겠는가? 간접투자로 재테크의 물꼬를 튼 다음 직접투자를 시작해도 늦지 않는다.

내일의 금맥을 캐는
우량기업의 조건
: 투자고수가 알려주는 '초중급자를 위한 가치투자 2단계'

맥도날드 햄버거 가게에 항상 사람이 북적대는 것을 보고 해당 주식을 매입했다는 미국 할머니의 이야기가 있다. 먼 미국까지 갈 필요도 없이 우리나라만 해도 길거리에 '제크(ZEC)'라는 과자 봉지가 자주 눈에 띄자 해당 제품의 주식을 매입했다는 이야기도 자주 거론되는 단골 소재다. 물론 위의 일화들처럼 자주 눈에 띄거나 사람들이 북적거린다고 해서 무조건 해당 주식이 고수익을 안겨다줄 것이라고 확언할 수는 없다. 다만 투자고수들은 길을 가거나 상점 앞을 지나치다가도 '주식투자에 도움이 될 만한 징조'가 보이면 허투루 보지 않고 곧바로 투자로 연결 지어 생각한다는 것을 눈여겨봐야 한다. 그들은 세상의 모든 현상에 관심을 가지고 있으며 이를 주의 깊게 본다. 그리고 그것이 곧 투자습관으로 연결되는 것이다. 그러나 개인투자자들에게 이러한 투자습관까지 요구하는 것은 좀 무리가 있다.

우량기업을 콕 짚어내고 싶다면 거래 증권사를 최대한 활용하라고 권하고 싶다. 여러분이 증권회사에 지불하는 거래 수수료는 바로 이런 활용비에 대한 수고비인 셈이다. 그렇기 때문에 여러분은 증권회사의 상담직원이나 발간 자료 등을 원하는 만큼 활용할 수 있는 자격이 충분하다. 이를 위해 이제부터 전문가들이 좋은 회사 발굴을 위해 반드시 점검하는 요소와 평가 방법을 소개하고자 한다.

 실적이 좋아지는 기업과 나빠지는 기업
: 개인투자자들의 잘못된 기대심리와 매매형태

실적이 좋아지는 기업은 주가가 오르고 실적이 나빠지는 기업은 주가가 하락한다는 사실은 주식투자의 가장 기본적인 상식 중 하나이다. 그럼에도 불구하고, 일부 개인투자자들은 가격이 하락하는 저가주를 선호하고, 언젠가는 가격이 상승할 것을 기대하기도 한다. 혹은 '실적이 나쁜 기업이라도 종합주가지수가 상승하면 어차피 그만큼은 오르겠지.'라고 생각할 수도 있다. 그렇다면, 과연 주식시장에서 실적이 나빠지는 종목과 좋아지는 종목 간의 수익률 격차가 얼마나 벌어질 수 있을까?

다음 도표에서 나타나듯이 2004년 12월부터 2006년 12월까지 종합주가지수는 60%가 넘는 상승세를 보였으나, 영업이익이 하락하는 종

삼성증권 Universe 종목들의 영업이익과 주가와의 관계(2004년 12월 ～ 2006년 12월)

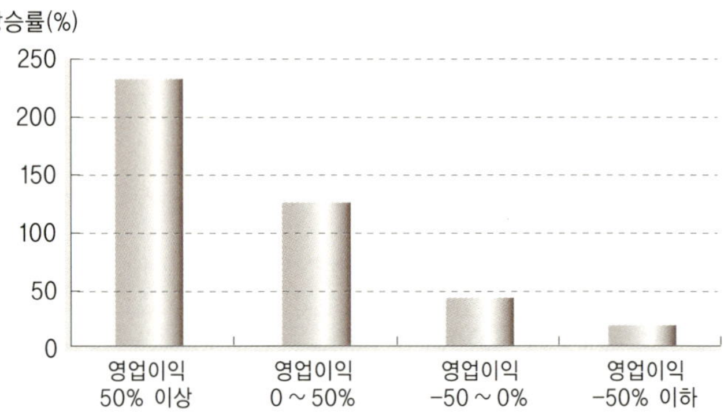

목들의 등락률을 평균해 보면 종합주가지수의 상승률에 크게 미치지 못함을 알 수 있다. 반면, 영업이익이 50% 이상 급등한 종목들은 평균 200% 이상 상승하는 등 영업실적이 좋았던 기업들은 대부분 종합주가 지수 상승률을 크게 상회하는 양호한 실적을 보였다.

향후에도 주식시장에서 수급의 주체가 기관투자자 쪽으로 급격하게 이전하면서 종합주가지수가 크게 상승하는 대세 상승장이라도 실적에 따라 주가는 크게 차별화될 가능성이 더 높아질 것이다. 기관투자자들의 경우 아무리 대세상승장이라고 할지라도 펀더멘털에 의심이 가는 종목들에 대해서는 좀처럼 매수에 나서지 않기 때문이다.

내일의 금맥 2. 재무제표는 기업의 성적표와 같다
: 대차대조표와 손익계산서를 꼼꼼히 살펴보자

기업의 가치는 일차적으로 눈에 보이는 양적 수치로 파악된다. 하지만, 눈에 보이지 않는 시장 경쟁력과 브랜드 등 질적인 요소도 그에 못지않게 중요하다. 여기서는 전문가들이 기업의 가치를 판단하는 이러한 필수 요소들을 점검해 보고자 한다. 다소 지루한 부분일 수도 있기 때문에 핵심적인 내용만 스크린 하는 정도로 선을 그어 보겠다.

좋은 종목을 선정하기 위한 출발점은 회사 실적을 한눈에 볼 수 있는 재무제표를 꼼꼼히 살펴보는 것이다. 우리나라 기업회계 기준에서는 기본 재무제표를 4가지로 규정하고 있다. 대차대조표, 손익계산서, 이익잉여금처분계산서(또는 결손금처리계산서), 현금흐름표가 바로 그것이다. 이 중에서도 가장 중요한 정보를 담고 있는 것은 대차대조표와 손익계산서라고 할 수 있다.

우리는 대차대조표를 통해서 자산, 부채, 자본의 구조를 파악하고 그 기업이 건실한지 혹은 부실한지에 대해 추론할 수 있다. 또한, 손익계산서를 통해서 기업의 경영성과와 그 히스토리를 파악할 수 있다. 구성항목으로는 매출액, 매출원가, 매출총이익, 영업손익, 경상손익, 법인세차감전순손익과 당기순이익 등이 포함된다.

이러한 재무제표는 기업에 관한 모든 정보를 수치로 나타내는 것이니만큼 작성의 공정성, 내용의 투명성이 무엇보다 중요한 사항이다. 그러나 우리나라 기업들의 재무제표가 투명하게 작성되어 국내외 투자가들로부터 신뢰를 받기 시작한 것은 불과 몇 년 전 부터다. 이러한 현실은 성장과 확대 일변도로 앞만 보고 달려온 우리 기업문화의 부산물이라고 할 수 있다. 남에게 뒤질세라 경쟁적으로 투자자금 마련을 위해 있지도 않은 매출과 이익을 부풀리는 행위를 반복해 자행하게 되었다. 금융기관으로부터 손쉽게 대출을 받기 위해서는 잘 포장된 재무제표가 필요했다. 이른바 '기업의 관행'이라는 이름으로 분식회계를 반복해 왔던 것이다. 이는 우리의 기업윤리 외면이라는 도덕 불감증을 단적으로 보여주는 예라고 할 수 있다.

우리나라 기업들의 변화와 개선의 조짐은 외환위기를 극복하는 과정에서 시작되었다. IMF의 구조조정 자금을 받는 조건으로 금융시장이 외국인에게 전면적으로 개방되었고 그들은 한국의 핵심 우량주를 대규모로 매수하게 되었다. 그리고 당연히 기업에서 발표하는 회계정보에 대해 신뢰할 수 있는 수준으로 끌어 올릴 것을 요청하게 되었으며 그에 따라 상당부분이 개선되었던 것이다.

또한, 부실기업에 대한 공적자금 투입과 채권 은행들의 출자전환이 이루어지는 과정에서 해당 기업에 대한 철저한 실사가 있었다. 이 과정에서 분식에 가담하거나 묵인했던 기업 임원과 회계감사를 담당했던 회계법인, 그리고 공인회계사까지 법적인 처벌을 받았다. 현명한 투자자들이 회계 투명성 개선에 가장 큰 기여를 하게 된 셈이다.

인터넷의 발달로 개인투자자도 조금만 부지런을 떨면 손쉽게 상장회사들의 재무제표(財務諸表)를 조회할 수 있다. 현재 증권선물거래소에 상장되어 있는 기업들은 의무적으로 분기 실적을 발표하도록 규정되어 있다. 금융감독원 홈페이지에 가면 기업별 공시내용을 조회할 수 있는 DART라는 사이트(http://dart.fss.or.kr)가 별도로 개설되어 있다. 이제부터는 재무제표를 통해서 회사정보를 읽어내는 방법을 간단하게 살펴보도록 하자.

1 대차대조표 일정 시점에서 기업의 자산, 부채, 자본 등의 재산 상태를 보여주는 표

2 손익계산서 일정기간 내에 발생한 모든 수익과 비용을 대비시켜 준 이익을 계산·확정하는 표

먼저 회사의 매출과 이익 등 영업현황을 파악할 수 있는 손익계산서의 내용을 살펴보자. 앞서 언급한 것처럼 손익계산서는 매출, 매출원가, 영업이익, 경상이익, 순이익의 내용을 순서대로 보여준다. 여기서 가장 중요한 항목이 무엇이냐고 묻는다면, 필자는 주저 없이 영업이익이라고 할 것이다. 영업이익의 단순한 규모뿐만 아니라 영업이익률(영업이익을 매출로 나누어진 마진율) 또한 중요한 정보를 제공하고 있다.

영업이익률의 추이를 살펴봄으로써 회사가 규모의 경제와 질적인 성장을 향유하고 있는가를 알 수 있다. 매출이 성장하는 것보다 더 높은 이익률을 보인다면 이는 소위 말하는 규모의 경제를 실현하고 있다는 얘기다. 영리추구를 목표로 하는 주식회사로서는 이보다 더 좋을 수가 없다. 그러나 어떤 국가의 경제와 산업 그리고 기업도 무한정 성장만 할 수는 없다. 인간의 생로병사와 마찬가지로 기업도 성장기와 성숙기를 거쳐 쇠퇴기에 접어들게 마련이다. 그러나 경쟁력 있는 기업이라면 새로운 제품과 신규 사업 진출을 통해 이러한 어려움을 극복하고 성장을 이어나갈 수 있을 것이다. 일반적인 경기 사이클을 극복하고 호황기를 연장해 가는 기업이 될 수 있다는 얘기다. 바로 이런 기업을 선별하는 것이 투자의 핵심이요, 증권업계에 종사하고 있는 필자와 같은 사람들이 해야 할 몫이라고 생각한다.

손익계산서 상에서 경쟁력 있는 기업을 파악할 수 있는 단서를 발견할 수 있는데 그것이 바로 영업이익이다. 그 의미 파악을 위해서 한 단계만 더 들어가 보자. 영업이익은 순수하게 제품을 판매한 매출에서 원가와 제품 판매를 위한 제반비용, 즉 판매 및 일반관리비를 제외하고 남는 이익을 말한다. 이는 순수하게 영업에서 벌어들인 이익이라는 점에서 의미가 있다.

보통은 손익계산서를 살펴볼 때 맨 끝에 나오는 당기순이익만 주시하는데 이때 중요한 점을 간과할 수 있다. 회사에서 법인세를 납부하고 최종적으로 남는 당기 순이익에는 본업인 영업에서 벌어들인 수익 외에도 부동산 매각, 유가증권 매각, 외화환산손익 등 일상적인 영업활동과는 관련이 없는 일회성 특별손익이 포함된 개념이다.

문제는 주가라는 것이 이러한 일회성 손익에 대해서는 가치를 그다지 인정하지 않는다는 점이다. 그 이유는 주식의 가치는 망하지 않는 계속적인 기업을 전제로 하는데 그러기 위해서는 본업에서 꾸준한 실적을 올릴 수 있어야 하기 때문이다. 따라서 손익계산서에서 가장 주목해야 할 것은 순이익이 아니라 영업이익이라는 점을 명심하자.

내일의 금맥 4. **주식 투자가치의 바로미터, EPS**
: 주식 한 주당 해당 기업의 이익은 얼마인가?

기업의 이익분석에 관한 이해를 넓히는 차원에서 희석된 EPS를 살펴보자. 기업 가치를 위해 영업이익의 추이를 살펴보는 것이 원석을 통해 보석의 가치를 헤아려 보는 것이라면 희석된 EPS의 추이를 살펴보는 것은 잘 가공된 완성품을 통해 가치를 판단하는 것이라 할 수 있다. EPS(Earnings Per Share : 주당 순이익)는 기업이 벌어들인 순이익을 그 기업이 발행한 총 주식수로 나눈 값을 말한다.

$$EPS = \frac{당기순이익}{보통주\ 발행주식수}$$

이는 발행주식 1주당 이익을 얼마나 창출했는가를 나타내는 지표로서 그 회사가 1년간 올린 수익에 대한 주주의 몫을 나타낸다. 따라서 EPS가 높을수록 주식의 투자가치가 높다고 볼 수 있다. EPS가 높다는 것은 그만큼 경영실적이 양호하다는 뜻이며 배당여력도 많으므로 주가에 긍정적인 영향을 미치는 것이다.

EPS가 기업이 창출한 이익의 지표로서 중요한 이유는 이익의 규모가 증가하는 원인이 자본의 추가적인 투입에 의한 것인지, 영업의 활성화에 의한 것인지의 여부를 알려주기 때문이다. 실적 성장이 자본금의 추가적인 투입에 의한 것이라면 기존의 주주입장에서는 큰 의미가 없을 수 있기 때문이다. 또한, 희석된 EPS(Diluted EPS)란 이미 발행되어 향후 주식으로 전환될 가능성이 있는, 그래서 주당가치를 갉아먹을 수도 있는 전환사채(CB)나 신주인수권부사채(BW)를 감안한 것이다.

$$희석된\ EPS = \frac{당기순이익\ +\ 희석증권으로\ 인한\ 당기순이익\ 증감액}{보통주\ 발행주식수\ +\ 희석증권의\ 주식수}$$

EPS 활용의 또 다른 팁은 과거 추세를 살펴보는 것이다. 과거 추세를 살펴봄으로써 미래 예측 수치에 대한 신뢰도를 높일 수 있다. 3~4

년간 꾸준히 EPS를 성장시켜온 기업이라면 그만큼 이익의 안정성과 가시성이 높다고 평가할 수 있다.

시장에서는 좋은 기업 평가의 1순위로 안정된 이익성장을 꼽는다. 경기상황에 따라 들쭉날쭉한 이익을 실현하는 기업은 규모가 아무리 크다고 해도 주가는 그만큼 디스카운트된다. 반면에 누가 보더라도 안정적 성장에 대한 신뢰감을 주는 기업이라면 시장대비 PER가 높게 형성되더라도 뭐라고 할 사람이 한 명도 없다. 그만큼 경쟁사에 비해 기업의 체질이 강하다는 인정을 받고 있다는 반증이다. 이렇듯 EPS의 지속적인 성장이 예상되는 기업을 우리는 성장주라고 부른다.

내일의 금맥 5. 재무건전성의 잣대, 부채와 이자보상배율
: 부채비율이 높으면, 외부자금 유입 가능성도 높아진다

앞에서 우리는 손익계산서에서 가장 큰 의미를 가지는 영업이익과 희석된 EPS에 대해서 알아보았다. 이제는 기업의 자산과 부채 그리고 자본 등 재정 상태를 보여주는 대차대조표에서 몇 가지 정보를 캐내는 방법을 살펴보도록 하자.

대차대조표는 자산의 구성내역과 자본조달 내역 등에 관한 정보를 제공하고 있다. 통상 기업이 가지고 있는 자산은 채권자 몫인 부채와 주주의 몫인 자본으로 조달된다. 회사가 영업활동을 통해 벌어들인 이익은 배당으로 일부 지급되고 나머지는 미래 투자를 위해 회사에 유보된다. 이러한 유보금은 자본이라는 항목으로 적립되는데, 공장을 추가

로 세우거나 다른 회사를 인수하는 경우와 같이 대규모 자금이 필요할 때 사용하기 위해서다. 그런데 유보된 자금이 충분하지 않은 기업은 금융기관으로부터 차입하거나 회사채 발행을 통해 충당하게 된다. 물론 적당한 규모의 부채는 회사의 규모를 키우는 레버리지 효과를 발휘할 수 있지만 과도하면 낭패를 보기 쉽다. 따라서 적정 수준의 부채규모를 유지하는 것은 계속기업 평가의 중요한 척도가 되고 있다.

이러한 기업의 재무적 안정성을 파악하는 핵심적인 재무비율에는 부채비율과 이자보상배율이 있다. 우선 대차대조표상에 있는 수치를 통해 부채비율에 대해서 살펴보자. 부채비율은 부채를 자기자본으로 나눈 것이다.

$$부채비율 = \frac{부채}{자기자본} \times 100$$

외환위기 이전까지만 해도 우리 기업들의 부채비율은 200% 이상을 훨씬 상회하는 높은 수준이었다. 특히 각종 비자금 조성과 기업의 자금 확보에 이용되었던 일부 종합상사, 건설 회사들의 부채비율은 400~500%에 육박하기도 했다. 이 또한 확장경영에만 전념했던 기업 운영 때문이었다. 급기야 우리나라에서 가장 큰 건설 회사였던 현대건설과 대우건설은 채권단의 출자전환과 공적자금이 투입되기에 이르렀다. 또한, 그룹으로 운영되던 우리 기업문화에서 수익성이 높은 계열사가 적자를 면치 못하는 계열사를 부당 지원하는 일이 비일비재했다. 그러다 보니 좋은 회사도 세계적인 경쟁력을 위해 써야 할 투자자금을 엉뚱한 곳에 쏟아 붓게 되고 결국은 서로 하향평준화되고 만 것이다.

적정 부채비율은 200% 미만 정도이다. 그 이상을 초과하게 되면 영업활동으로 인해 벌어들인 이익을 이자지급에 충당하기도 빠듯해질 수 있기 때문이다. 이 수준은 정부 당국이 대기업 집단에 적정수준으로 요구한 레벨이기도 하다.

손익계산서 상에 있는 수치로도 기업의 재무상태 건전성을 알 수 있는 지표를 계산할 수 있다. 본업에서 벌어들인 영업이익으로 과연 이 회사가 부채에 대한 이자지급 여력이 얼마나 충분한가를 알아보는 이자보상배율(Interest Coverage Ratio)이 바로 그것이다. 이자보상배율은 영업이익을 이자비용으로 나누어 계산한다.

$$이자\ 보상비율 = \frac{영업이익}{이자비용}$$

이자보상배율이 1이면 영업활동에서 창출한 돈을 이자지급비용으로 다 쓴다는 의미이다. 이런 경우 당연히 좋은 회사라고 말하기 어려울 것이다. 영업이익으로 이자지급에 몽땅 써버리면 신제품 개발이나 노후화된 설비는 무슨 돈으로 충당하겠는가? 반면 이자보상배율이 1보다 클 경우 해당 기업은 자체 수익으로 금융비용을 능히 부담하고 추가 이익도 낼 수 있다는 사실을 의미한다. 기업의 이자지급 능력이 충분하다는 뜻이다. 반대로 1보다 작다는 것은 기업이 영업활동으로 창출한 이익을 갖고 대출금이나 기 발행 회사채에 대한 이자 등 금융비용조차 감당할 수없는 상태를 의미한다. 즉, 이자를 지급하기 위해 또 다시 자금을 차입해야 하는 상태인 셈이다. 영업이익이 적자인 경우 이자보상배율은 당연히 1 이하가 되며 잠재적 부실기업으로 볼 수 있다.

10년, 20년을 넘어서도 계속해서 흑자행진을 지속하는 기업들의 공통점 중 하나가 바로 건전한 재무상태라는 것이다. 삼성전자나 태평양 같은 회사는 무차입 경영을 선언하기도 한다. 현재는 금리가 5% 내외의 저금리 상태를 유지하고 있어 그나마 기업하는 입장에서 부담이 덜한 상태이다. 그럼에도 불구하고 부채비율이 높거나 이자보상배율이 낮은 기업은 경계하는 습관을 가져야 할 것이다. 부채를 많이 사용한다는 것은 무리하게 설비투자를 진행하거나 손해 보는 장사를 하고 있기 때문에 외부자금이 필요하다는 의미일 수도 있기 때문이다.

내일의 금맥 6. 주주의 돈에 대한 활용도, ROE
: ROE는 자본의 효율성을 평가하는 기준이다

대차대조표와 손익계산서상의 수치를 혼합해서 재무비율을 산정하기도 하는데 대표적인 것이 자기자본이익률(ROE : Return on Equity)이다. ROE는 경영자가 주주에 의해 기업에 투자된 자기자본으로 어느 정도의 이익을 올리고 있는가를 나타내는 기업의 이익창출능력 또는 자본의 효율성을 보여 주는 지표로 사용된다. 산출방식은 기업의 당기순이익을 자기자본으로 나눈 뒤 100을 곱한 수치이다.

$$ROE = \frac{당기순이익}{자기자본} \times 100$$

예를 들어 ROE가 10%라면 주주가 연초에 1,000원을 투자했더니 연말에 100원의 이익을 냈다는 의미이다. ROE가 높은 기업은 자본을 효율적으로 사용해 이익을 많이 내는 기업이라고 볼 수 있기 때문에 주가도 높게 형성되는 경우가 많다. 주주 가치를 소중하게 생각하는 기업은 신규 사업에 대한 투자를 결정함에 있어 ROE를 중요한 잣대로 활용하기도 한다. 즉, 신규 사업의 투자수익률이 현재 ROE를 하회한다면 투자계획을 포기해야 할 것이다. 기존의 자본효율성을 떨어트리는 결과가 될 수 있기 때문이다. 투자자 입장에서 보면 자기자본이익률이 시중금리보다 높아야 투자자금의 조달비용을 넘어서는 순이익을 낼 수 있으므로 기업에 투자하는 의미가 있다. 시중금리보다 낮으면 투자자금을 은행에 예금하는 것이 더 낫기 때문이다. 물론 기업에 투자하는 것은 높은 리스크를 필요로 하기 때문에 요구수익률이 은행예금보다는 훨씬 높은 것이 일반적이다.

[투자사례] ROE와 PBR

ROE는 투자대상 기업의 수익성을 측정하는 데 큰 도움이 되는 지표이긴 하지만 해당 기업의 저평가된 정도를 나타내는 밸류에이션(Valuation)의 지표는 되지 못한다. 보다 알기 쉽게 설명한다면 단순히 ROE가 높은 기업이 투자유망한 종목이라고 말하기는 어려우며, 높은

ROE 대비 주가가 낮은 기업이야말로 제대로 된 투자유망 종목이라고 할 수 있다. 따라서 기업의 장부가치 대비 수익성을 나타내는 지표인 ROE는 기업의 장부가치 대비 주가를 나타내는 PBR^(Price to Book Ratio)이라는 밸류에이션 지표와 함께 사용되는 경우가 많다.

$$PBR = \frac{\text{해당기업의 주가}}{\text{해당기업의 주당 순자산 가치}}$$

PBR이 높다는 의미는 해당기업의 시가총액이 장부가 대비 높다는 의미이다. 그러므로 이론상 같은 수준의 ROE라면 PBR이 낮은 종목이 저평가된 셈이고, 같은 수준의 PBR이라면 ROE가 높은 종목이 저평가됐다는 결론이 가능하다.

삼성증권 Universe 종목들의 ROE와 PBR 추이

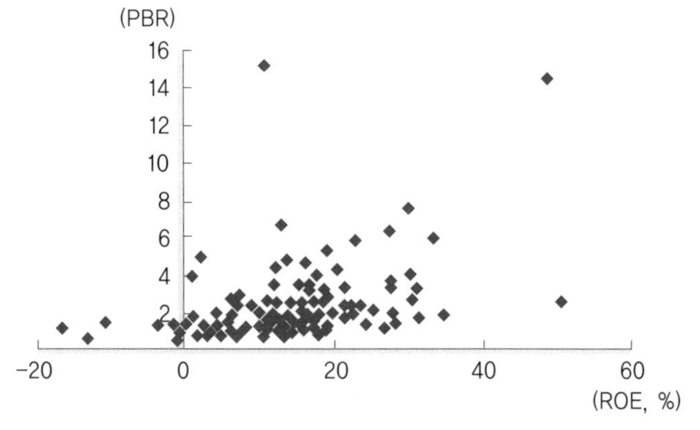

출처 : 삼성증권

앞의 도표를 봐도 일부 종목들을 제외한다면 ROE나 높은 종목일수록 PBR이 높은 경우가 많다. 그리고 통계적으로 ROE가 높아질수록 PBR이 높아진다는 점을 확실히 알 수 있다.

ROE가 사용하기 간편한 수익성지표라는 점은 부정할 수 없으나 PBR과 같은 밸류에이션 지표와 함께 사용될 때 비로소 우량기업을 선별하는 척도로 활용될 수 있을 것이다.

숫자와 그래프보다
중요한 가치투자의 정석
: 투자고수가 알려주는 '중고급자를 위한 가치투자 3단계'

지금까지 우리는 재무제표를 통해 기업의 가치를 평가하는 잣대인 수익성과 재무적 안정성 그리고 자본효율성 등의 지표를 살펴보았다.

흔히 이러한 분석기법을 양적인 분석(Quantitative Analysis)이라고 한다. 이는 정형화된 재무제표에 나와 있는 수치를 가공하는 것이니만큼 객관적으로 경쟁기업과 비교할 수 있다는 장점이 있다.

하지만, 현재의 상황만을 보여주는 재무수치보다 무형의 기업 특성이 중요한 판단요소로 작용되는 경우도 많다. 시장점유율이라든가 지배구조, 주주가치 제고 여부 등이 바로 그것이다. 이러한 요소들을 분석대상으로 하는 것을 정성적인 분석(Qualitative Analysis)이라고 한다. 이제부터는 이러한 내용들 중에서 투자자 입장에서 중요하게 고려해야 할 사항들에 대해서 검토하기로 하자.

가치투자 1. 1등 기업은 2등 기업과 다르다
: 1등 기업이 곧 해당업황이다

독자 여러분은 신세계, 태평양, 삼성화재의 공통점이 무엇이라고 생각하는가? 아마도 '이마트, 라네즈, 애니카'로 대변되는 그들의 브랜드가 떠오를 것이다. 그만큼 소비자들로부터 높은 인지도를 받고 있다는 얘기다. 이러한 높은 인지도를 바탕으로 해당 산업 내에서 시장 점유율 1등을 달리고 있다.

사실 이들은 각각의 분야인 할인점, 화장품, 화재보험 시장에서 시장점유율 30% 이상을 차지하며 2등 업체들을 멀찌감치 따돌리고 업계 수위를 지키고 있다. 장기투자를 위한 종목선정에서 가장 중요한 요소 중 하나가 바로 시장점유율로 대변되는 이러한 시장 지배력이다.

업계 1등 기업들은 호황기에는 선도적으로 제품가격을 인상하면서 가장 많은 마진을 향유하고 불황기에는 공격적으로 가격을 인하해 경쟁업체를 탈락시키거나 시장점유율을 넓혀 나가는 힘을 지니고 있다. 이러한 가격 경쟁력으로 인해 높은 영업마진을 기록할 수 있는 것이다. 1등 기업들은 매출이 증가하는 속도에 비해 변동비의 증가 속도가 완만하기 때문에 매출이 증가할수록 영업마진이 증가하는 경향이 짙다.

앞에서 이를 규모의 경제효과(economy of scale)라고 했던 것을 기억할 것이다. 원재료를 구입할 때 협상력이 높기 때문에 원가 면에서도 경쟁력을 창출할 수 있으므로 우수한 성과를 낼 수 있는 것이다. 우리가 업계 1등 기업 또는 그러한 가능성을 가지고 있는 기업에 투자해야 하는 이유가 여기 있다.

그렇다면, 과연 어떤 요소들이 1등 회사를 만들어가는 것일까? 세계적인 무형자산 전문가 조나단 로우(Jonathan low)*에 의하면 기업의 얼굴 없는 무형자산이 기업 경영, 회사 성장 및 경제 정책에 커다란 영향을 미치고 있다고 설명하고 있다.

조나단 로우*
세계 최대의 경영 컨설팅 그룹 '캡 제미니 언스트 앤드 영'의 후원 아래, 무형 자산과 관련한 주요 연구들을 주도하고 있다.

그는 세계적인 제약회사 파이저와 유통업체 월마트 등 1등 기업들의 사례분석을 통해 2등 기업이 가지고 있지 않은 12가지 비결을 제시했다. 이러한 요소들을 살펴보는 것은 매우 흥미로우며 종목선정의 중요한 단서를 얻는 작업이기도 하다.

첫 번째로는 CEO의 리더십을 꼽았다. 1등 기업에는 1등 CEO가 존재하는 법이다. 연구에 따르면 회사의 주가는 직원들이 CEO에 대해 갖는 존경심과 비례한다고 한다. 두 번째는 전략실행의 스피드를 강조했다. 아무리 아이디어가 뛰어나더라도 속도가 없으면 소용이 없다는 뜻이다. 월마트가 1등을 유지할 수 있는 건 경영진이 제시한 아이디어를 곧바로 현장에서 실행하는 스피드가 가능했기 때문이다. 그 밖에 중요한 무형자산으로 투명하고 당당한 회계, 매력적인 브랜드, 기업 명성을 관리하는 능력 등을 제시하고 있다. 지금 당장은 2등에 머물고 있는 기업일지라도 무형자산을 가지고 있다면 얼마든지 1등 기업으로 도약이 가능하다. 1등을 수성하려는 기업보다 1등으로 올라서려는 기업을 찾을 수 있다면 보다 높은 투자 수익률을 누릴 수 있게 된다.

가치투자 2. 착한 회사는 주주를 소중하게 여긴다
: 아직도 대주주의 기업 vs 이제는 개인주주의 기업

주식의 가치, 즉 주가는 왜 상승하는 것일까? 이유는 주식을 보유하고 있는 주주들에게 돌아가는 혜택이 그만큼 증가할 거라는 기대 때문이다. 영업을 통해 벌어들인 이익이 주주를 위해 사용되어야 하는 것은 당연한 일이다. 물론 미래 수익성 있는 사업에 재투자하기 위해 사내에 유보하는 것도 좋은 방법이 되겠지만 일정부분은 주주를 위해 배당금이나 자사주 매입 소각을 위해 사용되기도 한다. 이처럼 최근 기업마다 주주가치 증대를 위한 노력에 탄력이 붙는 것을 보면 건전한 자본주의 문화가 정착되고 있는 것을 자주 느끼게 된다.

그러나 모든 기업이 그런 것은 아니라는 데 문제가 있다. 어느 기업은 공개되어 주식시장에 상장되었음에도 여전히 대주주만의 회사로 인식되고 있기도 한다. 바로 대주주의 전횡이자 수준 낮은 지배구조의 전형적인 모습이라고 할 수 있다. 회사가 주주를 소중하게 여기고 있는가 그렇지 않은가를 살펴봐야 하는 이유가 바로 여기 있다.

주주에게 환원되는 이익의 형태로는 배당과 자사주 매입이 있다. 배당은 연말 또는 각 분기를 단위로 세분해서 지급된다. 최근 많이 사용되는 자사주 매입 소각은 회사가 시장에서 직접 주식을 매입해 소각함으로써 주식수를 줄여주게 되어 기존 주주로서는 주당 순이익 또는 주당 순자산이 증가하는 효과를 가지게 된다. 일종의 간접적인 배당이라고 이해하면 된다. 주주의 가치를 소중히 여기지 않는 경우, 적대적 M&A의 타깃이 될 수 있다. 주가가 적정가치에 비해 싸기 때문이다. 경영권 참여를 목적으로 5% 이상의 대규모 지분을 취득하는 경우가 종종 있는데 최근 KT&G의 지분을 대량 취득하며 M&A 이슈까지 불러 일으켰던 칼 아이칸의 경우도 이에 해당된다. 이러한 경영권 분쟁의 타깃이 될 수 있는 기업을 파악해 미리 매수할 수 있다면 높은 투자수익률을 올릴 수 있을 것이다. 부지런한 자가 먹이를 먼저 얻는다는 진리는 증권시장에도 통용되는 것이다.

가치투자 3. 강한 회사의 역할, 진입장벽과 마켓파이
: 해당 기업이 나무라면, 해당 산업분야는 숲이다

어떤 회사가 진정 강한 회사인가를 평가하는 척도는 시장 지배력 강화, 지배구조의 선진화, 주주가치 제고 등 여러 가지가 있다. 필자는 앞에서 이러한 평가 기준을 개별회사의 내부역량에서 찾는 방법을 제시했다. 그러나 기업의 수익성과 비전은 기업 자체의 경쟁력만으로 결정되는 것은 아니다. 업계 자체의 수익성도 고려해야 하는데 이는 업계 구조에 의해서 규정된다.

특정 기업이 속해 있는 산업 자체가 지속적으로 성장할 수 있는 잠재력을 가지고 있는가? 추가적인 투자와 마케팅을 통해서 전체적인 시장규모(Market pie)가 커질 가능성이 있는가? 이러한 질문은 결국 산업의 경쟁력과 구조를 분석하는 과정이라고 할 수 있다. 대표적인 방법으로 하버드 비즈니스 스쿨 산하의 윌리엄 로랜스 대학 교수인 마이클 포터(Michael E. Porter)가 그의 저서에서 제시한 '5가지 경쟁요인' 분석(five forces analysis)이 있다. 소위 말하는 산업분석의 범주에 속하는 사항이라 하겠다.

포터는 모든 산업에 있어 5가지의 경쟁요인들이 산업의 경쟁정도를 결정한다고 주장하고 있다. 이러한 요인의 총체적인 힘이 그 산업에서 기대할 수 있는 궁극적인 이윤 잠재력을 결정짓는다고 보는 것이다. 포터가 말하는 업계구조를 결정하는 5가지 경쟁요인이란 신규진입의 위협, 대체상품의 위협, 구매자의 교섭력, 공급업자의 교섭력, 경쟁기업 간의 경쟁관계 등이 있다. 이 글에서는 범위를 좁혀 신규진입의 위협과 관련된 얘기만 하고자 한다.

여러분이 찾고자 하는 장기투자 대상 기업은 다른 경쟁사의 신규진입이 어려운 사업을 영위하고 있을수록 좋다. 다른 경쟁사의 신규진입이 어렵다는 것은 초기 설비투자비용에 막대한 자금이 필요하거나 고도의 정교한 기술력을 필요로 한다든지, 그것도 아니면 기존 선발사가 독점 또는 과점의 영향력을 행사하고 있다는 것을 의미한다.

진입장벽이 높다는 것은 규모의 경제 효과를 누리고 있다는 것을 의미한다. 특히 규모의 경제가 우위성 구축의 최대 요소인 업계에서 신규진입 기업은 처음부터 대량생산에 돌입해 막대한 재고위험이나 투자 위협을 각오하든지, 아니면 처음에는 소량생산으로 시작해서 비용 면의 불리함을 감수하든지 어느 한쪽을 선택할 수밖에 없다. 이와 같이 규모의 경제와 밀접하게 연관된 산업의 진입장벽은 대체로 높은 편이다.

우리나라가 주로 영위하고 있는 산업에서 이러한 실례를 찾아보자. 고도의 기술력과 막대한 설비투자를 필요로 하는 반도체 산업, 숙련된 노동력과 기술력을 요하는 조선업종 등이 있다. 일상생활에서 쉽게 찾아볼 수 있는 기업으로는 라면시장 점유율이 70%에 육박하는 농심을 들 수 있다. 필수 소비재를 생산, 판매하는 기업들의 경쟁력은 제품 자체에만 있는 것이 아니다. 일반 가정에까지 깊숙이 침투해 제품을 판매하기 위해서는 강력한 유통망과 영업망을 구축하고 있어야 한다. 이것이 바로 소비재 판매 기업들의 경쟁력이요 자산이 되는 것이다. 새로운 경쟁자가 쉽게 접근할 수 없는 사업구조와 경쟁력을 보유한 기업이라면 안심하고 투자해도 좋을 것이다.

가치투자 4. 초보자도 쉽게 평가하는 '밸류에이션'
: 내가 매입하고 싶은 주식의 가치는 얼마인가?

지금까지 우리는 기업의 가치를 평가하는 데 있어 반드시 파악하고 넘어가야 하는 양적, 질적인 요소들에 대해 살펴보았다. 이제 '훌륭한 기업의 가치는 어느 정도에서 거래되는 것이 타당할 것인가?'라는 문제로 넘어가 보자.

이는 밸류에이션, 즉 가치평가에 관한 문제와 직결된다. 아무리 좋은 기업이라도 터무니없이 높은 가격으로 움직인다면 투자자들 입장에서는 매력적인 종목이 될 수 없다.

먼저 누구나 쉽게 접근할 수 있는 간단한 밸류에이션 방법에 대해서 살펴보도록 하자. 일반적으로 말하는 가치평가의 기본 방법은 절대가치 평가모형, 상대가치 평가모형, 옵션가치 평가모형의 3가지로 구분된다.

첫째, 현금흐름 할인법으로 대변되는 절대가치 평가모형은 자산의 가치를 그 자산으로부터 기대함으로써 미래 현금흐름을 위험조정 할인율로 할인하는 방법이다.

이 방법에는 자기자본으로부터 기대되는 미래의 현금흐름을 자기자본비용으로 할인하는 방법과 기업 전체에 기대되는 현금흐름을 가중평균 자본비용(WACC)으로 할인하는 방법이 있다. 전자는 주주들의 입장에서 자기자본의 가치를 평가하는 방법이고 후자는 기업에 대해 청구권을 가진 모든 사람들의 입장에서 기업의 가치를 평가하는 방법이다.

둘째, 상대가치 평가모형은 순이익, 현금흐름, 장부가격, 매출액 등의 공통변수를 기준으로 비교자산의 가치를 살펴봄으로써 자산의 가치를 평가하는 방법이다. 일반 투자자들이 이용하기에는 가장 이해하기 쉬운 방법이자 널리 쓰이는 방법이다.

셋째, 옵션가치 평가모형은 옵션과 유사한 특성을 갖고 있는 자산의 가치를 평가하는 방법이다. 복잡한 수학적 로직을 가지고 있기 때문에 여기에서는 제외하기로 한다. 이처럼 기업의 가치를 평가하는 방법에는 여러 가지가 있고 사용 방법에 따라 결과도 상이하게 나오는 경우가 많다. 이러한 문제점을 다소나마 해결하기 위한 방법으로 민감도 분석을 보조적으로 사용하기도 한다. 하나의 변수가 아닌 일정 범위의 변수들을 설정해 여러 개의 값들을 제공하게 되는 것이다. 그러므로 무엇보다도 상황에 맞는 방법을 선택하는 것이 가장 중요하다.

각각의 방법에 대해 전문가들은 어떤 관점과 상황에서 사용하고 있는지 간단하게 살펴보자. 다소 전문적인 용어가 사용되고 있어 일부

독자의 경우 딱딱하고 지루한 느낌이 들 수 있으므로 개념만 훑어보고
넘어가기 바란다.

가치투자 5. **절대평가모형, 현금흐름할인모형**
: 주식의 가치는 미래 현금흐름의 현금가치

기업의 가치를 절대적으로 평가하는 방법을 현금흐름할인모형이
라고 한다. 구체적인 방법으로는 배당할인모형과 주주잉여현금흐름모
형이 있다.

배당할인모형(DDM : Dividend Discount Model)에서는 주식의 가치를 주
식으로부터 기대되는 배당의 현재가치라고 설명하고 있다. 구하는 산
식은 미래 기대되는 주당 현금배당금을 주식의 요구수익률로 나눔으
로써 계산된다.

이 모형의 가장 큰 매력은 간편하다는 것과 직관적인 논리에 근거
하고 있다는 점이다. 그러나 이 모형의 치명적인 문제는 적용할 수 있
는 기업이 한정적이라는 데 있다. 안정적으로 고배당금을 지급하는 일
부 주식을 제외하고는 실제로 유용하지 않다.

이러한 문제점으로 인해 배당할인모형의 변형된 형태라고 할 수
있는 주주잉여현금흐름모형(FCFE : Free Cash Flow to Equity)이 대안으로 사
용된다. 배당할인모형에서는 좁은 의미의 주주에게 귀속되는 현금흐
름, 즉 주식에 대한 기대배당금을 사용한다. 반면에 FCFE모형에서는
넓은 의미의 주주에게 귀속되는 현금흐름, 즉 모든 재무적 부담과 투

자에 필요한 자금을 지급한 후에 남은 주주잉여현금흐름을 사용한다. 기업의 배당금과 FCFE가 다를 때 두 모형의 추정치는 차이가 나게 된다. 인수대상기업 또는 지배권이 바뀔 가능성이 있는 기업을 가치평가하는 경우 FCFE모형이 보다 적합한 추정치를 제공한다.

이러한 모형들은 수학적인 수치를 사용하고 있어 상당히 객관적이고 논리적인 방법으로 통한다. 그러나 향후 현금흐름을 예측해야 하는 문제라든가 또 그것을 할인해 주는 할인율을 정하는 사항들은 다분히 자의적이고 직관적인 전망에 의존하는 경우가 많다. 일부에서는 이러한 단점을 극복하기 위해서 민감도 분석을 통해 일정 범위의 주식가치를 제공하기도 한다. 하지만, 주의할 점은 얼마든지 논리적인 오류를 범할 수 있다는 것을 인식하고 있어야 한다는 것이다.

가치투자 6. 비교평가로 점수를 매기는 '상대평가모형'
: 수익가치에 대비하는 PER vs 자산가치에 대비하는 PBR

상대평가모형의 특징은 주식의 가치를 기업이 가지고 있는 자체 회계정보만 가지고 측정하는 것이 아니라 비교대상 기업을 통해 측정한다는 데 있다. 가장 보편적으로 사용되는 상대평가 방법으로는 주가수익비율(PER : Price Earnings Ratio)과 주가 / 장부가치비율(PBR : Price Book value Ratio)이 사용된다.

PER은 주가를 주당순이익으로 나눈 것이다. 이 지표는 기업이 벌어들이고 있는 한 단위의 이익에 대해 투자자들이 얼마의 대가를 지불하고 있는가를 의미한다. 즉, 기업의 단위당 수익가치에 대한 상대적인 주가수준을 나타내는 것이다. 주당이익에 비해 주가가 몇 배인지를 나타낸다는 의미에서 이익승수라고도 한다. PER가 시장이나 경쟁사에 비해 낮게 형성되어 있다면 그만큼 상승할 수 있는 여력도 많다는 것을 의미한다.

특정 기업의 PER은 비교되는 기업들의 평균 PER와의 차이를 고려해 평가의 잣대로 활용될 수 있다. PER은 국가별, 산업별 그리고 시간별로 각각 다른 모습을 보이기 때문에 상황에 맞게 적용되어야 한다. 가령 국가별로는 투자 위험이 큰 이머징마켓보다는 선진국 시장의 주가수익률이 높은 것이 특징이다. 산업별로는 경기 사이클에 민감하게 반응하며 연간 이익의 변동성이 크게 나타나는 경기민감 소비재와 소재업종보다는, 안정성이 뛰어난 필수 소비재업종의 주가수익률이 통상 높게 형성된다. 또한, 시간별로는 경기 호황기와 경기 불황기에 따라 주가수익률 밴드가 다르게 나타난다는 점이다. 따라서 PER를 사용할 때는 기업의 사업구조, 위험, 성장률을 감안해 비교대상을 올바르게 선정하는 것이 가장 중요한 작업이라 할 수 있다.

단점은 가장 손쉽게 보편적으로 사용되고 있음에도 불구하고 PER을 이용한 평가방법이 가진 태생적 한계는 이익을 내고 있는 기업 간 비교에 국한된다는 점이다. 주당이익이 적자라면 PER도 부의 형태를 띠게 되어 비교의 의미가 사라질 수 있다.

이러한 단점을 보완해줄 수 있는 것이 바로 PBR 평가모형이다. PBR은 주가를 주당순자산, 즉 자기자본의 주당장부가치로 나눈 것이다. 본래 보통주 한 주에 귀속되는 주당순자산가치가 실질가치를 정확히 반영하면 PBR이 1이 되어야 한다. 그러나 대부분 기업들의 PBR이 1을 보이지 않고 있는데 그 이유는 기업마다의 주당순자산의 질적 차이 때문이다. 기업마다 취급하는 제품의 경쟁상황, 현금창출능력, 자산들의 효율적 이용도의 차이가 이에 해당된다.

PBR이 낮을수록 저평가되어 있고 가치주에 가깝다고 할 수 있다. PER이 수익가치와 대비한 상대적 주가수준을 나타내는 지표인 반면에 PBR은 자산 가치와 대비한 상대적 주가수준을 측정한 지표라는 차이가 있다. 최근 투자지표로서 PBR이 유용하게 쓰이는 데는 몇 가지 이유가 있다.

첫째, 장부 가치는 상대적으로 안정된 직관적인 수치로서 사장가치와 비교될 수 있다. 둘째, 기업 간에 비교적 일관성 있는 회계원칙을 사용하면 PBR은 과소 또는 과대평가된 주식을 찾기 위해 유사한 기업들을 비교하는 데 이용될 수 있다. 마지막으로 PBR 평가 모형은 순이익이 마이너스를 보여 PER이 사용될 수 없는 경우에도 사용 가능하다는 점이다.

가치주(Value Stock)와 성장주(Growth Stock)

주식을 유사한 특성에 따라 스타일을 구분하는 방법에는 여러 가지가 있다. 이러한 스타일 구분에 대한 개념을 간단히 알고 있는 것도 직접 또는 간접적으로 주식투자에 관심이 있는 예비투자자에게는 가치 있는 일이 될 것이다. 특히 간접투자를 생각하고 있는 투자자라면 반드시 알아야 한다. 주식을 유사한 특성에 따라 가장 일반적인 방법은 가치주와 성장주로 구분하는 방법이다.

가치주는 여러분이 신문지상이나 매스컴을 통해서 장기 가치투자 또는 워렌버핏식 가치투자 등의 이야기를 언급할 때 흔히 듣게 되는 용어이다. 일반적인 정의에 따르면 가치주는 매출과 이익의 안정성이 높고 PER나 PBR이 낮은 주식으로 현재 및 미래 기업 가치에 비해 저평가되어 있는 주식을 말한다. 성장주는 매출과 이익 성장률이 높은 주식으로 PER과 PBR이 높은 편이다. 현재 실적보다는 미래에 발생할 실적개선 폭이 클 것으로 예상되는 주식이다.

하지만, 경제 및 산업경기 사이클에 따라 가치주가 성장주가 되기도 하고 성장주가 가치주가 되기도 하기 때문에 이러한 구분은 100% 절대적인 것은 아니다.

현 상황에서는 철강, 화학과 같은 소재업종과 유틸리티 업종에 가치주가 많이 있으며 IT, 제약, 보험업종에 성장주가 다수 포함되어 있다. 종합주가지수가 PER 10배 내외에서 거래되고 있는 데 반해 현대제철, 고려아연과 같은 철강업종 주식들은 PER 6~7배 수준에서 거래되고 있다. 반면 유한양행, 삼성화재와 같이 속해 있는 산업 자체가 성장국면에 있는 주식들은 PER 14~17배의 높은 수준에서 거래되고 있다. 이처럼 서로 상이한 수준의 밸류에이션을 보이는 이유는 주식이 기업의 현재 가치뿐만 아니라 미래가치도 함께 반영하기 때문이다. 즉, 제약과 보험업종은 인구 고령화라는 사회구조변화로 인해 수혜를 받으며 가파른 성장세를 이어가고 있어 향후 이익성장세가 전체 평균보다 훨씬 높게 나올 것이라는 점이 반영된 결과로 보면 된다.

미인의 기준이 시대마다 다른 것처럼 가치주와 성장주에 대한 투자자들의 선호도 또한 달라지기 마련이다. 가치주를 선호하는 입장에서는 기업의 이익성장세는 높지 않으나 안정적인 이익실현을 통해 높은 배당을 기대할 수 있다는 장점이 있다. 그래서 향후 시장과의 밸류에이션 괴리율이 좁혀질 것이라고 판단하고 투자한다. 반면 성장주를 선호하는 입장에서는 현재는 기업의 밸류에이션이 다소 높은 상황이지만 높은 이익성장세로 인해 2~3년 후에는 보다 나은 평가를 받을 수 있다고 판단하는 것이다.

애널리스트들은 적정주가를 상향 조정한다

증권회사 리서치 하우스들의 종목추천 보고서와 관련해 개인투자자들이 말하는 대표적인 불평은 '애널리스트(Analyst)들은 목표주가를 바꾼다.'라는 것이다. 이 문제에 대해 일부 개인투자자들은 "애널리스트들이 제시한 목표주가에 근접해 매도를 했는데 그 후 목표주가를 상향조정해 기회비용이 발생했다."라고 말하기도 한다. 개인투자자들이 이러한 문제에 직면하는 이유는 애널리스트들이 한 기업의 적정주가를 산정하는 방법은 절대주가와 상대주가 2가지가 있다는 점을 알지 못하기 때문인 것으로 보인다. 절대주가는 한 기업의 배당이나 현금흐름 등을 예측하고 이를 해당 기업의 위험수준을 반영한 할인율로 할인해 목표주가를 구하는 방법으로, 해당기업의 펀더멘탈에 변화가 생기지 않는다면 목표주가 자체는 크게 변하지 않는다. 그러나 절대적인 잣대를 가지고 한 기업의 주가를 산정하는 방식은 현실적으로 여러 가지 문제를 내포하고 있어, 많은 애널리스트들은 '상대주가'라는 방법을 사용해 목표주가를 계산하고 있다.

'상대주가'란 분석대상 기업의 PER, PBR, EV/EBITDA 등 주가산정의 각종 기준들을 동일 업종 내 평균치 등과 비교해 목표주가를 산정하는 방법으로 사용하기가 간편하다. 하지만, 주가산정의 기준이 되는 동일 업종 내 다른 종목들의 주가가 상승할 경우 목표주가 또한 바뀔 수밖에 없다는 문제점을 가지고 있다. 즉, 애널리스트가 상대주가를 통해 적정주가를 산정했다면 주가지수가 상승하는 동안에는 지속적으로 목표주가를 상향조정시켜 나가도록 강요받을 수밖에 없는 것이다.

따라서 종목을 추천한 애널리스트를 직접 접해 종목에 대한 의견을 업데이트하기 어려운 개인투자자들의 입장에서는 주식시장이 강세를 보이는 기간 중에는 목표주가에 연연해 우량종목을 함부로 매도하지 않는 것이 가장 좋은 대안이 될 것이다^(이런 이유가 있기 때문에 주식시장 전반에 대한 분석이 또한 필요한 것이다.). 즉, 주식시장이 전반적으로 상승 중일 때는 웬만한 우량종목들은 애널리스트들이 '투자의견'을 하향조정할 때까지 보유하며, 반대로 주식시장이 약세국면일 때는 '목표주가'와의 괴리에 따라 단기 트레이딩을 하는 전략을 활용한다면 목표주가 변화에 따른 기회비용을^(손실을) 최소화하는 데 많은 도움이 될 것이다.

『렉서스와 올리브나무』라는 책이 있다. 렉서스는 일본의 승용차 브랜드 이름으로 신세계를 상징하며, 올리브나무는 전통사회를 상징하는 구세계를 대표한다. 이 책의 저자인 토머스 L. 프리드먼은 신세계와 구세계의 상징키워드를 가지고 '세계화'에 대한 이야기를 자연스럽게 풀어나가고 있다. 이처럼 지구본 위에서 살아가는 우리는 한 공간, 한 시대를 살면서도 서로 다른 세계 안에서 살아가고 있다. 아니 멀리까지 갈 필요도 없이 내 동료, 내 친구, 내 가족들도 각자의 역할과 가치관에 따라 다른 감정과 세상 안에서 살아간다. 때문에 누가 가장 성공적인 삶을 살고 있다고 순위를 매길 수도 단정지어 말할 수도 없는 것이다. 자신이 살고 있는 세상이 신세계든, 구세계든 각자 정해놓은 신념과 인생계획만 확실하다면 누구나가 성공적인 삶을 살 수 있다.

주식투자도 마찬가지다. 거래되고 있는 전 종목을 이해할 필요도, 모든 기업의 가치분석을 할 필요도 없다. 자신이 투자하고자 하는 해당 기업이나 종목에만 집중하면 성공률도 높아진다. 렉서스를 타고 다니는 사람에게 올리브나무는 의미가 없으며, 반대로 전통사회에서는 렉서스라는 승용차 역시 필요치 않다.

투자자들 중에는 그래프를 완벽히 이해하고, 다른 종목까지 꿰뚫어 보는 식견까지 가지고 있어야 주식투자에 성공할 수 있다고 믿는 사람들이 있다. 그러나 이는 잘못된 고정관념이다. 자신이 정해놓은 틀 안에서 어떻게 하면 얻고자 하는 수익을 낼 수 있을까에 집중하면 그것이 곧 성공적인 투자이다. 위에서 설명한 다소 어려운 가치분석의 내용을 이해하지 못하겠다고 자포자기하여 주식투자와 담을 쌓는 일이 없기를 희망한다.

개인투자자들이 빠지기 쉬운 치명적 투자의 오류

◆ 개인투자자들은 왜 상승장에서도 필패를 하는 걸까?

개인투자자가 주식시장에서 살아남을 수 있는 13가지 법칙

명품투자학 6

개인투자자들은 왜 상승장에서도 필패를 하는 걸까?

: 개인투자자가 주식시장에서 살아남을 수 있는 13가지 법칙

주식시장에서 개인투자자(이하 개인)는 한마디로 '봉'이다. 거래 유동성을 공급하지만 수익을 제대로 내지 못하기 때문이다. 하지만, 투자 전략의 부재뿐만 아니라 단기적인 투기(도박) 정도로 인식하는 태도 자체에 더 큰 문제가 있다. 본인들은 모르는 사이에 습관처럼 행해지는 매매 방법 자체에도 수익률 부진의 원인이 있다. 계속 손실을 보면서도 그 이유에 대해 알지 못한다면 주식시장에서 영원히 수익을 낼 수 없게 된다. 개인들의 주식투자에서 나타나는 일반적인 행태를 보고 어떤 문제가 있는지 살펴보도록 하자.

2005년 주식시장은 그 어느 때보다도 뜨거웠다. 890포인트에서 출

발한 종합지수는 잠깐씩 쉬어가는 국면은 있었지만 꾸준하면서도 안정적인 상승세를 보이며 연말에는 1,380포인트로 마감했다. 사상 최고치를 경신하고도 한참을 더 올라간 수치이며, 2003년 500포인트를 바닥으로 출발한 증시가 3년 만에 거의 3배 가까이 성장한 수치이다. 이 정도 상승세라면 개인들도 꽤 좋은 수익을 올렸을 것으로 유추할 수 있다. 실제로 오랜 동안 주식을 보유했던 많은 투자자가 좋은 수익을 올렸다. 하지만, 비교적 단기적으로 매매하는 다수의 투자자들은 그 성과가 놀라우리만치 초라하다. 심지어는 손실을 본 투자자도 많다.

개인투자자 전부를 일일이 조사할 수 없기에 간접적인 방법으로 수익률을 구해 보았다. 다음에 이어지는 그림은 2005년 한 해 동안 개인들의 평균적인 투자수익률을 정리한 것이다. 매월 개인들이 순 매수한 상위 10개 종목의 월간 수익률의 평균치를 구했다. 다소 놀라운 수치가 계산되었는데 개인투자자는 2005년의 활황 장에서 12개월 중 딱 4개월을 제외하고는 모두 손해를 보고 있었다. 중간에 종합지수가 하락한 달이 4개월이 있기 때문에 그 부분은 어쩔 수 없다 치더라도 나머지 4개월은 지수가 상승세를 보였음에도 불구하고 수익을 전혀 내지 못한 것이다.

반면에 기관투자자와 외국인 투자자는 두 달을 제외하고는 모두 수익을 올렸다. 이상하지 않은가? 왜 같은 상승장에서 매매를 하는데 저렇게 수익률이 차이가 날까? 이 정도나 차이가 난다면 분명히 무언가 잘못되거나 기관이나 외국인과는 다른 무엇인가가 있을 것이다. 도대체 무엇이 문제일까?

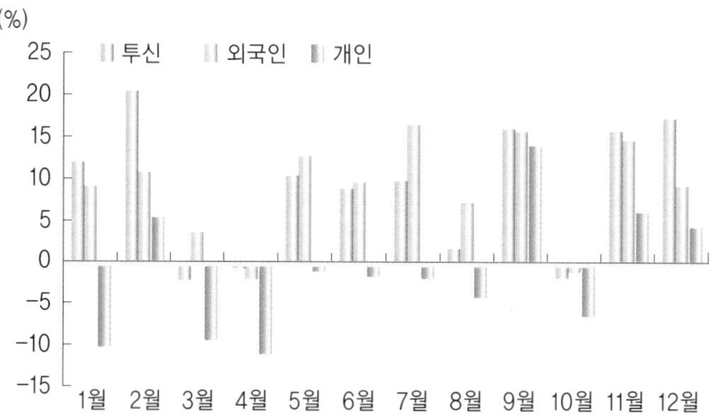

지수의 흐름과 반대되는 개미의 매매패턴

: 개인투자자들의 잘못된 투자심리학

비 오는 날 양산을 쓰고, 맑은 날 우산을 쓰는 사람이 지나간다면 사람들은 어떠한 시선으로 바라볼까? 모르긴 몰라도 꽤나 신기한 듯 우스운 사람으로 평가하거나 말 못할 사연을 가진 사람으로 생각할 것이다. 이렇게 설명하면 독자들 대부분은 '그런 이상한 사람이 어디 있겠느냐?'며 적절치 못한 비유를 든 필자를 나무랄지도 모르겠다. 그러나 주식시장에서는 이러한 투자자들이 적지 않다. 개인투자자들은 종합지수와 개인들의 매매패턴은 반대로 움직인다. 이해가 쉽지 않겠지만 사실이다. 주가가 오른 날에 개인은 순매도를 기록하고, 반대로 주가가 하락할 때 개인투자자들은 순매수를 기록한다.

지난 2000년 1월부터 2005년 말까지 투자자별 일간 매매동향과 종합지수 움직임과의 관계를 보면 총 거래일수 1,476일 중 개인들은 1,052일을 종합지수 흐름과 반대로 매매를 했다. 무려 71.3%를 시장의 방향과 반대로 주식매매를 한 것이다. 반면 투신, 외국인, 연기금 등은 각각 41.2%, 41.3%, 39.1%의 비율로 시장의 흐름과 반대로 매매했다. 증시의 움직임과 같은 방향으로 매매한 일수가 50%를 넘었다는 의미는 증시의 방향을 외국인과 기관이 정한다고 해석할 수 있다. 다음 그림을 보면, 개인투자자의 순매도 금액은 종합지수의 흐름과 상당히 유사하다는 것을 알 수 있다. 지수와 계속 반대로 매매를 하니 시장이 단기적으로 등락을 반복하지 않고 한 방향으로 움직이는 동안에는 절대 이익을 낼 수 없다. 이대로 가다가는 나중에 지수가 2, 3천 포인트를 훌쩍 넘어가 버리면 개인이 소유한 주식 지분은 형편없이 낮아질 것이

종합지수와 개인투자자 누적순매도 추이

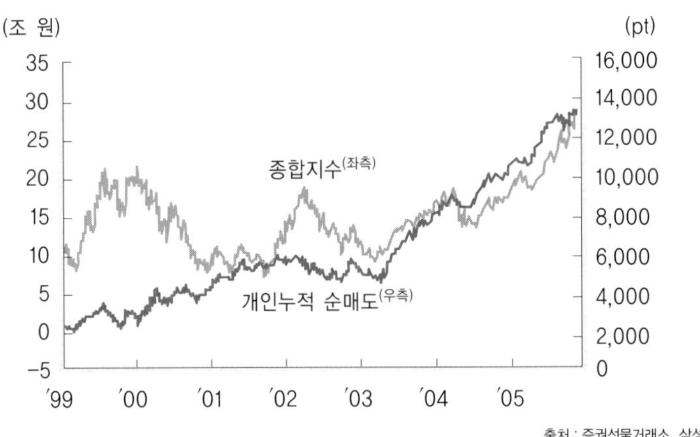

출처 : 증권선물거래소, 삼성증권

다. 본격적인 기관화 장세가 이미 시작됐으니 이는 어쩌면 당연한 귀결일 수도 있다.

개인투자자들의 수동적인 매매패턴
: '가격결정권자'로서 소극적인 역할모델은 그만

개인투자자의 매매동향이 지수의 흐름과 반대로 움직이는 이유는 1차적으로 개인들의 주문패턴에 있다. 주식이 거래되는 방법은 다음과 같다.

먼저 호가라는 것이 있다. 부르는 가격이라는 뜻인데, 자기가 사고자 하는 가격을 사자호가라고 한다. 그리고 팔고자 하는 가격을 팔자호가라고 한다. 팔자호가와 사자호가가 맞는 경우에 거래가 이루어지면서 현재가격이 형성된다. 따라서 증권사 시세 판의 현재가를 보면 현재 가격 위로 팔리기를 원하는 호가와 현재 가격 밑으로 사고 싶어 하는 호가와 가격대별로 나열돼 있다.

우선 주문하는 방법에는 크게 2가지가 있다. 하나는 원하는 가격을 지정하는 지정가 주문과 가격에 상관없이 사고자 하는 시장가 주문 방법이다. 지정가 주문의 경우 현재가와 동떨어진 가격대에 팔자호가와 사자호가를 내놓을 수 있고 가격이 오르거나 내려와 누군가가 사주거나 팔아주기를 기다리는 형태가 된다. 반면, 시장가 주문의 경우 현재가에서 가격에 상관없이 즉시 사거나 팔아달라는 주문이기 때문에 현재 형성되어 있는 호가대로 체결된다.

따라서 시장가 매수의 경우 현재가보다 높거나 같은 가격에 체결되고, 시장가 매도의 경우 현재가보다 낮거나 같은 가격에 체결된다. 따라서 누군가 시장가 매수주문을 내면 주가가 상승하는 경우가 많다. 현재가보다 위에 대기하고 있는 팔자호가에 사자주문을 체결시켜 버리기 때문이다. 시장가 팔자주문은 반대로 주가를 하락시키는 효과가 있다.

개인투자자의 경우 대부분이 지정가 주문을 선호한다. 그리고 현재가보다 조금 높게 팔자주문을 내고 조금 낮게 사자주문을 많이 낸다. 아무래도 조금이라도 더 싸게 사고 조금 더 비싸게 팔고 싶기 때문이다. 그러다 보니 현재가를 기준으로 시세판에 깔려 있는 팔자와 사자호가는 대부분 개인투자자의 주문인 경우가 많다. 반면에 기관이나 외국인의 경우 가격보다는 수량 위주의 주문을 낸다. 운용하는 금액이 커서 현재가에서 조금 더 비싸게 팔자주문을 내놓거나 조금 더 낮은 가격에 사자주문을 내놓으면 하루 종일 체결을 못 시킬 위험이 크기 때문이다.

따라서 많은 경우 현재 시세보다 높은 팔자호가에 사자주문을 체결시키는 경우가 많다. 높은 호가에 체결되기 때문에 당연히 현재가는 상승하게 된다. 이것은 주식을 팔 때도 마찬가지다. 결국 기관이나 외국인의 매수가 몰리는 종목은 자연스럽게 가격이 상승하게 되며, 매도가 몰리는 종목은 그만큼 가격이 떨어지게 되는 것이다.

이제 주요내용을 정리해 보도록 하자. 기관이 어떤 종목에 대해서 사자주문을 넣었다고 가정하자. 현재가는 5,000원이다. 5,100원과

5,200원에 개인투자자의 팔자주문이 각각 1,000주 있고 4,900원에 개인투자자의 사자주문이 1,000주 있다. 여기에 기관의 사자주문을 체결시키기 위해 증권사 브로커가 5,100원에 1,500주 사자주문을 넣으면 어떻게 될까? 당연히 팔자가 있으므로 5,100원에 1,000주가 거래된다. 현재가는 5,100원으로 상승하게 되고 호가는 5,200원 팔자(개인) 5,100원 사자(기관)로 바뀌게 된다. 기관은 매수, 개인은 매도, 가격은 상승, 이것이 이번 거래의 결과이다. 기관이 사면 주가는 오르게 된다. 반대로 개인이 팔아야 주가는 상승할 수 있다.

자, 이제 왜 개인투자자가 '팔면 주가가 오르고, 사면 주가가 하락하는지?' 이해가 될 것이다. 물론, 100% 그런 것만은 아니다. 개인 중에서도 시장가 주문이나 호가를 올려가며 사는 투자자가 분명히 존재하고 기관 역시 지정가 주문을 내는 경우가 있다. 하지만, 대개의 경우 이런 경향이 짙게 나타난다는 것이다. 개인들의 이러한 주문 방식은 증시에서 가격 결정자의 역할을 하지 못하도록 만드는 중요요인이다. 그저 '유동성 공급자'의 역할 정도만을 수행할 뿐이며 가격을 받아들이기만 하는 수동적인 투자자일 뿐이다. 좋아 보여서 사는 주식인데 한 호가 더 높게 사는 것을 아까워한다는 것은 사실 지나치게 소극적인 자세이다. 좀 더 적극적인 매매자세를 가져야 할 필요가 있다.

개인투자자가 소극적으로 매매하는 근본적인 원인은 개인과 기관, 외국인 투자자의 투자기간과 목적의 차이가 있기 때문이다. 기관이나 외국인은 운용하는 펀드의 규모가 크기 때문에 한번 주식을 편입하게 되면 비교적 많은 수량과 금액이 동원되기 마련이다. 자연스럽게 단기적인 매매를 하기 힘든 구조이다. 따라서 종목을 한 번 선택하게 되면 비교적 긴 시간과 높은 수익률을 목표로 투자를 하게 된다. 오늘 내일의 가격 변동에 민감할 이유가 없다. 중요한 것은 원하는 만큼의 수량을 채우는 일이다. 하지만, 개인투자자는 높은 수익을 원하기는 하나 한 종목에 오랫동안 투자하기를 원치 않는다. 비교적 단기에 승부를 걸고 싶어하기 때문에 매입 혹은 매도할 때 한 호가라도 낮게 사거나 높게 팔고 싶어하는 특성을 쉽게 버리지 못하는 것이다. 단기매매로 성공을 하기 위해서는 종목 선정에 있어서 실패하지 않을 확률이 높아야 한다는 것은 필수 요소이다. 비기에 가까운 능력이 있다면 몰라도 평범한 투자자라면 실패할 확률이 매우 높다. 투자기간을 길게 잡고 목표수익률도 높다면 오늘, 내일의 한 호가는 큰 의미가 없다는 사실을 명심해야 한다.

지금까지 개인들의 주문형태를 통해 시장과 반대로 움직일 수밖에 없는 구조를 알아보았다. 그렇다면 이제부터 개인들이 상승 장에서도 수익을 내지 못하는 이유에 대해서도 알아보자.

기업 가치에 대한 분석 능력이 떨어질 수도 있고 정보에 어두워서 그럴 수도 있다. 투기적인 테마나 유행에 휩쓸려서 그럴 수도 있다. 이외에도 여러 가지 원인이 있을 것이다. 그렇지만, 앞에서 밝혔던 월별 순매수 상위 10종목은 대부분 시가총액 상위의 대형주들이다. 투기적인 테마종목도 아니며 장기적으로는 수익률이 좋아 지수상승을 주도했던 종목들이다. 펀더멘털이 받쳐주는 대형주에 투자를 하면서도 매매로 인한 수익을 얻지 못했다면 다른 부분에서 문제가 있다는 뜻이다.

필자는 심리적인 요인으로 인한 잘못된 매매행태가 주된 이유라고 생각한다. 매매행태에서 자세히 살펴보면 개인투자자들은 자신도 모르는 사이에 심리적으로 비슷한 매매패턴을 보이고 있기 때문이다. 투자와 관련된 심리학을 바탕으로 원인을 분석해보자.

행태재무학(Behavioral finance)의 등장
: 기존 가설에 반박하는 흥미진진한 새로운 가설

경제학자 파마(Eugene Fama, 1970)가 효율적 시장가설을 주창한 이래 재무학(Finance)은 이를 바탕으로 많은 발전을 보였다. 효율적 시장가설이란 시장은 모든 정보를 효율적으로 반영하고 있기 때문에 그 어떠한 정보를 가지고도 초과 수익을 꾸준히 낸다는 것은 불가능하다는 가설이다. 단기적으로는 우연히 초과수익을 낼 수 있을지 몰라도 꾸준히 그럴 수는 없다는 이론으로서 현대 재무학의 근간을 이루고 있다.

그럼에도 불구하고 효율적 시장가설만으로는 설명할 수 없는 현상들이 시장에서는 비일비재하게 발생한다. 1월 효과, 내부자 거래의 우월한 수익, 주말효과, 소외주식효과 등 다양한 이상 현상(anomaly)이 그것이다. 효율적 시장가설에 반박을 하는 경제학자들은 이런 이상 현상은 분명히 시장의 구조에 비효율적인 면이 존재하기 때문이라고들 한다. 하지만, 그들의 주장은 소수의견에 불과했었다. 주류를 구성하고 있는 학자들의 텃세 속에 소수의견은 묻힐 수밖에 없었고 시장에 잘 알려지지도 않았다. 재미있는 사실은 이러한 이상 현상에 대한 주류학자들의 반응이다. 반박론자들의 주장을 효율적 시장가설로 설명하려는 그들의 노력은 마치 헤겔이 주장한 정반합의 과정을 연상할 수 있을 정도로 흥미진진한 과정이었기 때문이다.

일례로 효율적 시장가설 주창자인 파마(Fama, 1993)는 그의 논문에서 주식수익률에 영향을 미치는 요소들의 장기적인 관계를 다중 회귀 분석한 결과 규모(Size)의 효과와 저평가 효과(Book to market)가 수익률에 유의한 영향을 미친다는 사실을 인정했다. 우리가 흔히 알고 있는 자본자산 가격결정 모델(CAPM)은 단순히 시장(Market) 전체의 수익률이 각 개별 종목의 수익률에 미치는 영향을 계산해 요구수익률을 산정하는데, 시장수익률 외에 다른 요소(Factor)가 영향을 미친다는 사실을 인정한 것이다. 하지만, 이런 사실에도 불구하고 그는 효율적 시장가설에 문제가 있을 수 있다는 사실을 인정하지 않았다. 다만 주식수익률을 설명할 수 있는 요소(Factor)가 더 있을 뿐이며, 우리가 이를 알지 못할 뿐이라고 주장했다. 이로 인해 시장수익률 외에 주가수익률에 영향을 미칠 수 있는 여러 요인들을 찾기 위한 다양한 연구가 진행되었다. 이는 다요인 모델(Multi-factor Model)을 발전시키는 계기가 되었고 APT(Arbitrage Pricing Theory)의 등장까지 불러일으키게 된다. 이 모든 것은 효율적 시장가설을 바탕으로 하는 것이다.

현재 학계에서는 효율적 시장가설에 힘을 실어주고 있지만 다른 곳에서는 행태재무학(Behavioral finance)을 중심으로 조용한 움직임이 일어나고 있었다. 초기 행태재무학은 앞서 말한 것처럼 단순히 기존의 학계에 딴지를 거는 정도의 재미있는 소재거리에 불과했다. 이상 현상을 제기하면 많은 학자들이 그에 대한 '변명'을 찾아내는 과정이 흥미로웠기 때문이다. 문제를 제기하기는 쉽지만 기존의 이론으로 그에 대한 명쾌한 해답을 주는 과정은 그야말로 고통스러운 과정이다. 재판에서 입증책임을 진 사람의 그것과 같은 것이다. 입증책임을 어디에 두느냐가 판결에 결정적인 역할을 할 정도로 무엇인가를 입증하는 것은 어렵다.

> **참고** 지난 2001년 대법원은 의료사고와 관련해 의사의 과실을 환자가 입증해야만 했던 기존의 관행을 깨고 의사의 무과실을 의사 본인이 입증해야 한다는 판결을 내렸다. 이는 환자가 전문적인 의료지식이 없는 가운데 의사의 과실을 입증할 능력이 떨어진다는 데에서 오는 불평등을 완화시킬 수 있는 실질적인 판결이었다.

심리학자 카네만이 주장하는 '투자의 심리학'
: 투자자들은 독립적인 환경에서도 '과거경험'에 의해 지배받는다

행태재무학의 발전에 있어서 하나의 전환점을 마련한 주역이 바로 심리학자였다. 효율적 시장가설을 바탕으로 하는 기존의 재무학은 기본적으로 인간의 합리성을 가정하고 있다. 때문에 인간이 과연 합리적인 판단을 할 수 있는 존재인가라는 물음보다 근본적인 질문으로 주목을 받은 것이었다.

카네만과 투버스키는 그의 논문(Kahneman Daniel and Amos Tversky, 『Judgement under uncertainty : Heuristics and Biases』 1974)에서 불확실성하에서 인간의 의사결정 과정은 합리적인 과정과는 거리가 먼 방식으로 접근하며, 경험을 근거로 한 짐작으로 가장 그럴듯하게 여겨지는 방법(주먹구구식 : heuristic)으로 이루어진다는 사실을 주장해 인간의 합리성 자체에

의문을 제기했다. 예를 들어 동전 던지기를 할 때 앞면만 연속해서 나올 경우 그 다음에 무엇이 나올지를 예상하는 설문을 보면 뒷면이 나올 가능성에 많은 사람이 몰린다는 것이다. 동전 던지기는 앞에서 나온 결과가 뒤에 나올 결과에 영향을 미칠 수 없는 독립적인 확률인데도 불구하고 말이다.

카네만과 투버스키는 그의 논문(Kahneman Daniel and Amos Tversky, 『Prospect theory : An Analysis ofDecision Under Risk』, 1979)에서 인간의 이러한 불합리성이 투자 의사결정에 어떠한 영향을 미치는지에 대한 전망이론(Prospect Theory)을 발표했다. 이는 발표 당시에도 학계에 큰 파장을 몰고 왔었으며, 2002년 노벨 경제학상을 수상하며 다시 한 번 세간의 관심을 끈 이론이기도 하다.

전망이론(Prospect Theory)
: '이익점'에서는 위험회피, '손실점'에서는 위험선호를 보인다

기존의 재무학에서는 투자자들이 투자의사 결정을 내림에 있어서 기본적으로 위험회피(Risk Aversion) 성향을 보인다는 가정을 바탕으로 한다. 원래의 의미는 같은 기대수익이라도 투자자들은 불확실성이 높은 쪽보다는 확실한 쪽을 선호한다는 의미를 나타낸다. 이를 바탕으로 투자자의 효용곡선을 그려보면 위험이 높을수록 요구수익률이 급격하게 높아지는 형태를 보이게 된다. 이를 거꾸로 해석하면 다음과 같다. 투자자들이 수익을 통해 느끼는 만족도(효용 : Utility)는 기대수익이 커지면

커질수록 체감하도록 되어 있다. 같은 1달러의 수익이라도 투자 초기에 느끼는 효용과 수익이 이미 발생한 상황에서 느끼는 효용은 다르다는 것이다. 투자자들은 기존의 수익이 커지게 되면 추가적인 1달러의 수익으로 인해 느끼는 기쁨은 이전보다는 작아진다. 따라서 같은 크기의 위험이라도 이를 부담하느냐 마느냐의 결정에 영향을 미치게 되는 것이다. 얻는 기쁨이 작아지는 만큼 리스크를 부담할 가치도 떨어진다는 의미이다. 때문에 수익이 클수록 리스크에 대한 회피심리는 더욱 커지게 마련이다.

하지만, 카너먼(Kahneman)은 투자자의 효용함수가 반드시 기대수익의 그기가 커짐에 따라 체감하는 것이 아니라고 주장했다. 어떤 준거점(Reference Point)을 기준으로 하여 서로 다른 행태를 보인다는 것이다. 그는 손익분기점을 준거점으로 제시했는데, 투자자들은 이익 구간에서는 위험회피 성향을 보이지만, 손실구간에서는 오히려 위험선호(Risk taking) 현상을 보인다는 것이다. 즉, 손실이 커지면 커질수록 추가적인 1달러의 손실로 느끼는 효용의 감소가 작아져 같은 크기의 위험이라도 덜 민감하게 반응한다는 것이다. 쉽게 말하면 손실이 크게 발생할 경우 포기하는 단계에 이르기 때문에 얼마가 더 떨어지든 신경을 쓰지 않는다는 말이다.

다음과 같은 경우 어떤 것을 선택할 것인가를 조사해 보았다.

사례 1에서 첫번째 조건의 기대 값은 3,200원이다. 기대값이 더 큼에도 불구하고 절대 다수의 사람들은 100%의 확률로 3,000원을 지급받는 쪽을 선택한다.

사례 ¹	사례 ²
• 80%의 확률로 4,000원을 지급받거나 20%의 확률로 0원을 지급받는다. • 100%의 확률로 3,000원을 지급받는다.	• 80%의 확률로 4,000원을 손해 보거나 20%의 확률로 0원을 손해 본다. • 100%의 확률로 3,000원을 손해 본다.

사례 2에서 첫번째 조건의 기대 값은 -3,200원이다. 손실 기대값이 더 큼에도 불구하고 절대 다수의 사람들은 확정적인 3,000원의 손실보다 80%의 확률로 4,000원을 손해 볼 수 있는 쪽을 선택한다. 같은 3,200원의 손실과 이익인데도 이익에서는 확정이익을 선호하고 손실에서는 확정손실을 회피한다.

카네만은 투자자들이 이런 이중적인 행태를 보이는 이유를 다음과 같이 설명했다. 손실의 실현을 통해 느끼는 고통은 같은 크기의 이익 실현으로 인해 느끼는 기쁨의 두 배 이상이라는 것이다. 따라서 1달러를 벌었을 때는 미련 없이 이익을 실현시키려는 경향을 보이지만 1달러를 잃었을 때는 고통이 훨씬 크기 때문에 손실을 실현하기가 어려워진다는 설명이다. 이에 따라 투자자들은 위험회피(Risk Aversion) 성향보다는 손실회피(Loss Aversion) 성향을 보인다고 주장했다.

결론적으로 투자자들은 손실을 실현하는 것을 극도로 꺼린다는 것이다. 이는 또 투자자들이 손실을 얼마나 싫어하는지를 역설한다(물론 좋아하는 사람도 없다.). 이렇게 손실을 싫어하게 됨으로써 투자자들은 주식의 매입과 매도 결정을 내릴 때 결정적으로 잘못된 판단을 내리도록 한다. 투자자들이 합리적인 판단을 내린다는 가정을 송두리째 뒤엎는 이러한 가설은 이후 행태재무학이 학문으로서 자리잡게 되는 전환점을 만들었다.

평균회귀(Mean Reversion)
: 상승과 하락의 반복은 결국 평균치로 돌아온다

평균회귀 또는 평균으로의 회귀(Regression to the mean)는 19세기 영국의 우생학자였던 갈튼(Francis Galton, 1822~1911)이 제기한 통계적인 현상이다. 짧게 보면 서로 다른 방향으로 가고 있지만 결국은 평균으로 회귀하는 특성을 설명하고 있다. 사람의 키가 유전적으로 어떻게 영향을 받는지에 대한 연구를 하다가 발견한 이론은 후대에 여러 분야에 영향을 미쳤다. 특히 파이낸스에서는 근대 증권분석의 아버지로 불리우는 벤자민 그레이엄(Benjamin Graham, 1894~1976)과 투자의 귀재 워렌 버핏(Warren Buffett)에게 평균회귀 이론은 한마디로 갈튼이 내려준 축복과도 같은 것이다.

주기성을 가지는 대부분의 경제 변수는 결국 평균으로 회귀한다는 특성을 이용해 그들은 가격과 가치(Price and Value)를 구분해 투자에 성공할 수 있었다. 소위 말하는 가치투자로 성공한 것이다. 저평가된 가치주는 가치(Value)에 비해 가격이 저평가되어 있지만 시간이 흐르면 결국 가격은 본질 가치로 회귀한다는 믿음을 가지고 있었다. 그레이엄은 이렇게 가격과 가치를 구분했다. '가격은 지불하는 것이고 그로 인해 받는 것은 가치이다.' 가치에 비해 가격이 낮다면 평균회귀 현상을 이용해 충분히 높은 수익을 거둘 수 있음에도 많은 투자자들이 이를 인지하지 못하고 있거나 또는 무시하는 것에 대해 많이 안타까워했다.

주가가 주기를 타면서 움직이는 것으로 보이지만 결국에는 평균회귀적인 성향을 가지고 있는 것은 여러 자료를 통해 검증되고 있다. 물론 모든 종목의 주가가 그런 흐름을 보이는 것은 아니다. 어떤 회사는 망할 것이고 어떤 회사는 급성장을 할 수도 있기 때문이다. 그런 일부를 예외로 한다면 펀더멘털 대비 급격한 상승이나 하락을 보인 종목들은 많은 경우 그 자신의 본질적인 가치로 회귀한다.

하락종목에만 배팅하는 투자자의 '잘못된 선택'
: '가치와 가격은 같지 않다'의 등식부터 이해하자

자, 이제 우리는 개인투자자가 상승장에서도 수익을 내지 못하는 이유를 규명하는 데 필요한 개략적인 지식을 갖췄다.

1 인간은 합리적인 판단을 내리지 못하는 경우가 있고,

2 심리적으로 손실에 대한 실현을 매우 싫어하며,

3 따라서 손실발생 가능성에 대한 접근 자체를 싫어한다. 그리고 많은 투자자들은 주가가 평균회귀적인 특성이 있다는 사실을 알고 있다.

주식이 쌀 때 사서 비쌀 때 파는 것은 주식투자의 기본이다. 이는 앞서 언급한 평균회귀를 이용한 장기투자의 비법과도 같은 맥락으로 바람직한 투자전략이다. 하지만, 안타깝게도 상당수의 개인투자자들

은 이를 잘못 이해하고 있다. 싸다는 의미를 가치가 아닌 가격만을 보고서 판단하기 때문이다. 가치와 가격을 혼돈해 잘못 이해한다면 아주 곤란한 상황에 처하게 된다.

예를 들어 똑같이 1,000원을 버는 가게 A와 B가 있다고 치자. 현재 금리가 5% 정도 하니까 리스크 프리미엄을 감안해 그 가게의 시가는 약 1만원 정도 한다고 가정한다. 1년 뒤 다시 두 가게를 비교해 보았더니 A 가게는 1년에 1,100원을, B 가게는 800원 정도를 벌고 있었다. 금리가 올라서 두 가게 모두 시가가 떨어졌는데 돈을 더 많이 버는 가게는 약 9,000원 정도면 살 수 있고, 다른 가게는 7,000원 정도면 살 수 있었다. 어느 것을 매입해야 하나? 당연히 정답은 9,000원 짜리 가게를 사야 한다. 투입자금 대비 이익률이 좋기 때문이다.

$$\frac{1,100}{9,000} > \frac{800}{700}$$

단순히 가격만 비교하자면 더 많이 떨어진 가게가 매력적으로 보일 수 있지만 가치 대비 가격은 9,000원짜리가 훨씬 매력적이다. 이런 사실을 모르는 사람은 별로 없다. 하지만, 주식시장에서 개인들의 매매 패턴을 보면 오로지 '가격에만 치중한다.' 라는 치명적인 단점이 그대로 드러난다. 무조건 가격이 떨어지고 있는 종목만을 선호하는 것이다.

개인 순매수 상위 10종목의 월평균 수익률이 저조한 이유는 바로 여기에 있다. 떨어지는 종목을 매입하기 때문이다. 떨어지는 종목을 선호하는 이유는 여러 가지 이유가 있겠지만 가장 그럴듯한 이유는 필자가 앞서 제시한 평균회귀 현상을 기대했기 때문이다. 개인투자자들을 비롯한 인간은 기본적으로 손실실현을 싫어하기 때문에 손실 발생 가능성이 있는 종목은 매입하기 싫어한다. 여기에 주식은 항상 가격이 오르면 곧 떨어지고, 가격이 떨어지면 곧 오르는 평균회귀 현상이 있다는 고정관념이 있다.

자, 이제 왜 개인투자자들이 떨어지는 종목만 매입하는지 그림이 그려질 것이다. 개인투자자 입장에서 손실 발생 확률이 작은 종목은 최근 주가가 하락하고 있는 종목이다. 평균회귀현상으로 곧 다시 상승 전환할 가능성이 높아 보이기 때문이다. 반대로 최근 상승세를 보이고 있는 종목은 곧 다시 하락 전환할 가능성이 높아 보이기 때문에 매입을 꺼리게 되는 것이다. 여기에서 우리가 알아야 할 것은 평균회귀는 결코 단기간에 이루어지지 않는다는 것이다. 그리고 그 평균회귀조차 가격의 평균회귀가 아니라 그 주식의 가치로 회귀하는 것인데 이를 단순히 가격을 기준으로 판단하고 있다.

1987년 이후 국내 주식시장은 무려 20년 가까이 동안 500포인트와 1000포인트를 4번이나 왕복했다. 어떻게 보면 주가는 오르면 떨어지고, 떨어지면 오르는 것처럼 보일 만도 하다. 하지만, 그 기간은 결코 1주일이나 한 달 주기가 아니었다. 짧게는 1~2년에서 길게는 3~4년도 걸렸는데 그 정도 기간을 두고 평균회귀를 예상한다면 이해를 하겠지만, 1주일이나 한 달 단위로 주가가 평균회귀를 보일 것으로 기대하는 것은 어불성설이다. 그리고 상승과 하락의 폭도 100% 상승과 50% 하락을 반복한 것이다. 결코 10% 정도 상승 후 반락하거나 10% 하락후 반등하지 않는다. 한번 상승세를 보이면 1~2년 이상 100%가 넘게 수익이 나는데 개인투자자들은 10%만 올라도 떨어질 것이 걱정이 돼 매입을 못한다. 반대로 10%만 떨어져도 곧 올라갈 것에 대한 기대치가 충만해 과감하게 매입을 결정한다.

주식시장 전체로 보면 상승기나 하락기나 항상 떨어지는 종목이 존재하고 올라가는 종목이 있기 마련이다. 증시의 전반적인 상승에도 불구하고 가격이 하락하고 있는 종목이 있다면 상승시세에 동참하지 못한 투자자 입장에서는 매력적으로 보일 수 있다. 곧 다시 상승할 수 있는 후보 종목이기 때문이다. 더군다나 대부분의 주식시세가 그렇듯이 떨어지면 올라갈 것이고 올라가면 떨어질 것은 자명하기 때문에 지금 올라가고 있는 종목보다는 당연히 떨어지고 있는 종목에 더 관심이 갈 수 밖에 없다. 하지만, 안타깝게도 그것은 평균회귀 현상을 잘못 이해하고 있기 때문에 저지르는 투자자들의 큰 실수이다.

상승장에서 떨어지는 것은 이유가 있고 하락장에서도 오르는 것은 이유가 있는 법이다. 이유는 보지도 않고 가격만 보고 투자결정을 하는 것은 위험하다. 더구나 주가에는 추세라는 것이 있어서 쉽게 방향이 전환되지도 않는데, 잘못해서 하락추세가 진행 중인 종목을 매입하게 되면 장기적으로 손실이 커질 수 있다. 개인투자자들의 매입 종목이 형편없는 수익률을 보이는 이유는 바로 이 때문이다. 하락추세가 진행 중인 종목을 싼 맛에 매입했다가 덜컥 걸린 것이다.

개인투자자들이 팔면 오른다

: 개인투자자들은 손실종목에게 떡 하나 더 주고 있다

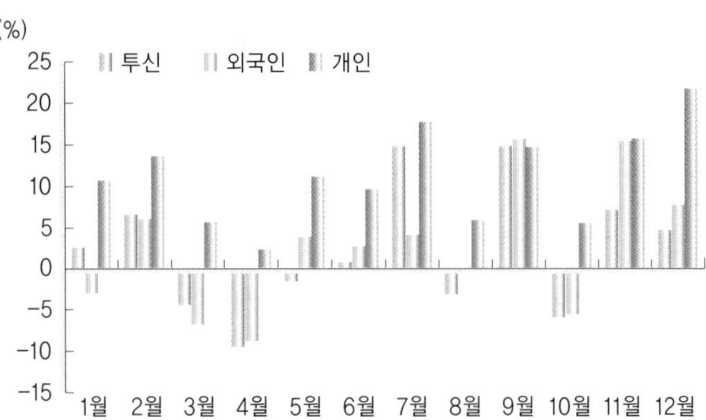

개인투자자 월별 누적순매도 상위 10종목의 월간 평균수익률(2005년)

출처 : 증권선물거래소, 삼성증권

    지금까지 개인투자자들이 매입할 때 떨어지고 있는 종목을 선호하기 때문에 수익률이 좋을 수가 없다는 점에 대해서 이야기했다. 하지만, 이게 다가 아니다. 투자수익률에 더욱 치명적인 행태는 매도할 때 나타난다. 그림에서도 알 수 있듯이 지난 2005년 월별 개인 순매도 상위 종목의 수익률은 놀랍기만 하다. 12개월 동안 한 번도 마이너스 수익률을 보이지 않았다. 개인투자자들이 주식을 매도할 때 나타나는 전형적인 현상은 처분효과(disposition effect)이다.

    처분효과란 이익 종목에 대한 매도, 즉 이익실현은 너무 빠르고 손실 종목에 대한 매도는 너무 느린 현상을 말한다. 세프린과 스탯먼(1985)이 처음으로 명명한 이 현상은 행태재무학의 여러 주제 중 개인들의 매매행태와 관련해 수익을 내지 못하는 가장 중요한 원인으로 뽑히고 있다. 투자자가 주식을 매입할 때 발생하는 것이 아니라 보유종목의 처분 시 나타나는 행태를 보이기 때문에 이를 처분효과라고 한다.

세프린과 스탯먼(1985)은 이익종목의 보유기간과 손실종목의 보유기간 차이를 관찰한 결과 손실종목의 보유기간이 더 길다는 사실을 보여 처분효과를 설명했다. 래코니쇼크와 스미스(1986)는 주가가 상승할 때 거래량이 증가하고, 떨어질 때 거래량이 감소하는 다소 상식적인 현상을 근거로 제시했다. 하지만, 그들 모두 직접 투자자의 관점에서 처분효과를 설명하지는 못했는데 오딘(1998)은 모 증권사에서 받은 1만 개의 계좌 매매내역을 통해 직접적으로 투자자의 처분효과가 존재하고 있음을 최초로 입증했다.

오딘은 연구 논문에서 투자자가 보유하고 있는 종목의 일부를 처분할 당시 손실기회가 있었던 종목의 수와 이익을 전해주는 기회가 있었던 종목의 수를 구했다. 그 후 실제로 처분한 종목이 손실종목이었는지 이익종목이었는지를 파악한 다음 손실 실현율과 이익 실현율을 구하는 방법으로 처분효과를 증명했다. 실제로 그의 논문에서 밝힌 데이터를 보면 투자자들은 이익실현의 기회가 있었던 종목들 중에서는 23.3%의 이익실현율을 보였고, 손실실현의 기회가 있었던 종목들 중에서는 15.5%의 손실 실현율을 보였다. 즉, 이익 종목에 대한 처분 선호도가 훨씬 더 높은 것이다.

투자자들이 이렇게 차별적인 처분효과를 보이는 이유는 앞서 언급한 전망이론과 평균회귀에 대한 기대감이 현재로서는 가장 유력한 가설이다. 두 가설 모두 설득력이 있으며, 공감이 가는 부분이 많지만 필자의 판단에는 평균회귀에 대한 기대가 더 가능성이 높은 것으로 보인다. 단기적으로 하락한 종목에 대해서는 곧 다시 상승세를 보일 것이라는 기대가 일반적으로 강하기 때문에 매도를 주저하게 되고 반면에 상승한 종목에 대해서는 곧 다시 하락세를 보일 것이라는 두려움이 강해 이익이 발생하면 빨리 처분하고 싶어진다. 따라서 보유종목 중 이익이 발생한 종목에 대한 처분은 상대적으로 빠르고 손실이 발생한 종목에 대한 처분은 계속 늦춰지게 된다.

투자수익률에 치명적인 악영향, '처분효과'
: 상승종목과는 빨리 이별하고, 손실종목엔 미련을 버려라

매입할 때 떨어지는 종목만을 매입하는 것도 투자수익률에 악영향을 주지만 가장 치명적인 것은 처분효과이다. 보유 종목 중 상승가능성이 높은 종목을 너무 일찍 매도하고 손실이 발생한 종목은 보유를 지속함으로써 장기적으로 큰 손실을 유도하기 때문이다.

예를 들어 투자자가 다섯 종목을 매입했는데 한 달 뒤 일부 교체를 통해 포트폴리오를 변경하려 한다고 가정해 보자. 보유종목 중 2종목은 10%의 수익이 발생했고, 1종목은 보합, 2종목은 10%의 손실이 발생했다. 어떤 종목을 처분해야 할까?

지금까지 드러난 개인들의 매매행태를 보면 개인들은 대부분 10% 수익이 발생한 2종목을 매도한다. 반면에 손실이 발생한 2종목은 그냥

가져간다. 이유는 간단하다. 오른 것은 곧 떨어질 위험이 있으니까 얼른 챙겨야 하고 떨어진 것은 다시 올라갈 것으로 기대되니까 조금 더 보유하는 것이다. 2종목 처분하고 다시 2종목을 샀다고 가정하자. 그 2종목 중 하나는 오르고 하나는 하락했다. 다시 매도를 한다고 했을 때 이번에도 오른 종목을 팔고 다른 종목 하나를 매입할 것이다. 운 좋게 이번에 매입한 종목이 오른다면 모르지만 떨어지게 된다면 이제 매도할 종목은 없어진다. 물론, 먼저 매도했을 때 떨어졌던 종목들이 상승해 있으면 다행이지만 그렇지 않다면, 이 계좌는 이제 모두 손실이 발생한 종목들로 채워져 있을 것이다.

여기에서라도 손절매를 감행한다면 다행이지만, 앞서 전망이론에서 밝혔듯이 손실 실현은 고통을 수반하는 참으로 어려운 행위이다. 손절매를 과감하게 못할 가능성이 높기 때문에 이제부터 이 투자자가 할 수 있는 일은 없다. 언젠가는 오를지도 모를 나의 보유종목을 하염없이 바라보는 천수답 계좌로 전락하게 되는 것이다. 시장이 워낙 강하게 상승세를 보여 손실 종목이 다시 원금을 회복한다면 다행이지만, 운 나쁘게 시장이 좋아지지 않는다면 이 계좌는 장기적인 손실로 이어져 그 상태로 계속 유지될 것이다.

사실 포트폴리오를 구성해서 투자하는 투자자의 입장에서 손실 종목에 대한 매도는 쉽지 않은 결정이다. 다시 오른다면 그 또한 큰 아픔이기 때문이다. 조금이라도 수익이 발생한 종목에 대해서는 다시 하락할 경우 느끼는 후회를 막기 위해서라도 서둘러 처분하게 되는 것이다.

또한, 여러 종목을 보유한 투자자라면 일단 수익을 내고 있는 종목을 팔아서 다른 종목으로 그만큼의 수익을 낼 수 있다는 자신감도 있었을 것이다. 하지만, 그런 식의 매매를 통해 실질적으로 수익을 낸 사례는 극히 드물다. 대단한 분석력을 가지고 있어 사는 종목마다 척척 올라간다면 전혀 문제될 것이 없겠으나 그런 능력을 가진 투자자가 전국에 몇이나 되겠는가?

처분효과는 수익을 작게 하고 손실을 필요 없이 키워서 투자수익률에 치명적인 결과를 초래하게 만든다. 앞의 그림에서 봤듯이 개인투자자가 매월 매도를 가장 많이 한 상위 10종목의 매도를 한 달씩만 늦췄어도 큰 수익을 얻을 수 있었다. 2005년 한 해 동안 종합주가지수는 54% 상승했다. 코스닥을 제외하고 유가증권시장에서만 연초 대비 두 배 이상 오른 종목이 무려 43%에 달했다. 대략 두 종목 중 하나는 100% 이상의 수익률을 올린 셈인데, 이 정도 확률이라면 적어도 5개 정도의 종목에 분산 투자한 경우 100%는 안 되더라도 그에 필적하는 수익률을 올렸어야 하지 않은가? 반드시 바꿔야 할 필요가 있다.

개인투자자들의 매매패턴 '바꿔야 돈 번다'
: 지금의 매매패턴으론 '수익률 악화'라는 쳇바퀴만 돌 뿐이다

다음 그림은 지금까지 설명한 내용을 단적으로 보여주는 그림이다. 대한항공의 주가 흐름과 개인투자자의 누적 순매수 동향을 잘 살펴보자. 2005년 3월부터 대한항공의 주가가 하락세를 보이기 시작하

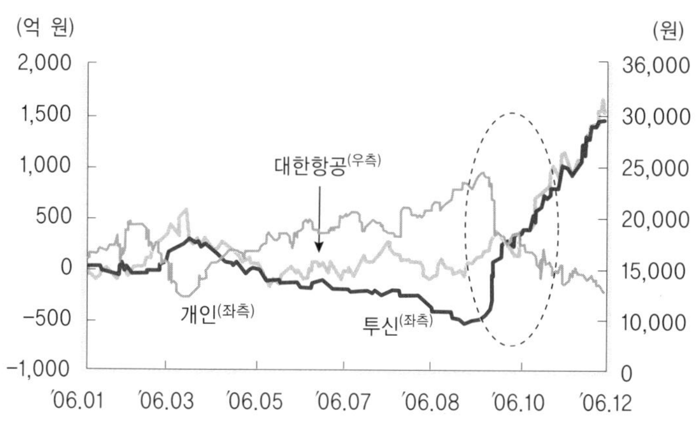

자 개인들의 순매수가 크게 늘어나는 것을 알 수 있다. 이후 8월까지 개인들의 순매수 행진은 계속된다. 주가가 일정수준 이상 하락하지는 않았으나 당시 종합지수 상승률을 고려한다면 실질적으로는 하락이 진행된 것과 마찬가지이다. 매입할 때 떨어지는 종목을 좋아하는 개인의 특성이 그대로 드러나 있다. 그 좋은 주식시장에서 이 종목을 매입했던 투자자는 얼마나 괴로웠을까? 아마도 상대적인 박탈감이 컸을 것이다. 그런데 더 기가 막힌 문제는 그 이후에 나타난다. 하락하는 동안 그렇게 꾸준히 매수를 하던 개인들이 본전 수준을 조금 넘어가는 시점에서 그 동안 매입한 물량을 거의 다 팔아버렸다는 사실이다. 무려 6개월을 가슴앓이를 했을 투자자들인데 제대로 보상을 받지도 못하고 포기한 것이다. 물론, 당시 매도한 개인투자자가 반드시 하락하는 기간 동안 매입을 했던 투자자라고는 할 수 없겠지만, 그렇다고 크

게 다르지도 않다고 생각한다. 결국, 오랫동안 보유하고 있다가 매입단가보다 조금 상승하니까 서둘러 처분한 것이다. 곧 떨어질 것이 두려워서 그랬을 것이다. 하지만, 그 이후 주가 움직임을 보면 속이 더욱 쓰렸을 것이다.

결국, 평균보다 떨어지니까 매입을 하고 평균에 도달하니까 다 팔아버린 것이다. 바꿀 필요가 있지 않겠는가? 아니 바꿔야 살 수 있다.

이상 길게 설명했지만, 필자가 하고 싶은 이야기의 결론은 간단하다. '오르는 종목'에 집착하라는 것이다. 가격부담은 잊어버려야만 한다. 매수할 종목을 고를 때는 철저히 상승하는 종목 내에서 골라야 한다. 또한, 신고가 경신 종목이면 더욱더 좋다. 반대로, 매도할 때에는 하락하는 종목, 즉 손실이 발생하고 있는 종목을 먼저 쳐내야 한다. 그래야, 계좌도 살고 수익률도 살아날 수 있다. 대신 수익이 발생한 종목은 최대한 아껴야 한다. 매도해서 이익을 실현하고 싶은 끝없는 욕구를 억제해야 한다.

앞에서 필자는 향후 국내증시는 10년 정도 호황을 보일 것이라고 언급한 바 있다. 이 좋은 시절의 초입에 그동안의 투자습관을 버리지 않는다면 여러분에게 돌아갈 혜택은 하나도 없을 것이다.

마지막으로 이해하기 쉽게 재미있는 비유를 들겠다. 이는 필자가 투자설명회에서 투자자들에게 마지막에 꼭 조언해주는 말이기도 하다. 치킨 집을 다섯 군데 냈다고 가정해 보자. 잘되는 곳이 3군데, 장사가 잘 안 되는 곳이 2군데 점포라고 하면 여러분은 어느 가게를 정리하겠는가? 당연히 장사가 안 되는 곳이라고 답할 것이고 그것이 정답이다. 주식투자도 그렇게 하면 안 될까? 한번 바꿔 보시라.

처분효과의 또 다른 폐해, 과도한 수수료
: 현명한 투자자는 '꺼진 수수료'도 다시 본다

처분효과의 또 다른 폐해는 주가 상승기에 잦은 매매로 인한 과다한 수수료 지출이다. 하락기에는 수익을 내기가 힘들다. 수익은 상승기에 제대로 내야 한다. 앞에서 말한 것처럼, 지난 1년간 100% 이상의 수익을 낸 종목이 유가증권시장에서만 43%에나 달했다. 거의 두 종목 중 하나는 두 배 이상의 수익률을 올릴 수 있었는데도 불구하고 단기적인 매매에 열중한 투자자들은 평균적으로 큰 수익을 올리지 못했을 것이다. 종목을 선택하는 스킬이 남다르게 뛰어나지 않다면 수수료 비용이 너무 비싸기 때문이다.

실제로 오딘과 바버(2000)는 1991년부터 1997년까지 거래를 한 66,465명의 투자회전율에 따른 수익률과의 상관관계를 계산했다. 높은 회전율이 수익률에 악영향을 끼침을 증명한 것인데, 회전율이 높은 그룹과 낮은 그룹에서 수수료를 감안하지 않은 전체적인 포트폴리오 수익률만 보면 같은 기간 동안 18.5 ~ 18.7%로 거의 차이가 나지 않았다. 이는 회전율이 높은 그룹의 투자자들이 회전율이 낮은 그룹의 투자자들보다 평균적으로 종목을 고르는 기술이 비슷하다는 사실을 증명한 것이다. 반면에 수수료를 감안한 수익률에는 큰 차이를 보였다.

가장 높은 회전율을 보인 그룹의 연평균 수익률은 11.4%에 불과한 반면, 가장 낮은 회전율을 보인 그룹의 연평균 수익률은 18.5%로 현저한 차이가 났음을 증명했다.

1990년대는 미국의 신경제 효과로 인해 주식 시장이 대 호황기에 있었던 시기이다. 이런 호황기에 단기적인 매매에 열중했던 투자자들의 평균 수익률은 S&P 500지수의 수익률과 회전율이 낮았던 투자자들의 수익률보다 현저히 낮았다는 사실은 높은 회전율에 의한 매매수수료가 수익률이 얼마나 악영향을 끼치는가를 확실히 보여주는 증거라고 할 수 있겠다. 필자의 판단으로는 우리나라도 비슷할 것이라고 생각하는데, 너무 지나친 일반화일까?

'너무'라는 단어를 경계하자
: 애매모호한 기준점에 갇혀, 투자기회를 잃지 말자

필자의 경험을 되살려 보면, 고객들과 상담을 하면서 가장 많이 들었던 단어는 '너무'라는 단어였다. 오르는 종목을 언급하면 '너무' 많이 올라서 부담스럽다고 하고 하락하는 종목에 대한 손절매를 권유하면 '너무' 많이 하락했기 때문에 더 하락할 자리가 있느냐는 대답이 돌아왔다. 상담 끝에 결정하는 종목은 단기적으로라도 하락세를 보이는 것이 매수대상이 되었다.

매도를 결정할 때도 마찬가지다. 보유 종목 중에 상승 종목에 대해서만 강한 매도의지를 피력했다. '너무' 많이 하락한 종목은 아예 매도 고려 대상에서 제외되었다. 따라서 십중팔구는 자신이 원하지도 않았는데 저절로 장기투자자의 길로 들어서게 된다. 이 '너무'라는 단어를 경계하자. 지금부터는 '너무' 올랐다는 표현이나 '너무' 하락했다는 표현을 쓰지 말기 바란다. 아니, 아예 잊어버렸으면 좋겠다. 그 단어 하나 때문에 입는 피해가 진짜 '너무' 크다.

주식투자를 통해 높은 수익률을 달성하는 데 있어 왕도는 있을 수 없다. 지금까지 언급한 내용도 주식투자를 통해 돈을 벌 수 있는 방법에 관한 것은 아니다. 단지, 잘못됐을 수도 있는 매매행태에 대한 고찰을 통해 바꿀 필요가 있는 부분은 개선을 하는 것이 바람직할 것이라고 생각할 뿐이다. 잘못된 것을 바로 잡으면 잘되지 않겠는가?

행태재무학의 또 다른 주제들
: '누구나 주식투자시대' 선택과 집중에 확신을 가지자

자기과신(Overconfidence)

행태재무학의 여러 주제 중 연구가 많이 된 사례로 '지나친 자기과신'이 있다. 대부분 거래량의 증감이나 회전율 등으로 연구가 된 주제이다. 설문 조사를 통해 심리학적으로도 증명이 된 상태이다. 정확한 의미는 자신의 능력을 지나치게 과대평가해 발생하는 문제이다. 사람들은 누구나 나르시시즘적인 성향을 지니고 있으며, 내가 하면 로맨스고 남이 하면 불륜이듯이 자기 자신에 대해서는 한없이 관대한 속성을

가지고 있다. 하지만, 자신의 증권 분석 능력이나 정보획득 능력을 과대평가해 투자에 임하게 될 경우 부정적인 결과를 초래하는 경우도 많이 일어난다.

가장 치명적인 것은 거래를 지나치게 많이 하게 된다는 것이다. 마치 처분효과가 주가 상승기에 거래를 많이 유도함으로써 수익률을 까먹는 것처럼, 지나친 자기과신 역시 같은 결과를 가져오게 된다.

1999년 IT 버블 이래 인터넷이 생활화되면서 온라인 거래가 유행했다. 많은 투자자들은 증권사 영업직원과의 상담 없이도 혼자서도 더 나은 정보를 수집해서 좋은 투자결과를 이끌어낼 수 있다고 믿었다. 바버와 오딘(2002)은 오프라인으로 투자를 해서 지수보다 평균적으로 2% 이상의 초과수익을 꾸준히 냈던 투자자들 중 온라인으로 전환해 직접 매매를 시작한 1,607명의 수익률을 추적했다.

그들에게서 공통적으로 나타난 현상은 거래빈도의 증가, 투기적인 성향의 매매와 저조한 수익률이었다. 온라인 거래를 시작하기 전 평균적으로 지수보다 2% 이상 초과수익을 내던 투자자들이 온라인 거래 시작 이후에는 약 3%가량 저조한 수익을 내기 시작한 것이다. 연간 회전율은 70% 정도였으나, 전환 이후 곧바로 120%까지 상승했고 이후 하락하기는 했으나 평균적으로 90% 이상의 회전율을 보이고 있어 온라인 이전과 분명한 차이를 보였다. 또 뚜렷한 목적이 없이 단순히 매매 그 자체를 위한 거래는 16.4%에서 30.2%로 증가해 투기적인 거래의 비중이 크게 증가하고 있음을 보였다.

현대 사회는 인터넷 도입 이후 일반 투자자들도 보다 광범위하고 유용한 정보를 실시간으로 검색할 수 있게 되었다. 과거에는 펀드매니저나 애널리스트 등 한정된 인력만이 알 수 있었던 정보들까지도 일반인들에게 실시간으로 전달되면서 투자자들은 자신의 능력을 과대평가하기 시작한 것이다. 브로커를 통해 얻는 정보들은 인터넷이나 분석보고서와 큰 차이가 없다는 판단을 하기 시작하면서 굳이 비싼 수수료를 내고 전화주문을 할 필요성을 느끼지 못하게 된다.

페스팅거(Fstinger, 1957)의 인지부조화설(cognitive dissonance)로 심리적인 유추를 하자면, 이런 경우 투자자는 혼자 공들여 정보를 수집한 대가를 어디에서든 얻고 싶어 한다. 결국 싼 수수료로 주문이 실행될 수 있는 온라인 거래로 투자수단이 옮겨질 수밖에 없게 된다. 이 과정에서 투자에 대한 전문적인 시각이나 점검 등을 생략하게 된 것이다. 투자수단의 이동은 바로 투자손실액이 자연스럽게 커지는 결과를 가져오는 경우가 대부분이며, 또 다시 인지부조화가 발생할 수밖에 없는데, 그럴 경우 투자자는 자신의 매매행태를 탓하기보다는 보다 나은 정보를 얻지 못했다는 쪽으로 결론을 내리기 십상이다. 그리고 더 많은 정보를 얻기 위해 더 많은 시간을 허비할 수밖에 없는 악순환이 되풀이되는 것이다. 단적인 사례이기는 하지만 앞의 사례는 투자자들의 자기과신으로 인한 폐해의 과정을 잘 설명해 준다.

정보에 집착하다 보면 남들이 모르는 정보를 남들보다 빨리 알고자 하는 것에만 집착하게 된다는 걸 알아야 한다. 결과는 투기적인 단기매매로 연결이 될 수밖에 없으며, 과다한 회전율을 유발시켜 오히려 수익률을 갉아먹는 결과를 초래하게 되는 것이다.

주가가 상승하는 와중에 자신이 매입한 종목이 상승하게 되는데, 투자자들은 이를 자신의 종목 선택 능력이 뛰어나서 좋은 결과를 유발했다고 착각한다. 이런 착각이 지속되면 자신은 항상 오르는 종목을 고를 수 있는 능력을 가진 투자자라고 판단하게 되며 자연스럽게 단기간 안에 조금씩 수익을 취하고 싶은 욕구를 억누를 수가 없게 된다. 자기 과신은 자신에 대한 냉정한 판단의 문제이다. 시장을 이기고 싶은 어쩔 수 없는 인간의 한계일 수도 있다. 하지만, 언제나 좋지 못한 결과를 유발할 확률이 높은 곳임을 명심하도록 하자. 시장은 언제나 우리보다 똑똑해왔고 앞으로도 그러할 것이다. 다시 한 번 말하겠다. 나의 투자수익률이 좋았던 것은 시장이 좋았기 때문이지 자신이 종목을 고르는 스킬이 뛰어나서 그런 것이 결코 아니라는 겸손함이 필요하다.

심적회계(mental accounting)

부의 척도는 '얼마나 버는가?', '얼마나 모으는가?'와 더불어 '얼마나 잘 쓰느냐?'에 대해 따라 결정된다. 실제로 재테크의 기본은 현명한 소비에 달려있다고 해도 과언이 아니다. 소비는 곧 투자이기 때문이다. 어떠한 상품이나 서비스를 구입하고자 했을 때 그것을 취하기 위해서는 돈을 내어 소비라는 활동을 하게 된다.

단순히 '돈을 지불했다.'가 아니라 '돈을 지불해 무엇을 얻었다.' 혹은 '이 돈은 더 큰 것을 얻도록 해주는 도구'라는 측면으로 바라봐야 한다. 자기계발 비용으로 매달 20만원씩 수강료가 들었다고 치자. 만

약 수강이 끝나 이번 달부터 수강료가 들어가지 않는다면 과연 그 돈은 고스란히 내 수중에 남아 있을까?

물론 그렇지 못하다. 대부분의 사람들은 또 다른 사용처에 돈을 소비할 것이며 그것이 돈의 성질이기도 하다. 또한 많은 사람들이 돈의 가치를 저평가하는 경우가 있는데, 이를 두고 심적회계라는 용어를 사용하기도 한다. 한마디로 같은 돈인데 다르게 평가하고 소비하는 것을 말한다. 똑같은 투자인데도 은행적금으로 번 돈은 귀한 줄 알고, 주식으로 번 돈은 마구 써 버리는 경향이 단적인 예이다. 로또를 통해서 번 돈과 월급으로 모은 돈을 다르게 취급하는 것과 같은 것이다.

회사의 가치를 극대화할 수 있는 적정 부채비율을 찾아가는 과정을 설명한 MM이론으로 유명한 모딜리아니&밀러(Modigliani and Miller)의 배당퍼즐(dividend puzzle)은 심리회계의 대표적인 사례이다. 투자자들은 일반적으로 배당을 많이 주는 주식을 선호한다. 때문에 혹시라도 배당수익률이 떨어지면 주가는 대개 하락세를 보이게 된다. 사실 미국에서는 배당에 대해서 주가의 차익으로 인한 소득보다 많은 세율을 책정하고 있다. 때문에 회사의 가치가 크게 달라질 것이 없다면 현금으로 주는 배당보다 배당을 유보해 회사의 주가가 올라가는 것(자본 차익)이 실제 수익률에 있어서 더 큰 결과를 도출하는데도 말이다.

투자자가 이런 행태를 보이는 이유는 배당과 자본차익에 대해 다른 인식을 하고 있기 때문이다. 배당 자체를 주식투자를 통해 벌어들이는 일부로 생각하지 않는다. 주식투자를 통해 벌어들이는 돈은 오로지 주식의 차익실현을 통한 것이고, 배당은 그와는 별개인 부수입으로 인식을 하고 있다. 그렇기 때문에 배당을 받게 되면 공돈으로 생각하고 낭비를 하는 경향이 있는 것이다. 물론, 배당을 받는다면 당장 주식을 파는 수고스러움과 자신의 주식수가 줄어드는 아픔은 덜어질 수 있겠지만, 이 또한 결국 주식투자를 통해서 얻게 되는 수익의 일부일 뿐이다.

흔히들 분산투자라고 하면 여러 자산에 대한 포트폴리오를 구성해서 투자하는 것으로 알고 있다. 하지만, 분산투자를 하더라도 각 자산을 따로 떼어 놓고 투자판단을 한다면 분산의 진정한 의미는 사라지게 된다. 만약 부동산, 주식, 채권에 분산투자를 했다면 이후의 수익률은 각 자산가격의 상승과 하락, 비중의 변화 등을 고려해 전체적인 포트폴리오의 수익률이 앞으로 어떻게 전개될 것인가가 중요한 이슈가 되어야 한다.

주식은 주식이기 때문에 투기적이어야 하고 단기간에 높은 수익률을 올려야만 한다고 생각하는 경우가 많다. 또, 그렇게 벌어들인 돈은 아끼지 않고 써도 되는 돈으로 취급하는 경우도 많다. 자산 포트폴리오는 결코 그렇게 운용해서는 안 된다. 주식수익률이 좋지 않더라도 채권과 부동산에서의 수익률을 만회할 수도 있으며 반대로 채권과 부동산의 투자 수익률이 좋지 못할 때는 주식이 손해를 만회해 줄 수도 있다. 각 자산의 상호작용을 통해 전체 포트폴리오의 수익률이 보다 안정적으로 달성되는 것이 중요한 것이다. 그러기 위해서는 좀 더 넓은 틀(frame)로 투자를 바라보는 관점의 변화가 요구된다.

틀 효과(framing effect)

카네만이 전망이론을 통해 밝힌 손실회피(loss aversion)의 중요한 이슈중의 하나는 준거점(reference point)이었다. 준거점을 기준으로 투자자들의 성향이 달라지는데, 이를 달리 표현하면 현상을 관찰하는 틀(frame)이 어떻게 달라지느냐에 따라 다른 판단이 내려진다는 것이다. 카네만(1981)은 스탠포드 대학교와 브리티쉬 콜럼비아 대학교의 학생들을 대상으로 1 그룹과 2 그룹으로 나누어 같은 내용을 두고, 다르게 표현한 다음의 질문을 던져 선택하도록 했다.

두 질문 모두 같은 결과를 놓고 '살다.'와 '죽다.'로 표현만 달리 했을 뿐인데 전혀 다른 결과가 나왔다. 카네만은 이 같은 현상이 발생하는 이유로 주어진 현상을 관찰하는 '틀(frame)'이 달라지기 때문이라고 말하고 있다. 즉, 삶을 강조한 1 그룹의 질문에서는 위험회피(risk averse) 성향을 보이는 데 반해 죽음을 강조한 2 그룹의 질문에서는 손실회피(loss aversion) 성향을 강하게 보여 위험을 수용(risk taking)한 것이라는 해석이다.

프레임효과가 투자자에게 부정적인 영향을 주는 것은 손실과 이익을 다른 프레임으로 간주하고 서로 다른 결정을 내리기 때문이다. 프레임효과는 각각의 사람마다 다르게 영향을 미치는데, 그 프레임의 좁고 넓음에 따라 또 다른 해석이 가능하다. 상대적으로 좁은 프레임(narrow frame)의 성향을 가지고 있는 투자자는 전체적인 포트폴리오 관점보다는 종목별 수익률에 더욱 신경을 쓴다. 쿠마르(Kumar)와 Sonya Lim(2004)의 논문에 따르면 이렇게 좁은 프레임의 성향을 가지고 있는

질문 : 미국에 원인을 알 수 없는 아시아 질병이 돌기 시작했다. 이 질병은 향후 600명의 희생자를 낼 것으로 예상된다. 질병에 맞서기 위해 2가지 방법이 제안됐는데 예상되는 결과가 다음과 같다면 어떤 것을 택할지 선택하시오.

[1 그룹]

● 만약 A 방법이 선택된다면 200명이 살 수 있다.

● 만약 B 방법이 선택된다면, 1/3의 확률로 600명이 살 수 있고, 2/3의 확률로 600명 모두 죽을 수 있다.

[2 그룹]

● 만약 C 방법이 선택된다면 400명이 죽을 것이다.

● 만약 D 방법이 선택된다면 1/3의 확률로 모두 죽지 않을 것이며, 2/3의 확률로 600명 모두 죽을 수 있다.

[결과] 1 그룹의 72%는 A 방법을 선택했다. 2 그룹의 78%는 D 방법을 선택했다.

투자자는 처분효과가 더욱 높게 나타나며 이와 반대로 포트폴리오 수익률에 관심이 많은 투자자들은 개별 종목의 상승과 하락은 큰 의미가 없기 때문에 상대적으로 처분효과가 덜 나타나게 된다.

지금까지 언급한 주제들 외에도 좋은 기업이 좋은 주식이라는 고정관념에 대한 심리적 편견을 다룬 대표성(representativeness), 자신이 근무하고 있는 회사나 같은 지역에 있는 회사에 대한 선호현상을 다룬 친숙성(familiarity), 주식투자로 돈을 벌었을 경우 리스크에 대한 노출을 과대화시키는 공돈효과(house money effect) 등 다양한 주제들이 인간의 심리와 투자라는 주제로 지금까지도 연구되고 있다.

이러한 주제들이 공통적으로 지적하는 것은 인간이 모든 경우에 반드시 합리적인 선택을 하지는 않기 때문에 시장에는 비효율적인 측면이 존재한다는 사실이다. 비합리적인 측면 때문에 투자자들은 리스크 대비 수익률이 좋지 못한 결과를 얻게 되는 것이다.

지금까지 독자들이 무릎을 칠 만큼 투자수익률을 제고할 수 있는 묘안은 제시하지 못했지만 나쁜 결과를 보이는 원인들은 제시할 수 있었다. 이를 바탕으로 자신의 투자행태를 꼼꼼히 점검해보자. 잘못된 것을 고쳐나가다 보면 잘되는 길로 갈 확률도 그만큼 높아지기 때문이다. 더불어 주식투자에서는 냉정한 시각을 가지고 있어야 한다.

그러나 '시장에 대한 정확한 시각'을 갖추기 위해서는 자신이 선택한 '투자방법에 대한 강한 확신'이 선행되어야 한다. 시장이 아무리 안정권이고, 고수익을 낼 수 있는 투자 환경일지라도 본인이 확신을 갖고 있지 않으면 곧바로 투자실패로 이어지기 때문이다.

어떤 사람은 수익을 낼 만한 저평가 종목만 사들여 투자를 하기도 하며, 또 지인의 어떤 분은 한 달에 100만 원씩 우량주만 사들여 10년 동안 적금을 붓듯이 투자해 수익을 내기도 했다. 영양가가 좋은 저평

가 종목만을 취급하든, 우량주만 사들이든 자신이 믿고 선택한 투자에
강한 확신을 갖고 있다면 그것이야말로 필자가 제시한 개인투자자들
이 저지르는 오류들을 상당수 줄여나가는 방법이 될 것이다.
　'자신을 믿고 자신의 선택을 믿어라.' 그것만이 백만 가지의 오류
를 줄여나갈 수 있는 유일한 길임을 명심하도록 하자.